i-Manuel

- **En usage collectif,** pour animer la classe et vidéoprojeter les activités et les corrections.
- **En usage individuel** pour motiver et faire travailler les élèves sur poste informatique.

COMMENT ACCÉDER À VOTRE i-Manuel ÉLÈVE

Pour ACTIVER votre i-Manuel

▶ Transmettez votre clé d'activation imprimée ci-dessous à votre enseignant qui, en retour, vous communiquera vos **identifiant** et **mot de passe**.

votre clé d'activation élève

BP24-Y3ADB-AJDG8

PRONOTE.net
Votre établissement est équipé de Pronote.net : activez et accédez à votre i-Manuel avec vos identifiants Pronote depuis Pronote.net

Ensuite, pour vous CONNECTER

▶ Rendez-vous sur **www.i-manuel.fr** et connectez-vous à votre espace élève avec vos **identifiant** et **mot de passe**.

À SAVOIR

- Votre clé d'activation élève est unique et personnelle, une fois utilisée, elle ne sera plus valide. Elle offre un accès à un seul élève pour une période de 24 mois (à compter de la première activation) et ne peut être réutilisée par d'autres élèves les années suivantes.
- L'activation des licences i-Manuel des élèves est laissée au libre choix de l'enseignant et l'ouvrage imprimé peut toujours être utilisé seul.

Pour l'enseignant : rendez-vous sur **www.nathan.fr/i-manuel** pour contacter votre délégué pédagogique Nathan, disposer de toutes les informations pratiques pour créer vos classes, activer les licences de vos élèves et équiper vos élèves de nouvelles licences.

DES RESSOURCES COMPLÉMENTAIRES

Elles sont repérées par ce logo :

Comment faire ? **C'est facile !**

1 | **Téléchargez l'application gratuite Nathan Live !**, disponible dans l'**AppStore** et **GooglePlay** sur votre smartphone ou votre tablette.

2 | **Ouvrez** l'application. **Flashez une page avec le logo Nathan Live !**. La liste des ressources complémentaires de la page apparaît (vidéos, animations, QCM...). Cliquez sur celle qui vous intéresse.

L'application nécessite une connexion Internet.

Édition : Julie Besné, Bonnie Évezard
Conception et mise en page : Anne-Danielle Naname, Adeline Calame
Conception couverture : Isabelle Jalfre
Fabrication : Maria Pauliat

ISBN 978-2-09-165037-1

Sommaire

3 THÈME L'organisation de l'activité de l'entreprise

Fiche méthode

1 Les agents économiques en relation avec l'entreprise

QUESTION **Comment s'établissent les relations entre l'entreprise et son environnement économique ?**

COMPÉTENCE(S)
- Identifier les principaux agents économiques en relation avec l'entreprise et leurs rôles (ménages, entreprises, banques, État)

SAVOIRS ASSOCIÉS
- Les agents économiques et leurs rôles
- Les échanges entre agents économiques
- Le rôle des banques et du marché financier

Contexte

En 2015, Christophe Bonnay, guidé par des envies d'ailleurs, a créé Daleko, une plateforme de voyage, loin des agences de voyages traditionnelles. Concrètement, la plateforme met directement en relation le voyageur avec des agences locales.

Hostile aux agences classiques qu'il juge trop standard et avec trop d'intermédiaires, il préfère les voyages authentiques, privilégiant un contact direct avec les locaux pour découvrir de nouveaux lieux et de nouvelles cultures.

Au départ, il lance un site proposant des départs sur deux destinations. Mais très vite, le dirigeant élargit son réseau. Les voyages « sur-mesure » qu'il propose et l'expertise des agences locales sélectionnées séduisent les clients.

La start-up couvre désormais 40 destinations. Financé au départ par emprunt auprès de sa banque, M. Bonnay est aussi soutenu par Bpifrance, la banque publique d'investissement, pour investir dans la recherche et développement afin que ses agences locales disposent des meilleurs logiciels. Daleko emploie aujourd'hui 25 collaborateurs.

La plateforme Internet est utilisée par des consommateurs en direct, mais séduit aussi de plus en plus des entreprises et des professionnels du tourisme qui souhaitent travailler sans intermédiaire.

1. **Quel est le concept de l'entreprise créée par M. Bonnay ?**
2. **Identifiez les différents acteurs avec lesquels la plateforme de voyage Daleko entretient des relations.**
3. **Quelles sont les relations entre Daleko et ces acteurs ?**

I Identifier les relations entre l'entreprise et les ménages

Contexte

Daleko est attentive aux variations des indicateurs du secteur du tourisme et s'informe sur les évolutions des apirations des voyageurs et des pratiques de la concurrence pour attirer de nouveaux clients.

1 Les offres personnalisées, c'est aussi sur mobile

L'essor de la digitalisation a transformé les attentes et les exigences des consommateurs.

Indépendamment de ce qu'ils recherchent, ils s'attendent à accéder aux contenus qu'ils souhaitent partout dans le monde et à tout moment. L'industrie du voyage doit encore franchir plusieurs étapes afin de répondre aux attentes des ménages qui sont des « consommateurs numériques ». En plus de l'accès immédiat au contenu, le voyageur d'aujourd'hui souhaite pouvoir gérer et modifier son voyage dans un environnement sûr et sécurisé. [...]

Avec l'avènement des agences de voyages Online, la distribution de contenus [...] a déjà migré pour partie en ligne. [...] L'industrie du voyage doit maintenant adopter des solutions et outils pour proposer : du self-service [...] et un service personnalisé où le consommateur identifie clairement la valeur ajoutée. [...]

La croissance du nombre d'utilisateurs de smartphone, combinée à la capacité des solutions techniques à réaliser simplement des tâches de plus en plus complexes, va contribuer à pousser les utilisateurs à recourir de plus en plus à leur mobile. [...] Les fournisseurs de contenus voyages et distributeurs devront intégrer cette dimension mobile dans les services qu'ils proposeront. [...] [Ils] ont fait le pari de la technologie mobile pour anticiper ces nouveaux comportements d'achat « nomades » et construire une relation personnalisée avec leurs clients voyageurs.

Rémi Bain-Thouverez, www.tourmag.com, 6 juillet 2017

1. **Quelles sont les nouvelles attentes des ménages consommateurs de voyage ?**
2. **Quels types de relation les professionnels du tourisme comme Daleko doivent-ils développer avec les ménages ?**

2 Le tourisme dépend du moral des ménages

Depuis l'été 2007, le moral des ménages n'a jamais été aussi haut. Le moral des ménages permet d'évaluer le niveau de la consommation future – consommation qui est elle-même l'un des moteurs de la croissance française avec l'investissement. Voilà pourquoi l'amélioration du moral des ménages est une si bonne nouvelle pour l'économie française.

Les indicateurs sont au vert pour les professionnels du tourisme.

Cet été, plus de la moitié des Français (54 %) ont l'intention de faire leurs valises pour prendre quelques jours de vacances en France ou à l'étranger, prédit une enquête BVA Opinion. La durée moyenne des vacances passe de 2,7 semaines en 2016 à deux semaines en 2017. Le morcellement des congés, avec la multiplication des séjours courts, est aussi une des causes de cette durée réduite l'été. Les ménages choisissent des vacances moins longues : c'est le seul bémol à apporter à cette reprise.

www.actutourisme.com, janvier 2018

Pour l'INSEE, **un ménage** est l'ensemble des personnes qui habitent une même résidence principale, même si elles n'ont pas de lien de parenté entre elles. Une personne qui vit seule est donc aussi un ménage.

3. **Expliquez l'impact du moral des ménages sur l'activité touristique.**
4. **Quelle est la principale activité économique d'un ménage ?**
5. **De quoi les ménages tirent-ils l'essentiel de leurs revenus ?**
6. **Identifiez les échanges qui ont lieu entre les entreprises et les ménages en distinguant ceux qui sont monétaires (flux monétaires) et ceux qui sont matériels (flux réels).**

II Contexte
Identifier les relations avec les autres entreprises

Pour satisfaire au mieux ses clients et proposer une gamme de choix variée, Daleko sélectionne des services et met en relation directement le voyageur avec les prestataires locaux.

3 L'e-tourisme révolutionne les relations avec les prestataires

L'arrivée du e-tourisme dans la chaîne de distribution du voyage a révolutionné la manière d'appréhender le voyage. La proximité générée par Internet et la mise en relation directe avec le consommateur final [...] sur la toile ont bousculé les tendances de consommation du voyage, permettant ainsi aux entreprises locales d'exister non plus comme simples fournisseurs des mastodontes de la distribution du voyage, mais comme des prestataires fiables et indépendants, capables de proposer une autre idée du voyage.

www.directravel.org

1. Quelles sont les entreprises avec lesquelles Daleko doit collaborer pour mener son activité ?
2. Qu'est-ce qui distingue les relations de Daleko avec ces entreprises et celles développées par les géants de la distribution de voyage ?

4 Rencontres entre professionnels de tourisme

PAPEETE, 8 février 2018

Le 20e salon du Tourisme [de Tahiti] ouvre ses portes ce vendredi matin au parc Expo de Mamao. Des réductions, des offres exceptionnelles de nouveaux exposants et des surprises attendent les visiteurs et les professionnels qui souhaiteraient visiter les îles et profiter d'activités sur le territoire.

Déjà 20 éditions que le Salon du Tourisme évolue sous l'organisation de Tahiti Tourisme, en partenariat avec Air Tahiti. [...]

« *Il y a plein de bonnes opportunités pour les visiteurs. C'est aussi l'occasion* [...] *de rencontrer les prestataires et les professionnels du secteur basés dans les îles et archipels éloignés.* [...] » [...] « *Cette augmentation des exposants est surtout le reflet d'une bonne santé du secteur. S'il y a plus d'exposants, c'est parce que de nouvelles activités et entreprises se sont créées. Cette augmentation nous satisfait. C'est positif pour le tourisme local* », assure Vaima Deniel, responsable du marché local chez Tahiti Tourisme. [...]

www.tahiti-infos.com

Tahiti Infos

Quelques chiffres [sur les entreprises présentes] :

- **87** pensions de familles venues des 5 archipels ;
- **27** hôtels classés ;
- **63** prestataires locaux d'activités ;
- **3** compagnies de croisières.

3. Qu'apporte à Daleko la participation à de telles manifestations ?
4. Quelles sont les activités des entreprises qui exposent dans ce type de salon ?
5. Quelle relation économique peut s'établir entre la plateforme de voyage Daleko et les entreprises de ce salon ?
6. Quelle est la principale activité économique d'une entreprise ?

III Identifier les relations entre l'entreprise et les banques

Contexte

M. Bonnay entretient des relations privilégiées avec sa banque. Dans le cadre du développement de son entreprise, il s'informe sur les solutions de financement qui peuvent soutenir son activité.

5 La gamme Pro de la banque postale

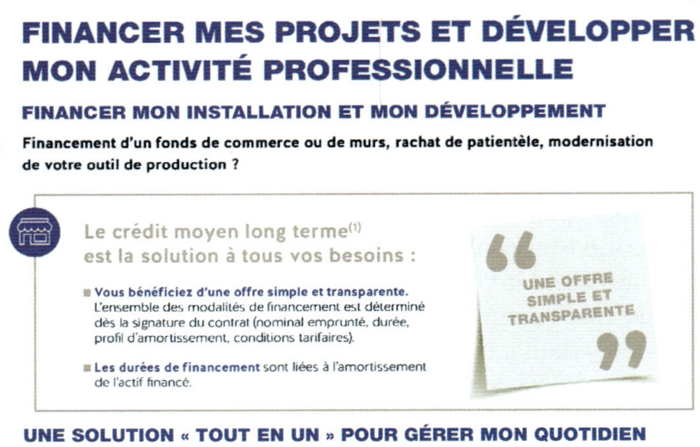

FINANCER MES PROJETS ET DÉVELOPPER MON ACTIVITÉ PROFESSIONNELLE

FINANCER MON INSTALLATION ET MON DÉVELOPPEMENT

Financement d'un fonds de commerce ou de murs, rachat de patientèle, modernisation de votre outil de production ?

Le crédit moyen long terme[1] est la solution à tous vos besoins :

- **Vous bénéficiez d'une offre simple et transparente.** L'ensemble des modalités de financement est déterminé dès la signature du contrat (nominal emprunté, durée, profil d'amortissement, conditions tarifaires).
- **Les durées de financement** sont liées à l'amortissement de l'actif financé.

« UNE OFFRE SIMPLE ET TRANSPARENTE »

UNE SOLUTION « TOUT EN UN » POUR GÉRER MON QUOTIDIEN

1. Identifiez les acteurs concernés par ces offres de services.
2. Quels sont les services proposés ?
3. En quoi ces services sont-ils indispensables à l'entreprise ?
4. Quels sont les différents rôles économiques d'une banque ?
5. Selon vous, pourquoi les banques sont-elles des acteurs majeurs de l'économie ?

6 L'aide à la levée des fonds sur le marché financier

La plupart des entreprises qui souhaitent se développer et mener à bien des projets d'envergure ont besoin de capitaux extérieurs. Elles doivent alors emprunter auprès des banques et/ou trouver des fonds sur les marchés financiers.

Mais au-delà de cette confrontation entre l'offre et la demande classique de capitaux, les banques ont également développé des activités nouvelles sur les marchés financiers. […]

Pour aider les entreprises à lever des fonds, le rôle des banques est souvent essentiel. Elles interviennent en amont, pendant et en aval de l'opération. Leur fonction première est de conseiller la société sur le montage du dossier, notamment sur le choix des instruments financiers (actions, obligations), sur les conditions offertes (prix d'émission, durée de l'emprunt…). Elles ont ensuite un rôle de « placeur » auprès des particuliers, entreprises, institutionnels et fonds de placement désirant investir.

www.lafinancepourtous.com

6. Que permet le marché financier ?
7. Pourquoi les entreprises peuvent-elles avoir besoin de recourir au marché financier ?
8. Quels sont les acteurs concernés par une levée de fonds sur le marché financier ?
9. En quoi le développement des marchés financiers a-t-il renforcé la relation entre les entreprises et leurs banques ?

IV Identifier les relations entre l'entreprise et l'État

Contexte

M. Bonnay a été soutenu par Bpifrance, la banque publique d'investissement pour investir dans la mise en place de nouveaux logiciels de e-tourisme. Il est très attentif aux plans d'investissement de l'État dans le haut débit, indispensable au développement de son activité sur tout le territoire.

7 L'État investit dans le très haut débit

2013-2022 : 10 ANS POUR ÉQUIPER 100 % DU TERRITOIRE EN TRÈS HAUT DÉBIT

Lancé en février 2013, le Plan France Très Haut débit vise à couvrir l'intégralité du territoire en très haut débit d'ici 2022, c'est-à-dire proposer un accès à Internet performant à l'ensemble des logements, des entreprises et des administrations.

Pour atteindre cet objectif, il mobilise un investissement de 20 milliards d'euros en dix ans, dont 3,3 milliards d'euros de l'État, pour déployer les infrastructures de l'Internet très haut débit sur tout le territoire.

Ce Plan, unique en Europe, représente un défi inédit qui vise à :

– renforcer la compétitivité de l'économie française et l'attractivité de la France par le raccordement prioritaire en fibre optique des zones d'activités économique, [...]

– donner accès aux usages numériques à tous les citoyens.

www.francethd.fr

Vidéo — France THD, Le Plan France Très Haut Débit

8 Le fonds de Bpifrance a investi dans 30 entreprises du secteur Tourisme

Doté de 100 millions d'euros, le fonds France Investissement Tourisme (FIT) de Bpifrance est né en octobre 2015. Son objectif : prendre des participations minoritaires dans des entreprises prometteuses du secteur. Deux ans plus tard, l'heure du premier bilan a sonné. Le fonds a réalisé 30 investissements, dont une dizaine dans les start-up, pour une enveloppe globale de 53 millions d'euros.

Linda Lainé, www.lechotouristique.com, octobre 2017

bpifrance

Bpifrance, la banque publique d'investissement

Créée le 1er janvier 2013 et présente dans chaque région, Bpifrance est une banque publique d'investissement qui accompagne les entreprises françaises en offrant des solutions de financement pour soutenir leurs projets (création, développement par l'innovation, conquête de nouveaux marchés en France ou à l'international, investissement en fonds propres, reprise ou croissance externe, etc.).

Vidéo — BPI France, servir l'avenir

1. Quelles seront les conséquences pour les entreprises de la couverture de tout le territoire au très haut débit ?
2. Dans ces documents, quels sont les différents services rendus par l'État aux entreprises ? Recherchez d'autres services de l'État dont les entreprises bénéficient.
3. Quelle est la contrepartie de ces services ?
4. Proposez une présentation schématique de la relation entre l'entreprise et l'État dans laquelle vous ferez apparaître les flux réels et monétaires.
5. Quel est le rôle économique de l'État ?

Synthèse

L'entreprise est au cœur d'un environnement économique qui se compose de différents agents économiques

- **Clients**
  Particuliers, entreprises
- **Fournisseurs**
  Producteurs de biens, prestataires de services
- **État**
- **Banques**

Les fournisseurs

Entreprises qui produisent des biens et services marchands nécessaires à l'activité de l'entreprise.

Les ménages

Ensemble des personnes qui habitent une même résidence principale et partagent un même budget, même si elles n'ont pas de parenté entre elles. Ce sont les particuliers clients de l'entreprise : ils achètent les biens et services de l'entreprise.

L'État

Les administrations, les collectivités territoriales produisent des services non marchands. Elles collectent des impôts et des cotisations, versent des subventions et accompagnent la création d'entreprise.

Les banques

Les banques collectent l'argent et assurent le fonctionnement de l'activité de l'entreprise. Elles accordent des financements aux entreprises qui investissent.

Mots clés

Agent économique • Consommation • Investissement • Financement • Flux réels • Flux monétaires • Production de biens et services marchands • Production de services non marchands

2 Le fonctionnement des marchés

QUESTION **Comment s'établissent les relations entre l'entreprise et son environnement économique ?**

COMPÉTENCE(S)
- Présenter le fonctionnement des marchés sur lesquels intervient l'entreprise
- Repérer l'existence d'externalités pour l'entreprise

SAVOIRS ASSOCIÉS
- Le rôle du marché et son fonctionnement
- La concurrence et les relations de coopération
- Les barrières à l'entrée
- L'asymétrie de l'information
- Les externalités positives et négatives

Contexte

Vidéo live!
Choisir sa franchise, Interview du réseau Adenior – Salon des Services à la Personne 2017

Adenior : un service d'aide à domicile de proximité et de qualité

Créé en octobre 2006 à Lille par Grégory Bouillon et Émilie Croxo, Adenior débute son activité dans le Nord-Pas-de-Calais avant de s'étendre à d'autres régions. Adenior est né de constats locaux bien identifiés : le handicap, la maladie et le vieillissement d'une population souhaitant rester vivre à domicile ; mais aussi le nombre grandissant de couples bi-actifs, souhaitant mieux concilier vie professionnelle et vie privée, et de familles monoparentales. [...]

Issue de la dynamique de l'économie sociale et solidaire, Adenior souhaite assurer la pérennité de ses emplois créés avec un développement à taille humaine. Loin de l'esprit des groupes financiers, les dirigeants et les équipes de collaborateurs de chaque agence travaillent ensemble pour répondre aux besoins des familles et des personnes en état de dépendance.

Notre fonctionnement et notre politique de développement s'appuient sur une démarche globale, permettant d'apporter un service adapté à la personne, couvrant l'ensemble de ses besoins. [...] Chaque prestation proposée est unique et personnalisée. Au travers des services que nous offrons, nous avons pour objectif d'améliorer votre qualité de vie et de favoriser votre bien-être. [...]

www.adenior.com

1. **Quels besoins sont à l'origine de la création de cette entreprise ?**
2. **Identifiez les services proposés par l'entreprise Adenior sur le marché.**
3. **Quelles sont les spécificités des offres de services mises en avant par les créateurs de l'entreprise ?**

I Analyser les caractéristiques et le rôle du marché

Contexte

Après une carrière dans le commerce, Carine Landry décide d'opérer une reconversion professionnelle. Attirée par le secteur des services à la personne, elle est intéressée par l'ouverture d'une agence ADENIOR en franchise. Avant de suivre une formation adaptée, elle s'informe sur les caractéristiques du marché.

1 La Silver économie

[...] Sous la dénomination de « Silver économie » se regroupe l'ensemble des activités dédiées à l'avancée en âge de la population. Il ne s'agit donc pas d'un marché clos et aux frontières clairement dessinées, mais d'une économie transversale qui prend sa source dans de nombreux secteurs.

En effet, les attentes spécifiques des nouveaux seniors impactent aussi bien l'accompagnement des personnes, la prévention de la dépendance et l'ensemble des services de soins que la demande de loisirs, la robotique, la domotique et les TIC (technologies de l'information et de la communication) et même le bâtiment ou encore la nutrition.
Dans tous ces secteurs, l'évolution démographique nécessite d'adapter l'offre en prenant en considération les contraintes du vieillissement mais aussi les caractéristiques de cette nouvelle catégorie de seniors. L'arrivée des baby-boomers à l'âge de la retraite transforme radicalement l'économie des seniors. Ces derniers perçoivent la retraite comme un nouveau départ, plein d'opportunités, et attendent une qualité de vie identique, voire supérieure, à celle qu'ils ont connue jusqu'à présent. Or, dans le même temps, ces seniors ont un véritable pouvoir économique.
En France, plus de 15 millions de personnes sont âgées de plus de 60 ans et elles devraient être 20 millions en 2030. [...]

www.silvereco.fr, 30 octobre 2017

1. Quels sont les marchés concernés par la Silver économie ?
2. Comment la demande devrait-elle évoluer sur ces marchés dans les prochaines années ?
3. Quelles sont les raisons de cette évolution ?
4. Le choix de Mme Landry est-il pertinent ?

Vidéo – Nathan live!
Ministère de Bercy, La Silver économie : définition et enjeux

2 Des opportunités de développement

Avec une population qui vieillit en même temps que la durée de vie s'allonge, le marché des seniors est voué à un bel avenir !

Au sein du secteur des services à la personne, les prestations dédiées aux plus de 60 ans répondent à une demande croissante qui ne devrait pas faiblir au cours des prochaines décennies. La Silver économie, comme on l'appelle, offre d'importantes opportunités de développement pour les entreprises souhaitant s'investir dans ce domaine.

Sous l'impulsion d'une demande de plus en plus forte [de la part des familles], le secteur des services à la personne connaît une croissance exponentielle et attire de nombreux franchiseurs.

Si certains se spécialisent sur un créneau, d'autres font le choix de diversifier leur offre de prestations à domicile et de répondre à différents besoins. En regroupant plusieurs activités, ces agences multiservices permettent à leurs clients de ne s'adresser qu'à un seul et même interlocuteur qu'il s'agisse de l'entretien de la maison, de la garde d'enfants, de soutien scolaire ou de l'aide à domicile des personnes dépendantes.

www.franchise-magazine.com

5. Identifiez les différents acteurs en présence sur ce marché.
6. Comment l'offre évolue-t-elle sur ce marché ?
7. Proposez une définition du terme « marché » qui présente ces caractéristiques.

3 La variété des marchés

8 Qu'échange-t-on sur ces marchés ?

9 Qui sont les acteurs qui interviennent sur ces marchés ? Qui sont les offreurs et les demandeurs ?

10 Identifiez les marchés sur lesquels l'entreprise de Mme Landry interviendra :
- pour le financement de ses investissements.
- pour le recrutement de ses futurs salariés.
- pour la vente de ses services.

11 Quel est le rôle de ces marchés pour Mme Landry ?

II Présenter les règles de fonctionnement du marché

Contexte

Pour accompagner le développement de son entreprise, Carine Landry souhaite changer d'établissement bancaire, car elle a constaté des frais importants lors de récentes transactions. Elle craint un processus lent et compliqué et s'informe auprès des concurrents de sa banque traditionnelle.

4 La concurrence sur les marchés bancaires

[...] Un an après l'entrée en vigueur de la loi sur la mobilité bancaire, et alors que des acteurs numériques apparaissent sur le marché français, les banques affichent des prix quasi stables pour 2018 selon le baromètre Meilleurebanque.com pour « Le Monde ».

[...] Entrée en vigueur il y a tout juste un an, le 6 février 2017, la loi sur la mobilité bancaire simplifie en effet le changement de banque puisque la nouvelle banque du client se met directement en relation avec l'ancienne pour mettre en place les changements de domiciliation des prélèvements et virements récurrents. [...] Au-delà de la réglementation sur la mobilité, une autre hypothèse permet d'expliquer la modération dont font preuve les banques cette année pour établir leurs tarifs. La concurrence s'est en effet considérablement développée. Les réseaux se voient grignoter des parts de marché par les banques en ligne historiques depuis une quinzaine d'années. Ainsi, Boursorama compte 1,2 million de clients, contre 1 million pour ING Direct et 670 000 pour Fortuneo. Basées sur la gratuité des produits et services du quotidien, ces établissements se sont peu à peu installés sur le marché. [...] Pourtant, le ciel s'assombrit pour les banques en ligne historiques. [...] La véritable nouveauté de l'année 2017 est l'arrivée sur le marché français de nouveaux acteurs digitaux [les néobanques].

Lancée en novembre 2017 après plusieurs reports, Orange Bank ambitionne de convaincre 2 millions de clients en dix ans.

La force de frappe de l'opérateur télécoms, qui compte 27 millions de clients en téléphonie, inquiète à la fois les réseaux traditionnels et les banques en ligne. De quoi plaider pour le statu quo sur les prix. [...]

Reste à savoir comment évoluera le marché durant les prochains mois. Nul doute que les patrons des réseaux bancaires traditionnels scruteront attentivement les succès commerciaux de leurs nouveaux concurrents mobiles. « *Les banques de réseaux sont engagées dans un long processus de fermeture d'agences, qui à terme leur permettra de réduire leurs coûts. La grande inconnue est de savoir si elles répercuteront cette baisse de coût sur leurs clients en baissant leurs tarifs* », s'interroge Maxime Chipoy [chargé d'études à UFC – Que choisir ?].

Agnès Lambert, www.lemonde.fr, 6 février 2018

1. **Analysez l'évolution de l'offre sur ce marché.**
2. **En quoi la loi sur la mobilité bancaire peut-elle intéresser Mme Landry ?**
3. **Quelles sont les conséquences de l'intensification de la concurrence pour les consommateurs ?**
4. **Comment les banques traditionnelles peuvent-elles baisser leurs prix pour rester concurrentielles ?**

5 Les variations de l'offre et de la demande sur les marchés

Sur un marché concurrentiel, une augmentation de l'offre par rapport à la demande conduit les offreurs à baisser leur prix. Cette baisse des prix va attirer des demandeurs et décourager l'offre. À l'inverse, un excès de demande par rapport à l'offre incite les demandeurs à accepter des prix plus élevés pour obtenir le bien devenu plus rare. Cette hausse des prix va décourager la demande et attirer les offreurs. Les variations de prix sur les marchés permettent donc dans chaque cas un ajustement de l'offre et de la demande.

5. **Comment évoluent les prix lorsque l'offre augmente ? Lorsque l'offre diminue ? Lorsque la demande augmente et lorsqu'elle diminue ?**
6. **Quel est le mécanisme d'évolution des prix mis en évidence sur le marché bancaire ?**

Contexte

Carine Landry est consciente qu'il sera important de valoriser son entreprise et de mettre en avant les engagements qualité de son réseau. Elle étudie attentivement la charte qualité des agences Adenior et les normes NF du marché des services à domicile.

6 La charte qualité des agences Adenior

Charte qualité des agences Adenior

Fournir au public et aux clients une information claire, complète et sincère

1. Opérer en toute transparence et légalité : structures visibles pour le public et mentionnées sur tous les documents administratifs.
2. Fournir une information détaillée sur le(s) service(s) proposé(s), sans clause illisible et sans formulation trompeuse ou ambigüe.
3. Informer le client sur le tarif des prestations et les possibilités de réduction des coûts (aides financières, déductions fiscales...) ; et établir un devis gratuit.
4. Établir un contrat de prestations formalisant l'accord sur les interventions mises en place et remettre un double du contrat au client.
5. Expliquer les principaux points des conditions générales de services : la durée du contrat, les délais de rétractation (14 jours), de suspension (sous 48h) et de résiliation (1 mois) du contrat. [...]

www.adenior.com

7 Quel est l'intérêt pour les agences Adenior d'afficher cette charte qualité ?

8 En quoi cette charte peut-elle rassurer les consommateurs ?

9 Pourquoi l'accès à l'information sur les prestations et les prix est-il essentiel pour le bon fonctionnement de ce marché ?

7 La norme NF Services aux personnes à domicile

NF Service - Services aux personnes à domicile

La qualité du service que délivrent vos intervenants est devenue un critère déterminant dans le choix d'une aide à domicile. Avec NF Service « Services aux personnes à domicile », donnez confiance à vos clients et faites la différence ! [...]

LES PRINCIPAUX ENGAGEMENTS DE SERVICES CERTIFIÉS

Une éthique exigeante :
- Respect du lieu de vie, de l'intimité, de la culture et des choix de vie
- Confidentialité des informations échangées

Une aide et un suivi personnalisé :
- Accueil courtois et respectueux
- Écoute attentive de la demande et étude des besoins
- Service adapté et élaboré avec le client (projet personnalisé)
- Prise en compte des avis sur la qualité de la prestation

Des professionnels compétents :
- Intervenants de confiance, sélectionnés et formés [...]

certification.afnor.org

10 Présentez l'intérêt des normes NF pour les acheteurs et les vendeurs du marché.

11 Montrez comment l'efficacité du marché repose aussi sur l'instauration d'un climat de confiance entre les acteurs.

III Identifier les dysfonctionnements du marché

Contexte

Le site Internet Carizy.com propose un service complet pour la vente de véhicules d'occasion entre particuliers (contrôle technique, mise en vente, recherche d'acheteurs, démarches administratives...). Nouvel acteur sur ce marché, il est né en 2015 des mauvaises expériences de l'un de ses créateurs alors qu'il tentait de revendre sa voiture.

8 Polémique et anxiété sur le marché des véhicules d'occasion

[...] Une étude de l'Union européenne [...] va inciter de nombreux startuppers à se pencher sur ce marché. D'après ce rapport, l'achat de voitures d'occasion [VO] est, avec l'achat immobilier, le poste où l'expérience client est vécue comme la plus pénible par les consommateurs. Dans le processus d'achat de VO, tout est prétexte à polémique et à anxiété. L'acheteur ne sait pas tout à fait ce qu'il achète et ne sait pas tout à fait s'il paie le prix juste. Côté vendeur, l'angoisse naît d'un risque de paiement non sécurisé (les affaires de faux chèques de banque sont légion), ou encore d'une perte de 30 % du prix de vente s'il décidait de passer par un garage... [...]

> *Le marché de la voiture d'occasion représente trois fois le marché du neuf en volume, mais il reste un motif d'insatisfaction pour les vendeurs et les acheteurs.*

L'automobile d'occasion est-elle contaminée par la fièvre Internet ? Cela peut paraître surprenant, mais s'il y a bien un marché qui a jusqu'ici bien résisté à la vague de

la digitalisation, c'est bien la vente de voitures d'occasion (VO). Bien entendu, Internet a permis l'émergence d'acteurs nouveaux comme Leboncoin.fr mais ces [...] sites n'ont fait qu'appliquer sur Internet le concept de petites annonces, sans révolutionner le concept même de vente de voitures d'occasion. [...]

Nabil Bourassi, www.latribune.fr, 5 août 2016

1. **Pour quelles raisons les acheteurs et vendeurs sont-ils insatisfaits sur ce marché ?**
2. **Quelle asymétrie d'information peut exister entre vendeurs et offreurs ?**
3. **Qu'est-ce qui permettrait un meilleur fonctionnement de ce marché ?**

Vidéo — Nathan live!
Carizy.com,
Achetez & vendez votre voiture à un particulier, sans vous en soucier

9 La start-up Carizy

[...] « *Tous les jours, nous avons des clients au téléphone qui nous racontent leurs déboires dans leurs tentatives d'achat/vente auto entre particuliers. Certaines situations sont parfois cocasses et difficiles à croire* », explique Fabien Gagnot, directeur communication et associé de carizy.com. [...]

Kevin Bresson, 1001startups.fr, 6 décembre 2016

[...] Soutenu depuis juin 2016 par la Macif et la Matmut, cette plateforme procède à une expertise de chaque véhicule mis en vente avant de fixer un prix avec le vendeur, de diffuser l'annonce, de trouver un acheteur sous trois semaines, de vérifier la solvabilité de l'acheteur, de produire les documents obligatoires et d'organiser le rendez-vous pour finaliser la transaction. Lancé dans un premier temps sur l'Île-de-France, le service s'étend aujourd'hui à toute la France grâce à un partenariat avec 110 cabinets d'expertise. Un moyen de diversifier ses activités pour les experts, qui travaillent sur le sujet depuis quelques années. Ce réseau permet également à Carizy d'élargir son champ d'action et d'opérer sur tout le territoire.

Frédéric Marty, auto-infos.fr, 16 mars 2017

4. **Présentez le rôle du site Internet Carizy sur ce marché.**
5. **Expliquez pourquoi Carizy peut améliorer le fonctionnement du marché des véhicules d'occasion.**

10 Le marché du véhicule d'occasion plus accessible

En France, le marché des ventes de véhicules neufs se partage essentiellement entre les constructeurs automobiles (et leurs filiales de distribution) et les concessionnaires qui sont des vendeurs indépendants en contrat avec une marque. Les opportunités de reprise de concessions pour les créateurs d'entreprise ou les investisseurs sont quasiment inexistantes. Les barrières à l'entrée sont trop fortes sur ce marché, du fait d'un besoin financier important (essentiellement lié au financement des stocks de véhicules).
Quand une concession est à vendre, elle est souvent reprise par un autre concessionnaire. Même lorsqu'une marque cherche à s'implanter, comme les Asiatiques il y a quelques années, elle privilégie les acteurs existants.
Le marché du véhicule d'occasion présente quant à lui quelques opportunités pour des investisseurs et des créateurs. On voit quelques créations d'affaires dans ce domaine. Techniquement, c'est moins compliqué que de gérer une concession, et on peut commencer plus petit. Les barrières à l'entrée sur ce secteur sont donc moins importantes.
Internet change aussi la manière de vendre des véhicules. Les clients qui entrent dans les concessions sont de mieux en mieux informés. Ils ont souvent fait le tour des offres sur le web et connaissent les meilleurs prix. Les plateformes de vente en ligne se développent et permettent aussi de contourner certaines barrières qui empêchent la création d'entreprises dans ce secteur.

6 **Pourquoi le marché des véhicules d'occasion présente-t-il des opportunités pour les investisseurs ?**
7 **Qu'est-ce qui empêche la création d'entreprises sur le marché des véhicules neufs ?**
8 **Expliquez ce qu'est une barrière à l'entrée sur un marché. En quoi empêche-t-elle le bon fonctionnement du marché ?**

11 L'hypothèse contestée d'un accès libre au marché

Des obstacles peuvent rendre difficile ou impossible l'entrée sur un marché pour un créateur d'entreprise ou investisseur.
Ces obstacles peuvent être économiques et financiers (liés au besoin important de financement des investissements), juridiques (par exemple la limitation de l'accès à une profession protégée comme les pharmaciens), ou encore de nature technologique difficile d'accès (les droits en recherche et développement peuvent ainsi limiter l'accès au marché).
L'hypothèse de libre entrée est essentielle pour qu'un marché fonctionne bien et que la concurrence soit efficace. Les consommateurs peuvent ainsi s'adresser librement à d'autres entreprises si leurs fournisseurs augmentent leurs prix.

9 **En quoi cette hypothèse de libre entrée est-elle importante ?**
10 **Quelles sont les conséquences pour les offreurs et les demandeurs ?**
11 **Pourquoi peut-on dire que les marchés ont des degrés de concurrence variables ?**

IV Repérer l'intérêt de mettre en place des relations de coopération sur les marchés concurrentiels

Contexte

La plate-forme digitale de vente de véhicules d'occasion du groupe Parot, Zanzicar, va confier ses véhicules à Expedicar avec un objectif de livraison au domicile du client de 72 heures.

12 Expedicar s'associe à Zanzicar pour livrer ses véhicules

[...] Alors que le secteur de la vente de véhicules d'occasion est en plein développement, avec un volume record de 5,6 millions de transactions en 2016, les professionnels sont aujourd'hui confrontés à une évolution des pratiques des consommateurs : 65 % des transactions se font entre particuliers, et 90 % des acheteurs démarrent leur processus d'achat en cherchant des informations sur Internet.

Au-delà d'une problématique logistique majeure, la livraison des véhicules au domicile des acheteurs est un véritable atout commercial puisqu'il s'agit du mode de livraison préféré des Français, encore plus lorsqu'il s'agit de colis lourds et encombrants. Pour offrir une réponse au plus près des attentes de ses clients, Zanzicar s'est associé à Expedicar, le spécialiste français du transport de véhicules à l'unité. Cette solution permet au site de transaction sur Internet de garantir à ses clients une livraison de leur véhicule sous 72 heures par un chauffeur professionnel, complétée d'une mise en main de leur nouvelle acquisition.

« Nous sommes très fiers de ce partenariat avec Zanzicar, qui témoigne de la confiance d'acteurs majeurs du secteur automobile. Le développement de cette plate-forme, qui vise 15 000 ventes annuelles de véhicules à l'horizon 2020, nous permet d'aborder le futur avec beaucoup d'ambition »

affirment Claire Cano et Idris Hassim, cofondateurs [d'Expedicar].

Jean-Marc Gervasio, www.decisionatelier.com, 21 novembre 2017

1. **Quelles sont les activités de ces deux entreprises ? Sont-elles concurrentes ?**
2. **Sur quoi porte l'accord conclu entre les deux entreprises ?**
3. **Quel est l'objectif recherché par ces entreprises en signant cet accord de coopération ?**

13 Le développement des relations de coopération

Parmi les **stratégies concurrentielles** choisies par les entreprises, le **développement des relations de coopération** est de plus en plus privilégié. Cette croissance conjointe consiste pour l'entreprise à coopérer avec d'autres entreprises, tout en restant juridiquement indépendante. Cette coopération peut se faire entre entreprises concurrentes (alliance) ou non concurrentes (partenariat). Une synergie est recherchée pour les deux partenaires sur les marchés. Les règles de concurrence interdisent les pratiques anticoncurrentielles car le consommateur doit préserver sa liberté de choix entre des fournisseurs indépendants. Ces règles prévoient cependant des exemptions quand les autorités de la concurrence estiment que le projet de coopération favorise le progrès économique et technique.

4. **Quel est le type de coopération choisie par Zanzicar et Expedicar ?**
5. **Pourquoi cette entente n'a-t-elle pas été considérée comme une pratique anticoncurrentielle ?**
6. **Comment les relations de coopération peuvent-elles améliorer le fonctionnement des marchés ?**

V Repérer l'existence d'externalités pour l'entreprise

Contexte

La voiture autonome est un véhicule capable de circuler sur n'importe quelle route, sans l'intervention d'un conducteur : on parle de robotique mobile avancée. De nombreux constructeurs ou entreprises participent actuellement à la course pour commercialiser ces voitures. Cette technologie va profondément modifier les habitudes de conduite, avec une incidence considérable sur la société, de l'aménagement urbain à la mobilité.

14 La notion d'externalité

On parle d'externalité lorsqu'une activité économique (production, consommation) a un impact positif ou négatif sur le bien-être et le comportement d'autres agents sans que cet effet donne lieu à un paiement ou une transaction. Les externalités peuvent donc être positives (recherche médicale) ou négatives (pollution d'un site industriel).

Vidéo — Nathan live!

01net TV, On a testé la voiture autonome de Navya dans les rues de Las Vegas

15 La voiture autonome : une nouvelle ère

[…] Même si l'introduction à grande échelle des voitures sans conducteur n'aura pas lieu avant au moins dix ans, il est important de commencer à planifier dès aujourd'hui l'ère de la voiture autonome. Elle jouera un rôle majeur dans la révolution numérique, bouleversant la conception actuelle du monde. Toutefois, les entreprises qui ont envisagé la manière dont elles seront affectées par cette nouvelle ère, et qui s'y sont préparées en conséquence, posséderont un avantage concurrentiel sur celles qui ne l'ont pas fait.

La société sans conducteur

Les véhicules sans conducteur sont susceptibles d'entièrement réformer la notion de possession d'une voiture. De nouveaux modèles commerciaux innovants apparaissent d'ores et déjà sur le marché, tels que le volant intelligent amovible de Jaguar, qui fait venir les voitures au domicile du conducteur dans le cadre d'un programme d'abonnement payant. À l'avenir, il se peut que plus personne n'achète une voiture. Et bien que l'idée d'une automobile ne nécessitant aucun conducteur au volant puisse être lointaine, il est possible que nous n'ayons même pas besoin de permis de conduire dans le futur pour sauter dans une voiture. Encore plus révolutionnaire : certains gouvernements pourraient commencer à interdire aux personnes de conduire, dans la mesure où les voitures autonomes se révèlent plus sûres et plus performantes sur le plan de la gestion du trafic. […]

La vie quotidienne pourrait s'en trouver métamorphosée ; par exemple, l'absence de voitures particulières et la possibilité de commander une voiture à la demande pourraient rendre les parcs de stationnement inutiles. […]

Concevoir l'avenir

Au fur et à mesure de l'évolution du cadre requis pour les voitures et les transports en commun, le paysage urbain va connaître un changement radical. **Les urbanistes commencent déjà à réfléchir à l'architecture des villes intelligentes et à la manière dont les véhicules sans conducteur s'y intégreront.** Non seulement les zones de stationnement et les réseaux routiers seront transformés, mais en outre les encombrements seront réduits, ce qui aura un impact positif sur l'environnement, et notamment la qualité de l'air. […] L'aménagement des villes intelligentes et l'introduction de parcs de véhicules sans conducteur auront tous deux d'énormes répercussions sur la demande de connectivité à travers le monde, accentuant la nécessité de réseaux flexibles capables de gérer le transfert haut débit de grandes quantités de données. […]

Ludovic Lassauce, www.journaldunet.com/economie, 26 janvier 2018

1. **Identifiez les externalités positives et négatives du développement des voitures autonomes pour les professionnels du marché automobile.**
2. **Quel est l'intérêt pour une entreprise d'anticiper cette évolution ?**

Synthèse

L'entreprise doit connaître le fonctionnement des marchés sur lesquels elle intervient.

↓

Le marché est le cadre des échanges où se rencontrent l'offre et la demande.

↓

L'entreprise peut intervenir simultanément sur différents marchés : marchés des biens et services, du travail et des capitaux.

↓

Sur le marché des biens et services, l'entreprise fixe ses prix à partir des coûts de production et de la confrontation entre l'offre et la demande sur le marché.

Les prix sur le marché varient selon les variations de l'offre et de la demande.

Demande > Offre	**Offre > Demande**	**Offre = Demande**
↓	↓	↓
Hausse du prix	Baisse du prix	Prix d'équilibre

Le marché doit respecter des règles de bon fonctionnement :

↓

- Concurrence sans entrave
- Transparence de l'information
- Confiance réciproque des offreurs et demandeurs

↓

Il y a dysfonctionnement du marché lorsque ces règles ne sont pas respectées par les entreprises.

↓

Des externalités positives ou négatives existent et échappent au marché. L'entreprise doit savoir les repérer pour évoluer.

Mots clés

Marché • Offre • Demande • Prix d'équilibre • Concurrence • Accord de coopération • Confiance • Asymétrie d'information • Entraves à la concurrence • Barrières à l'entrée • Externalités positives et négatives

3 La formation du contrat

QUESTION **Comment les contrats sécurisent-ils les relations entre l'entreprise et ses partenaires ?**

COMPÉTENCE(S)
- Qualifier une situation précontractuelle et repérer le processus de formation d'un contrat
- Analyser et évaluer les conditions de validité d'un contrat

SAVOIRS ASSOCIÉS
- Les principes contractuels et leur évolution
- La formation du contrat

Contexte

« Le Slip français », le slip qui bouge tous azimuts !

Lancée en 2011 par Guillaume Gibault, cette PME française est parvenue à imposer ses sous-vêtements « made in France », aux noms humoristiques (Intrépide, Redoutable, Vaillant, etc.) avec une croissance insolente et des perspectives florissantes.

Malgré des prix assez élevés, environ trente euros, Le Slip français a trouvé ses clients en surfant sur le « made in France » *via* les réseaux sociaux et en nouant des collaborations éphémères avec de grands noms de la mode (Agnès b., Princesse tam. tam, etc.) en commercialisant aussi une ligne femme, des tee-shirts, des shorts de bain, des pulls en laine, des marinières, etc.

L'entreprise poursuit aussi des relations contractuelles avec ses fabricants historiques, plusieurs petits fournisseurs et sous-traitants, qui sont rassurés par ces accords leur permettant de poursuivre leur activité dans ce secteur menacé qui souffre tant de la concurrence asiatique.

Le Slip français a aussi conclu un contrat avec Évian, dans une publicité pour vanter les mérites du savoir-faire français.

En outre, afin d'accélérer son développement et atteindre une stature industrielle, Le Slip français est en cours de négociation avec de futurs partenaires industriels afin d'anticiper l'achat de robots pour parvenir à fabriquer de grandes séries.

Le Slip français et ses partenaires commerciaux ont manifestement de beaux jours devant eux !

1 **Relevez tous les cas où l'entreprise Le Slip français a noué des relations contractuelles ou est prête à le faire.**

2 **Les accords conclus entre Le Slip français et les industriels sont-ils tous définitifs ? Plus globalement, dites en quoi tous ces contrats permettent de sécuriser les relations de l'entreprise avec ses partenaires professionnels.**

I Les relations interentreprises, résultat d'un processus de négociation

Contexte

Soucieuse de créer un contact plus direct avec ses clients, l'entreprise « Le Slip français », qui commercialise surtout ses produits en ligne, entend maintenant avoir pignon sur rue. Ce traditionnel e-commerçant ouvre désormais des magasins dans des grandes villes françaises. Des pourparlers sont en cours avec plusieurs propriétaires de locaux commerciaux pour louer un fonds de commerce à Toulouse.

1 Le contrat et sa formation

Tout.com

Tout.com Sarl
28, rue Mahias
92100 BOULOGNE-BILLANCOURT

CONFIRMATION DE LA COMMANDE

Page	1 / 1
No. de client	80819390
No. de commande	1975039
Date	20/04/2018
Téléphone	XXXXXXXXXX
Fax	XXXXXXXXXX
Transport	
Incoterm	DAP Paris
Date d'expédition	22/04/2018
Envoyé de	Amsterdam
Votre commande	20/04/2018
Votre référence	LEGAL
TVA client	FRXXXXXXXXXXX

Désignation article	No. statistique	Quantité	Prix unitaire	Valeur
Aluminium 400mAh powerbank MO50148507 SPMO5014-16-40 / 30019514	6000 90	500 PC	4,30 EUR	2 150,00

Avec les détails suivants :
1) Position de marquage TOP
2) Technique de marquage Silkscreen printing
3) Couleur de marquage black + pms 200

Montant total hors TVA 2 150,00

Conditions de paiement : 30 jours (fin de mois)

1. **Après avoir pris connaissance du contrat que le représentant du Slip français s'apprête à passer avec l'entreprise Tout.com, spécialisée dans le marquage publicitaire sur les objets, pour personnaliser une nouvelle collection de slips, expliquez en quoi consiste un contrat.**
2. **Si ce contrat est signé, comment va se manifester la rencontre de l'offre et de l'acceptation qui formera le contrat ?**
3. **Relevez les obligations de chacune des parties, en précisant si l'on peut dire qu'il y a « équilibre » d'un contrat en formation « loyal » entre les deux entreprises.**
4. **Dites comment le droit, par l'intermédiaire des contrats, permet aux entreprises de construire et de sécuriser leurs relations.**

A Les pourparlers

2 Les pourparlers et la bonne foi

Calendrier des rencontres lors des derniers mois entre Clément Drot, représentant du Slip français, et Marina Vil, représentant la société immobilière SIG, propriétaire d'un local commercial.

JANVIER	Rendez-vous pour analyse des dimensions de l'espace de vente et de la surface de stockage.
FÉVRIER	Trois rendez-vous sur la faisabilité du projet, les aménagements possibles, le loyer.
MARS	Échange d'une quinzaine de mails avec des documents formalisant petit à petit l'accord.
AVRIL	Travail sur les points de désaccord et accord informel trouvé.
MAI	Rendez-vous en vue de la signature du bail annulé par le vendeur.
JUIN	Le représentant du Slip français apprend que le vendeur rompt brutalement les relations. Il négociait depuis plus d'un mois avec un autre commerçant. Son dernier mail indique : « *J'ai décidé de conclure avec une autre entreprise car il me semble évident que j'ai le choix de passer mes contrats avec qui je veux.* »

Article 1112 du Code civil (issu de l'ordonnance du 10 février 2016)

« *L'initiative, le déroulement et la rupture des négociations précontractuelles sont libres. Ils doivent impérativement satisfaire aux exigences de la bonne foi. […]* »

5 **Quel est l'intérêt de ces étapes de négociation appelées « pourparlers » ?**

6 **Que pensez-vous de la rupture de ces pourparlers ?**

7 **L'exigence de bonne foi dans la formation du contrat a-t-elle été respectée ? En quoi est-elle capitale dans les relations interentreprises ?**

8 **Peut-on parler de loyauté dans l'attitude du propriétaire du local ?**

9 **A-t-il le droit d'évoquer sa liberté contractuelle, en prétendant avoir le choix de conclure un contrat ou non ?**

B Les avant-contrats

3 Un contrat… avant le contrat

Échaudé par sa mésaventure, le responsable du Slip français décide de prendre des précautions durant le processus de négociation avec un nouveau bailleur.

Extrait du courrier de Clément Drot, pour l'entreprise Le Slip français :

Avant de conclure définitivement notre accord, je vous propose que nous signions une promesse de bail commercial. Je vous fais parvenir au plus vite un avant-contrat qui sécurisera notre situation respective dans l'attente de la signature définitive. Plutôt que vous vous engagiez seul dans une promesse unilatérale de bail, j'aimerais mieux que nous signions un compromis, c'est-à-dire une promesse synallagmatique de bail, dans lequel nous nous engageons tous les deux. Je vous soumets déjà une clause qui apparaîtra dans notre avant-contrat si vous en êtes d'accord :

Le propriétaire Immotransac, appelé « le bailleur », s'engage à louer ses locaux commerciaux au bénéficiaire (Le Slip français). Le futur locataire s'engage à prendre ce bien en location dans un délai de trois mois.

10 **Quel est l'intérêt de cet avant-contrat ?**

11 **Pourquoi peut-on dire qu'il est une étape vers la conclusion du contrat ?**

C L'information précontractuelle

4 Obligation d'information précontractuelle et bonne foi

Outlook | Nouveau | Envoyer | Répondre | Transférer | Enregistrer | Supprimer | ...

Monsieur,

Merci de vouloir rejoindre notre réseau de distribution DadaDrinks. En notre qualité de concédant, voici un certain nombre d'informations avant de finaliser notre accord. Pour confirmer la jurisprudence, qui impose une obligation précontractuelle d'information, l'ordonnance du 10 février 2016 impose, dans le nouvel article 1112-1 alinéa 1er du Code civil, le devoir de bonne foi à la charge de la partie « *qui connaît une information dont l'importance est déterminante pour le consentement de l'autre dès lors que, légitimement, cette dernière ignore cette information ou fait confiance à son cocontractant* ».

Vous trouverez notre document d'information précontractuelle en pièce jointe avec, entre autres, la durée du contrat, les conditions de son renouvellement, la présentation de notre réseau de distribution, la présence, dans la zone d'activité de l'implantation envisagée, des établissements dans lequel sont proposés les services concernés avec l'accord exprès du concédant. J'attire déjà votre attention sur la clause que je vous joins ici pour votre complète information.

Cordialement,

M. Martin

Le présent document, établi par DadaDrinks (ci-après, « le Concédant »), est destiné à informer la personne qui envisage de devenir son licencié, préalablement à tout engagement de sa part, afin de lui permettre de s'engager en connaissance de cause. Aucun contrat ne sera conclu avant l'expiration d'un délai de vingt jours à compter de la communication du présent document.

12 En quoi consiste l'information précontractuelle fournie par le concédant de ce réseau de distribution ? Quel est son intérêt ?

D La représentation

5 Un contrat de représentation

Entre la société XXL, produisant le groupe musical « The Gluteens » ci-après dénommé l'Artiste MANDANT d'une part

Et la société STARLET, agence artistique représentée par son gérant en exercice dénommée l'AGENT d'autre part

Étant préalablement rappelé que le mandat « d'artiste interprète à agent » est un mandat de représentation.

Il a été convenu et arrêté ce qui suit :

Article I : À dater de la signature des présentes, l'Artiste MANDANT donne mandat à l'AGENT pour la gestion et la défense de l'ensemble de ses activités artistiques et de ses intérêts professionnels et ce pour une période de deux années consécutives renouvelables.

Article II : Obligations de l'AGENT – L'AGENT exercera, à l'égard de l'artiste, son activité d'agent pour développer l'activité de l'artiste et effectuer la recherche d'engagements pouvant lui convenir. L'AGENT examinera et communiquera à l'artiste MANDANT toutes propositions qui seraient faites, le conseillera, l'assistera et le représentera dans tous les pourparlers. L'AGENT mettra au point les contrats d'engagement, veillant à leur conformité à la loi.

Article III : Obligations de l'artiste MANDANT – L'artiste MANDANT s'interdit formellement d'avoir recours à tout autre mandataire ou intermédiaire quelconque pour tous les domaines touchant à l'exercice de ses activités artistiques. Les contrats d'engagement seront signés par l'artiste MANDANT et le représentant de l'organisation qui l'engagera, l'Agence n'agissant qu'en sa seule qualité de mandataire en tant que représentant exclusif de l'artiste MANDANT. [...]

Signature du MANDANT   Signature de l'AGENT

13 Au nom de qui le représentant agit-il ? Est-il l'une des parties au contrat signé ? En quoi consiste le mécanisme de la représentation ?

14 Qui est engagé par les actes accomplis par le représentant ?

15 En quoi peut-on dire que le représentant n'est qu'un intermédiaire ?

16 Quels sont les intérêts de ce contrat pour chacune des parties ? Justifiez votre réponse en citant les clauses du contrat qui les illustrent.

17 Qui d'autre peut être le représentant légal d'une société ?

18 Quel est l'intérêt d'un tel mécanisme dans tous ces cas ?

II Les conditions de validité du contrat

Contexte

La société Hydrolav, qui exploite des centres de lavage rapide pour véhicules, reçoit l'accord écrit de l'entreprise Clé pour rejoindre son réseau de franchise. Hydrolav se félicite de ce nouveau contrat, qui symbolise l'élargissement de son réseau commercial.

A Le consentement et l'absence de vices du consentement

6 La notion de vice du consentement

Après deux années d'exploitation, les relations contractuelles entre Clé et Hydrolav tournent mal. En effet, le chiffre d'affaires réalisé par la société Clé s'est révélé deux fois moins important que le prévisionnel annoncé par Hydrolav, et le franchisé n'a jamais pu atteindre le montant annoncé pour la première année.
Les tribunaux ont condamné Hydrolav, qui a fourni à la société Clé des chiffres prévisionnels irréalistes et chimériques, et a failli à son obligation d'information. La société Clé, trompée sur cet élément déterminant dans le calcul des risques qu'elle prenait en ouvrant un centre et qui a été décisif dans sa décision de passer contrat, a donc été jugée victime d'un vice du consentement.

1 À quel moment ces deux sociétés ont-elles manifesté leur volonté de s'engager en concrétisant leur offre et acceptation respectives ?
2 Qu'est-ce qui est reproché au franchiseur Hydrolav ?
3 Qu'est-ce que le consentement ?
4 Pourquoi peut-on ici parler d'un vice du consentement ?

7 L'erreur

Un récent arrêt a jugé, à l'occasion d'un litige entre un jeune e-commerçant de livraison de fleurs à domicile qui a acheté un logiciel informatique :
« *En ne prenant pas en considération la nécessaire spécificité des besoins du client (le fleuriste) et en ne lui donnant pas les informations dont elle avait besoin pour exercer valablement son choix, la société professionnelle en informatique a manqué à son obligation de renseignements et de conseil. Le consentement du e-commerçant a été entaché d'erreur portant sur les qualités essentielles de la prestation de service achetée, le système informatique "standard" qui lui a été vendu étant dépourvu d'utilité pour elle.* » La Cour annule le contrat : le e-commerçant n'aurait pas passé contrat s'il avait su qu'il commettait cette erreur.

5 Quels sont les faits ?
6 Quelle obligation n'a pas été respectée par l'entreprise informatique ?
7 Quel est le vice du consentement invoqué par la jeune entreprise ?
8 Quelles en sont les conséquences sur le contrat informatique ?

8 Le dol

Un masseur-kinésithérapeute avait acquis un appareil d'épilation à lumière pulsée auprès d'une société. Or celle-ci ne l'avait pas informé du fait que la réglementation réservait l'usage de ce matériel aux médecins. Le masseur a donc saisi la justice pour faire annuler le contrat. Les juges lui ont donné satisfaction. Pour eux, le fait pour ce professionnel de l'informatique de ne pas lui avoir dit qu'il n'était pas autorisé à utiliser la lumière pulsée constitue bien l'existence d'un dol de la part du vendeur.

Christophe Pitaud, Business Les Echos, 21 juin 2016

9 **En quoi consiste un dol ? Quelle est la différence avec l'erreur, autre vice du consentement ?**

10 **Quelle conséquence le dol a-t-il eu sur le contrat ?**

9 La violence

La société Bouygues Immobilier a rédigé un contrat de transaction avec la société Karous afin que cette dernière renonce à exercer des recours contre trois permis de construire délivrés à Bouygues, en contrepartie d'un versement de 500 000 euros à cette société voisine du terrain à construire. L'indemnité n'ayant pas été réglée, et face aux menaces d'action de la société Karous contre elle, Bouygues a saisi la justice en invoquant la nullité du contrat pour violence. La Cour de cassation a conclu à la nullité de la transaction, jugeant que celle-ci avait été consentie sous la contrainte des recours en annulation des permis de construire.

Elle juge que cette menace illégitime a fait naître, pour Bouygues, la crainte de voir mettre en échec une vaste et coûteuse opération immobilière, ce qui caractérise la contrainte économique exploitée par la société Karous pour conduire son cocontractant à lui consentir une indemnité transactionnelle d'un montant particulièrement élevé. Elle déclare nulle cette transaction excessive. La Cour de cassation a donc admis que l'envergure financière du promoteur n'empêche pas que celle-ci subisse une contrainte économique de la part de son cocontractant réclamant une indemnité illégitime.

D'après Fanny Étienne, www.lepetitjuriste.fr, 7 mai 2016

11 **Pourquoi peut-on parler de violence dans cette affaire ?**

12 **En quoi a-t-elle vicié le consentement de la société Bouygues ?**

13 **Sachant que la preuve du vice de consentement (erreur, dol, violence) est à la charge de la partie qui l'invoque, indiquez dans chacun des cas précédents qui doit la rapporter.**

10 Des formes variées de violence

Un garagiste, victime de l'incendie de ses locaux, accepte dans un premier temps la proposition de l'expert de sa compagnie d'assurance. Un peu plus tard, il agit en nullité de cet accord, jugé bien trop défavorable pour lui. Il obtient gain de cause, la cour d'appel prononçant la nullité, dans la mesure où la contrainte économique à laquelle le garagiste était soumis au moment de l'incendie, lors de la conclusion de l'acte litigieux, était bien constitutive du vice de violence.

Monsieur,

En ma qualité de représentante légale de la société Maxx, je vous confirme que je demande au tribunal de commerce la nullité du contrat qui nous liait. Notre consentement a été vicié par la violence morale que vous nous avez fait subir en nous imposant des conditions totalement disproportionnées, profitant de notre vulnérabilité économique actuelle.

Mme François

14 **Quelles sont les formes respectives de violence dans ces deux affaires ?**

15 **Quelle en est la conséquence ?**

B La capacité des parties

11 Votre enfant mineur signe un contrat : peut-il être annulé ?

Le mineur est incapable juridiquement jusqu'à sa majorité, ou 16 ans s'il est émancipé. Il ne peut donc pas s'engager sans l'accord de ses parents, par exemple lors d'une inscription dans une école, de l'ouverture d'un compte dans une banque, etc.

Avant 18 ans, sauf émancipation, un jeune ne peut pas s'engager par un contrat sans l'autorisation de ses responsables légaux, généralement ses parents. Mais il peut accomplir « les actes courants autorisés par la loi ou l'usage, pourvu qu'ils soient conclus à des conditions normales » et ne le lèsent pas […], notamment les petits achats de la vie quotidienne.

La nullité des contrats signés

Si un mineur non émancipé passe un contrat sans la signature de ses parents, il peut être annulé car l'enfant n'a pas de « capacité juridique » (aptitude d'une personne à avoir des droits et des obligations et à les exercer elle-même). L'autre partie ne peut pas demander aux parents d'exécuter le contrat. Les juges sont stricts dans l'application de ce principe : ils ont jugé nul le contrat d'inscription signé par une jeune fille âgée de 17 ans et 10 mois à une formation de deux ans, au prix de 12 770 euros, alors même qu'elle avait suivi cette formation pendant un an et cinq mois (cour d'appel de Paris, 18 octobre 2012, n°09/28133). […]

Robin Massonnaud, votreargent.lexpress.fr, 31 juillet 2017

16 En quoi consiste la capacité juridique ? Pourquoi les mineurs n'en sont-ils pas dotés ?

17 Quelle est la sanction en cas d'incapacité d'une des parties ?

C Le contenu licite et certain

12 Quand le contenu du contrat est illicite

Paris Vox – On n'arrête pas le progrès…

C'est un véritable centre d'appel téléphonique de livraison de drogue à domicile, couvrant le Val-de-Marne et Paris, qui a récemment été démantelé selon les informations fournies par le parquet de Créteil.

« *Il y avait un numéro de téléphone à appeler, joignable sept jours sur sept, 24 heures sur 24, pour passer commande et être livré à domicile en cannabis ou cocaïne* », a ainsi expliqué le parquet, confirmant une information du journal *Le Parisien*. « *Lorsqu'il y avait un arrivage de stupéfiants, ce numéro envoyait un message à plusieurs centaines de clients* », a-t-il ajouté. Une véritable start-up ultra-professionnelle […], si ce n'était son objet illicite. En effet, les membres du réseau avaient mis en place un système complet de livraison, avec un gérant du centre d'appels, des convoyeurs qui acheminaient la drogue depuis les Pays-Bas, des livreurs… […]

www.parisvox.info, 30 mars 2018

18 Pourquoi ce contrat peut-il être considéré comme illicite ?

19 La licéité s'entend comme ce qui n'est pas prohibé par la loi, ni contraire à l'ordre public. Expliquez la notion d'ordre public.

13 Un contrat sans contenu

Une commerciale souhaite créer son fonds de commerce dans le domaine du prêt-à-porter. N'ayant pas d'expérience dans ce domaine, elle contacte un franchiseur se prétendant spécialisé dans le déstockage de prêt-à-porter de marque, pour bénéficier de son savoir-faire et de sa notoriété. Il lui fait miroiter une telle réussite rapide que la commerciale signe aussitôt le contrat prévoyant un droit d'entrée de 20 000 euros, des redevances mensuelles de 1 000 euros et un forfait global de 9 000 euros.

Le franchiseur ne lui apportant ni informations sérieuses ni réel savoir-faire, la franchisée se retrouve rapidement en grande difficulté. Les juges considérant qu'il a été impossible de caractériser de la part du franchiseur l'existence et la transmission d'un savoir-faire, d'une solide formation, de documents d'aide et de suivi, qui sont l'objet de tout contrat de franchise, a déclaré nul le contrat litigieux faute de contenu.

20 Quel est le sort d'un contrat se révélant dépourvu de contenu ?

Synthèse

Qualifier une situation précontractuelle

L'entreprise a besoin d'une certaine stabilité pour mener à bien ses activités : elle signe des contrats avec ses partenaires commerciaux.

L'objectif : construire et sécuriser les relations interentreprises

Grands principes : liberté contractuelle, liberté de contracter ou non, libre choix du contractant, loyauté et équilibre des échanges

Repérer le processus de formation d'un contrat

Les pourparlers : négociation en vue de conclure un contrat, fondée sur le principe de la liberté contractuelle et la bonne foi. La rupture ne doit pas être abusive.

Les avant-contrats :
- la promesse unilatérale de contrat (une seule des deux parties est engagée, avec une condition pour le cocontractant, qui est libre de refuser)
- la promesse de contrat synallagmatique (les deux parties sont engagées sous conditions)

Analyser et évaluer les conditions de validité d'un contrat

Consentement (formé par la rencontre entre l'offre et l'acceptation)
+ **Capacité** des contractants
+ **Contenu licite et certain**

Le consentement doit être libre et non vicié par :
- erreur sur les qualités essentielles du contrat
- dol (manœuvre ou mensonge, dissimulation intentionnelle d'une information importante)
- violence (physique, morale, économique)

Nullité du contrat si une des conditions n'est pas remplie.

Mots clés

Autonomie de la volonté • Liberté contractuelle • Bonne foi • Force obligatoire • Pourparlers • Avant-contrats • Consentement • Vices du consentement • Information précontractuelle

4 Le contenu du contrat

QUESTION **Comment les contrats sécurisent-ils les relations entre l'entreprise et ses partenaires ?**

COMPÉTENCE(S) • Analyser et évaluer les clauses et les effets juridiques d'un contrat

SAVOIRS ASSOCIÉS • Le contenu du contrat

Contexte

Poulehouse*, la start-up qui veut sauver les poules, a fait du bien-être animal le cœur de son projet. L'idée est simple : produire des œufs sans envoyer les poules à l'abattoir.
Tout est parti d'un constat, peu connu des Français : les poules accusent une baisse de leur taux de ponte après 18 mois. Jugées non rentables quelle que soit la méthode d'élevage, les poules, pourtant en pleine forme, sont alors envoyées à l'abattoir, alors qu'elles peuvent vivre six ou sept ans en moyenne, voire dix ans pour les plus robustes. Cette situation a interpellé trois jeunes entrepreneurs, Alexis, Anaïs et Carmen, qui se proposent de sauver les poules de l'abattoir en les laissant vieillir tranquillement et en vendant leurs œufs.
La start-up est aujourd'hui propriétaire de 9 000 poules et multiplie les contrats avec les éleveurs, les magasins bio, la distribution…, et inspire même la construction de nouveaux « poulehouses ».
Mais, les humains étant plus compliqués que les poules, il y a ce qui est signé et ce qui sera réalisé. Le trio d'amis essaye tant bien que mal d'anticiper les éventuelles difficultés liées à la signature des contrats… afin que l'œuf ne tue pas la poule !

* Jeu de mots sur un « *pool house* », un cabanon abri construit à proximité d'une piscine.

1 **En quoi peut-on parler de diversité des relations contractuelles ?**

2 **Citez des contrats interentreprises que vous connaissez.**

3 **D'après vous, quelles difficultés peuvent survenir dans l'exécution des contrats signés par les entreprises ?**

I Les effets du contrat pour sécuriser les relations

Contexte

Les trois jeunes entrepreneurs veulent disposer d'un système informatique adapté à leurs besoins. Abonnés à un journal d'actualités en ligne et informés de l'important contentieux qui existe dans ce secteur, ils contactent des entreprises spécialisées pour mieux comprendre les enjeux liés à la signature des contrats.

A Les effets à l'égard des parties

1 La force obligatoire du contrat

Entre les soussignés : M. Willy Decourt, gérant de la société INFOCOM,
Ci-après dénommé « le Prestataire », d'une part,
Et la société POULEHOUSE SARL, représentée par M. Alexis KRAUSS en sa qualité de gérant,
Ci-après dénommé « le Client », d'autre part,

IL A ÉTÉ CONVENU CE QUI SUIT :

ARTICLE I : Objet du contrat de services
Le présent contrat est un contrat de prestations ayant pour objet de définir les termes de la prestation de service informatique de la société POULEHOUSE.
La prestation consiste en : installation et maintenance de l'installation informatique de la société Cliente. La liste ci-dessus ne présente pas de caractère exhaustif : le Prestataire pourra être amené selon les circonstances à exercer d'autres missions.
ARTICLE II : Facturation et prix du contrat de services
Les prestations définies à l'article I ci-dessus seront facturées au Client 1 200 euros HT par journée, pour une durée estimée à huit jours. Le Prestataire émettra une facture accompagnée en annexe du détail de ses jours d'intervention. Le Prestataire pourra être amené, à la demande du Client, à se déplacer dans les locaux du Client. Les frais de déplacement seront pris en charge par le Client en accord avec le Prestataire. Les sommes prévues ci-dessus seront payées par virement, dans un délai d'un mois à compter de la réception de la facture, droits et taxes en sus.
ARTICLE III : Exécution de la prestation
Le Prestataire s'engage à mener à bien la tâche précisée à l'article I, conformément aux règles de l'art et de la meilleure manière.
ARTICLE IV : Nature des obligations du contrat de services
Pour l'accomplissement des diligences et prestations prévues à l'article I ci-dessus, le Prestataire s'engage à donner ses meilleurs soins, conformément aux règles de l'art.
ARTICLE V : Obligation et confidentialité du contrat de services
Le Prestataire considérera comme strictement confidentiels, et s'interdit de divulguer, toute information ou document dont il pourra avoir connaissance à l'occasion du présent contrat.
ARTICLE VI : Obligation de collaboration
Le Client tiendra à la disposition du Prestataire toutes les informations pouvant contribuer à la bonne réalisation de l'objet du présent contrat.
ARTICLE VII : Résiliation du contrat de services
Tout manquement de l'une ou l'autre des parties aux obligations qu'elle a en charge pourra entraîner la résiliation de plein droit du présent contrat, quinze jours après mise en demeure d'exécuter par lettre recommandée avec accusé de réception demeurée sans effet, sans préjudice de tous dommages et intérêts.

Fait en deux exemplaires originaux remis à chacune des parties
Fait à …, le …
Signatures : Le Prestataire Le Client

1 Relevez les obligations de chacune des parties à ce contrat.

2 Pourquoi dit-on que le contrat *« tient lieu de loi entre les parties »*.

B Les effets à l'égard des tiers

2 Les effets du contrat à l'égard des tiers

Une société se plaignant de divers dysfonctionnements dans l'utilisation du logiciel acquis pour l'exercice de son activité avait, après expertise ayant conclu à la responsabilité partagée du vendeur et du développeur des applications intégrées au logiciel, assigné ces derniers afin de les voir condamner solidairement au paiement de dommages et intérêts. Par un arrêt du 11 avril 2017, la cour d'appel de Bordeaux a cité le rapport de l'expert, selon lequel « *les dysfonctionnements étaient bien dus à des défauts du logiciel [...] sur des fonctions simples de base, et non à un usage inapproprié de celui-ci pour des fonctions trop complexes* ». Cependant, la cour a infirmé le jugement de première instance qui avait retenu la responsabilité pour moitié du développeur des applications intégrées du logiciel litigieux, estimant qu'en qualité de tiers au contrat de vente il « *n'avait aucune obligation contractuelle* » envers l'acheteur et pouvait seulement répondre de fautes auprès du vendeur.

www.cyberdroit.fr, 26 avril 2017

3 Qualifiez les faits.

4 Pourquoi la cour d'appel de Bordeaux ne retient-elle pas la responsabilité du développeur ? Avec qui celui-ci n'est-il pas lié contractuellement ? À l'inverse, avec qui est-il lié ?

5 Pourquoi parle-t-on d'effet relatif du contrat vis-à-vis des tiers ?

C Le juge et le contrat

3 Quand le juge doit rechercher l'équilibre prévu au contrat

Un cabinet d'avocats avait conclu avec la société Secib, spécialisée dans les prestations informatiques pour avocats, un contrat d'installation sur ses ordinateurs d'un logiciel de gestion intégrée. Celui-ci devait comporter une interface entre l'agenda du logiciel du cabinet et l'agenda électronique Ical de l'iPhone d'Apple, permettant ainsi de synchroniser les deux. [Les avocats avaient réglé le montant convenu.] Or, la fonctionnalité n'a pas été opérationnelle lors de l'installation. Secib s'est défendue en invoquant les modifications prévisibles des logiciels d'Apple tous les six mois.

Mais le tribunal a estimé qu'en tant que professionnel, Secib aurait dû s'informer auprès d'Apple des changements à intervenir et les intégrer dans ses projets d'installation. Elle aurait dû aussi en informer son client, en temps utiles, en remédiant immédiatement aux difficultés signalées. Elle ne pouvait, par ailleurs, pas ignorer que les avocats du cabinet spécialisé en droit routier étaient amenés à se déplacer fréquemment, ce qui rendait d'autant plus nécessaire la synchronisation des agendas. En raison [de ce] dysfonctionnement, le TGI de Paris a prononcé la résolution du contrat aux torts du [prestataire informatique], qui avait manqué à son devoir d'information inhérent à tout vendeur professionnel. Dans son jugement, [...] le tribunal a également considéré que [ce] prestataire n'avait pas respecté son obligation de délivrer un bien conforme aux caractéristiques convenues.

www.legalis.net, 21 mai 2014

Une société exploitant un café a assigné un prestataire informatique en résolution d'un contrat de réalisation de site, hébergement et référencement, pour manquements répétés et fautifs.

[...] La cour d'appel de Bordeaux a jugé que les manquements invoqués à l'encontre du prestataire avaient pour origine, non pas les « *quelques retards* » du prestataire, mais les manquements de la cliente. La cour retient que celle-ci « *était tenu[e] à un devoir de collaboration, soit à mettre à disposition du [prestataire] tous les moyens permettant de faciliter le travail* », ce qu'elle n'a pas fait « *malgré les demandes qui lui ont été faites conformément aux dispositions contractuelles* ». La cour a donc débouté la cliente de sa demande et confirmé la résiliation du contrat à ses torts exclusifs.

www.cyberdroit.fr, 8 octobre 2015

6 Qu'est-ce qui distingue ces deux affaires ?

7 Justifiez l'idée selon laquelle le juge recherche l'équilibre contractuel tout au long de la vie du contrat.

II Les principales clauses du contrat pour anticiper l'avenir

Contexte

Alors que les achats professionnels en ligne progressent, la société bordelaise Reactiv, spécialisée dans la vente de matériel informatique, continue d'ouvrir des points de vente dans toute la France. Le nouveau dirigeant examine et vérifie les clauses des contrats liant l'entreprise à ses clients.

A Les clauses relatives à l'exécution des contrats

4 La clause de renégociation

Les produits de Reactiv impliquant pour certains des composants dont le prix augmente parfois de façon exceptionnelle, le directeur a décidé d'ajouter à ses contrats une clause de renégociation, afin de se prémunir contre tout événement imprévu ou changement imprévisible de circonstances qui bousculerait l'économie générale du contrat :
Clause de renégociation : « *En cas de changement imprévisible de circonstances et en cas de refus ou d'échec de la renégociation, les parties peuvent convenir de la résolution du contrat ou demander d'un commun accord au juge de procéder à son adaptation.* »

À propos de l'article 1195 du Code civil sur la théorie de l'imprévision
L'ordonnance portant réforme du droit des contrats entrée en vigueur le 1er octobre 2016 a enfin introduit la théorie de l'imprévision. En effet, la France était l'un des derniers pays d'Europe à ne pas reconnaître la « théorie de l'imprévision » comme cause modératrice du grand principe de la force obligatoire du contrat. Elle est ainsi possible, même en l'absence de clause la prévoyant, dès lors qu'un « *changement de circonstances imprévisibles lors de la conclusion du contrat rend l'exécution excessivement onéreuse pour une partie qui n'avait pas accepté d'en assumer le risque* ». À défaut d'accord entre les parties, le juge peut réviser le contrat ou y mettre fin, à la date et aux conditions qu'il fixe.

1. **Quels éléments fondent la faculté de renégociation d'un contrat ?**
2. **Quel grand principe du droit des contrats est alors amoindri ?**
3. **Quelles sont les limites de cette nouvelle disposition ?**

5 La clause de réserve de propriété

Outlook | Nouveau | Envoyer | Répondre | Transférer | Enregistrer | Supprimer | ...

De : REACTIV
À : M. Coron

Objet : Réserve de propriété

Monsieur,
La livraison des 40 ordinateurs a été effectuée avant que son prix n'ait été payé en totalité. Nous vous rappelons que, comme indiqué sur tous nos documents commerciaux, figure la mention de notre clause de réserve de propriété, nous permettant de reprendre possession de nos produits en cas d'impayés de votre part. Le défaut de paiement de l'une quelconque des échéances peut entraîner la revendication des biens.
Merci de nous confirmer, comme l'exige la loi, que vous en avez bien eu connaissance au moment de la livraison et que vous l'avez acceptée.
Cordialement,
La société Reactiv

Clause de réserve de propriété : « *La présente vente est conclue avec réserve de propriété au profit du vendeur. Il est convenu entre les parties que le transfert de la propriété à l'acheteur est subordonné au paiement intégral au prix. En cas de non-paiement total ou partiel du prix et de ses accessoires à l'échéance convenue pour quelque cause et à quelque titre que ce soit, le vendeur est d'ores et déjà autorisé par l'acquéreur à faire procéder à un inventaire de l'ensemble des marchandises lui appartenant, soit de manière contradictoire, soit en se faisant assister d'un huissier.* »

4. **En quoi consiste la clause de réserve de propriété ?**
5. **Qui est propriétaire des appareils tant que le client n'a pas réglé le montant des commandes alors qu'il en a la possession ?**
6. **Quelles sont les conditions de validité ?**
7. **Quel est l'intérêt pour le fournisseur de prévoir une telle clause dans un contrat ?**

B Les clauses relatives au règlement des litiges

6 La clause résolutoire

Outlook | Nouveau | Envoyer | Répondre | Transférer | Enregistrer | Supprimer ...

De : **REACTIV**
À : Mme Braille

Objet : Insertion de clause résolutoire

Madame,

Dans le cadre du contrat de vente qui nous liera suite à votre achat de nos appareils électroniques, je vous rappelle que nous avons décidé ensemble, pour le cas où l'un de nous ne respecterait pas ses engagements contractuels, d'insérer une clause résolutoire que je vous soumets en pièce jointe.

Nous sommes convenus que cette clause nous permettra d'obtenir la résolution du contrat sans avoir à recourir à la résolution judiciaire, qui présente le risque d'une longue procédure et dont l'issue est incertaine, si un problème survenait entre nous.

Cette clause me paraît parfaitement claire et sans équivoque ; l'important est en effet, en cas de litige, de ne pas perdre de temps à saisir les tribunaux, qui auraient alors la possibilité d'interpréter le contrat et d'aller à l'encontre de notre volonté commune.

Vous voudrez bien me confirmer votre accord afin que j'insère cette clause dans notre contrat.

Cordialement,
La société Reactiv

N.B. : Je joins par ailleurs, à toutes fins utiles, le type de lettre recommandée servant de mise en demeure.

Clause résolutoire : *« En cas d'inexécution de son obligation relative à la rubrique "Retard de paiement", et donc si l'acheteur ne s'est pas acquitté des sommes restant dues, la vente sera résolue de plein droit et pourra ouvrir droit à l'allocation de dommages et intérêts au profit du créancier. Celui-ci adressera au débiteur une mise en demeure par lettre recommandée avec avis de réception. À défaut d'exécution, par le débiteur, de son obligation dans le délai d'un mois à compter de l'envoi de cette mise en demeure, la résolution du contrat opérera de plein droit. »*

Objet : Lettre recommandée de mise en demeure avec AR

Madame, Monsieur,

Après plusieurs relances téléphoniques, mails et courriers, nous constatons avec regret que votre société n'a toujours pas réglé le solde de notre facture n° 260 156, arrivée à échéance le 26 du mois dernier.

Aussi, par la présente, nous vous mettons en demeure de nous verser, à titre principal, la somme de 16 000 euros. Cette somme sera majorée des intérêts au taux légal dus en vertu de l'article 1153 du Code civil. Nous vous informons que ces pénalités courent dès réception de cette lettre.

Si, dans un délai de quinze jours à compter de cette date, vous ne vous êtes toujours pas acquitté de votre obligation, nous saisirons la juridiction compétente afin d'obtenir le paiement des sommes susvisées.

Veuillez agréer, Madame, Monsieur, l'expression de mes salutations distinguées

(Qualité de la personne signataire) (Signature)

8 En quoi consiste la clause résolutoire ?

9 Après avoir expliqué ce qu'est une mise en demeure, vous en préciserez l'intérêt.

7 La clause pénale

Outlook | Nouveau | Envoyer | Répondre | Transférer | Enregistrer | Supprimer | ...

De : REACTIV
À : Mme Braille

Objet : Clause pénale

Madame,
Comme annoncé la semaine dernière, je vous propose d'ajouter cette clause pénale à la clause résolutoire sur laquelle nous nous sommes mis d'accord.
Cette clause prévoira que, si la clause résolutoire est utilisée, le débiteur (votre société) devra verser des dommages et intérêts au créancier (mon entreprise) et que les premières sommes versées par vous me resteront acquises.
Nous préciserons donc dans notre document final comment utiliser la clause résolutoire et la clause pénale ; je vous en expose les étapes :
1. ***Envoi d'une mise en demeure au débiteur*** – Avant de pouvoir actionner la clause résolutoire lorsque le débiteur ne respecte pas ses engagements, le créancier devra envoyer une mise en demeure. Ce n'est que si celle-ci s'avère être infructueuse que le créancier pourra se prévaloir de la clause résolutoire (étant précisé, bien sûr, que lorsque le débiteur se soumet à l'injonction contenue dans la mise en demeure, la clause résolutoire ne pourra être actionnée).
2. ***Le recours à la clause résolutoire*** – Pour recourir à la clause résolutoire, le créancier devra saisir le juge pour faire constater l'acquisition de la clause résolutoire. Notre contrat de vente sera alors anéanti si les conditions de la clause sont réunies.
3. ***L'application de la clause pénale*** – Le débiteur est tenu de restituer le bien au créancier, qui est, quant à lui, normalement tenu de restituer au débiteur les sommes éventuellement perçues, sauf si la clause pénale prévoit que ces sommes lui resteront acquises en cas de résolution du contrat.

Clause pénale : *« En cas de non-paiement des sommes dues à l'échéance, le débiteur devra au créancier, de plein droit, une indemnité forfaitaire équivalente à 15 % des sommes impayées. »*

10 **Expliquez ce qu'est une clause pénale.**

11 **Que prévoit la clause pénale insérée dans le contrat ? D'après vous, quel est son objectif ?**

8 La clause pénale ne doit pas être excessive

L'indemnité de résiliation d'un contrat de location de matériel, égale à la totalité des loyers restant à courir majorés des loyers échus impayés et des intérêts est une clause pénale manifestement excessive, compte tenu du préjudice réellement subi par le propriétaire.
Un contrat de location de matériel, portant notamment sur des terminaux mobiles de paiement par carte bleue, avait été conclu pour un loyer mensuel de 3 090 € HT et une durée de 55 mois. Il prévoyait une indemnité de résiliation égale à la totalité des loyers restant à courir majorés des loyers échus impayés et des intérêts à dater du jour de la résiliation. Le locataire ayant résilié le contrat au bout de 18 mois, le bailleur lui avait réclamé une indemnité de 113 800 €.
Après avoir rappelé que la disproportion manifeste de la clause pénale s'apprécie en comparant le montant de la peine conventionnellement fixé et celui du préjudice effectivement subi, la Cour d'appel de Versailles a jugé que cette indemnité était manifestement excessive au regard du préjudice effectivement subi par le bailleur : ce dernier avait dépensé environ 150 000 € pour acheter le matériel et avait encaissé 55 620 € au titre des loyers, de sorte que l'exécution révélait un solde d'environ 94 350 € en sa défaveur ; la valeur de revente du matériel, qui n'avait été utilisé que 18 mois, était d'environ 69 000 € et le bailleur faisait valoir en vain qu'il ne l'avait pas récupéré, le défaut de récupération lui étant entièrement imputable.
Par suite, la Cour a réduit l'indemnité à 50 000 €. [...]

Les Juristes Associés de l'Ouest, www.jao-avocats.fr, 7 novembre 2016

12 **Qualifiez les faits.**

13 **Pourquoi la clause pénale a-t-elle été réduite dans ce cas ?**

C Les clauses relatives à la responsabilité

9 La clause limitative de responsabilité

[...] Malgré la faute commise par le prestataire lors d'une intervention entraînant la perte des données de son client, le tribunal de commerce a limité sa réparation, en application de la clause limitative de responsabilité du contrat [...] qui les liait.

Dans son jugement du 2 mai 2014, le tribunal de commerce de Nanterre a estimé que même si la société de services n'a pas commis de faute lourde et n'a pas par ailleurs ménagé ses efforts pour récupérer les données, « *il n'en demeure pas moins que sa responsabilité ne peut être totalement écartée du fait que les données qui figuraient dans le système d'information de Pharmodel avant l'intervention de Tamaya n'y figuraient plus après* ». Mais elle sera limitée au paiement de la somme versée par le client, soit le forfait annuel de 7 280 €, [au titre de la clause de limitation de responsabilité].
Pharmodel, regroupement de pharmacies qui leur propose des offres commerciales négociées auprès de fournisseurs, avait passé un contrat avec la SSII Comex Net devenue Tamaya pour la maintenance de son parc informatique. Eu égard au caractère stratégique des données stockées sur le serveur, différents types de sauvegarde avaient été prévus. Mais lors d'une intervention de Tamaya dans les locaux de Pharmadel, l'ensemble des données stockées sur les trois disques durs avait été irrémédiablement endommagé et perdu. À cette occasion, Pharmodel s'était aperçue que son système de sauvegarde n'était plus opérationnel depuis des mois. Elle a évalué à plus de 150 000 € son préjudice. Mais le juge a fait application du contrat qui prévoyait une obligation de moyens ne transférant sur Tamaya aucune autre responsabilité que celle d'assurer la maintenance des matériels et logiciels de son client. Par ailleurs, elle n'était pas responsable des sauvegardes non effectuées depuis plusieurs semaines par Pharmodel.

www.legalis.net, 15 mai 2014

14 Relevez les faits à l'origine de cette procédure et le problème de droit de cette affaire.
15 Justifiez la décision du tribunal.

10 Les limites de la clause limitative de responsabilité

Il n'est pas admis de limiter la responsabilité de l'un des cocontractants à tel point que les obligations essentielles mises à sa charge se trouvent vidées de leur contenu. Ainsi, dans une affaire concernant l'entreprise Chronopost (spécialiste du transport rapide), il a été jugé que la clause qui limitait l'indemnisation qu'elle devait à son client en cas de retard « *au simple remboursement des frais de transport payés par ce client* » était contraire à son engagement de livrer le pli dans un court délai.

16 Quel peut être l'intérêt pour une entreprise de limiter sa responsabilité en cas de manquement à ses obligations contractuelles ?
17 Pourquoi, cependant, certaines limites doivent-elles être respectées ?

11 Clause pénale et clause de limitative de responsabilité

La clause limitative de responsabilité plafonne le montant des dommages-intérêts dus en cas d'inexécution	La clause pénale fixe par avance et forfaitairement le montant des dommages-intérêts dus en cas d'inexécution
Elle est stipulée dans l'intérêt du débiteur : ce dernier connaît le montant maximal qu'il devra payer en cas d'inexécution. Il pourra payer moins si le préjudice subi par le créancier est moindre, mais il ne pourra pas payer plus si le préjudice est supérieur au plafond d'indemnisation prévu par la clause.	La clause pénale est stipulée dans l'intérêt du créancier : elle a le caractère de la menace d'une sanction du fait que le débiteur connaît par avance le montant des dommages-intérêts qu'il devra payer en cas d'inexécution. Ce montant est soustrait à l'aléa de l'évaluation du préjudice par le juge, et le montant prévu par la clause est souvent supérieur au préjudice réel anticipé.

18 Relevez les différences essentielles entre ces deux clauses.

Synthèse

Le contrat produit des effets pour sécuriser les relations interentreprises.

Les effets du contrat à l'égard des parties
- L'effet obligatoire du contrat
- Le contrat s'impose aux parties : le contrat est la « loi » des parties.

Les effets du contrat à l'égard des tiers
- L'effet relatif du contrat
- Le contrat (sauf exceptions) est inopposable aux tiers.

En cas de litige, le juge peut être conduit à rechercher l'équilibre contractuel entre les parties.

Les principales clauses du contrat pour anticiper l'avenir

Les clauses relatives à l'exécution du contrat

La clause de renégociation permet aux parties de revoir le contenu du contrat, en vue de se prémunir contre la survenance d'un changement imprévisible de circonstances qui bousculerait l'économie générale de leur contrat.
La clause de réserve de propriété permet aux parties de conditionner le transfert de propriété au paiement intégral du prix.

Les clauses relatives au règlement des litiges

La clause résolutoire permet aux parties de mettre fin au contrat en cas d'inexécution par une des parties de tout ou partie de ses obligations.
La clause pénale permet aux parties de fixer le montant des dommages-intérêts dus par le débiteur en cas de retard dans l'exécution du contrat ou en cas d'inexécution du contrat.

Les clauses relatives à la responsabilité

La clause limitative de responsabilité permet aux parties de fixer le maximum possible de dommages-intérêts ou de s'exonérer de toute responsabilité en cas de défaillance du débiteur.

Mots clés

Force obligatoire • Clause de renégociation • Clause de réserve de propriété • Clause résolutoire • Clause pénale • Clause limitative de responsabilité

5 Les finalités et les parties prenantes de l'entreprise

QUESTION **De quelle manière l'entreprise s'inscrit-elle dans son environnement ?**

COMPÉTENCE(S)
- Identifier les finalités économique, sociale et sociétale de l'entreprise
- Caractériser les différentes parties prenantes de l'entreprise

SAVOIRS ASSOCIÉS
- Les finalités de l'entreprise
- Les parties prenantes

Contexte

En 1889, André Michelin se lance dans la fabrication de pneumatiques et crée avec son frère Édouard la société Michelin & Cie. Aujourd'hui, avec 68 sites de production dans 17 pays, Michelin emploie plus de 111 700 personnes de toutes nationalités et produit plus de 187 millions de pneus. Son ambition ? Offrir à chacun de ses clients une meilleure façon d'avancer. Michelin innove depuis 1889 pour améliorer la mobilité des personnes et des biens, durablement. Leader technologique des pneumatiques pour toutes les formes de mobilité (aérien, terrestre), le Groupe propose des services qui en augmentent l'efficacité. Plus de 6 000 personnes travaillent en recherche et développement.

Employeur responsable, Michelin se fixe comme priorité l'épanouissement de ses salariés et la mobilité interne. Sa politique de formation permet à chacun de se développer tout au long de son parcours professionnel en contribuant à la performance du Groupe.

Un autre enjeu majeur est de limiter l'impact environnemental de ses produits et de ses activités industrielles. Enfin, dans les pays où il est implanté, la Fondation d'Entreprise Michelin s'investit également dans des projets de soutien locaux. Ainsi est-il partenaire de RoseCar, le premier système de covoiturage dédié aux patients et à leurs proches, pour faciliter leurs trajets domicile-hôpital.

D'après www.michelin.com

1 **Quelles sont les différentes missions que Michelin s'est fixées ?**

2 **Par quelles actions l'entreprise atteint-elle ces missions ?**

3 **Repérez les acteurs impliqués dans ces actions.**

Vidéo Nathan live!

Michelin, Présentation de l'entreprise Michelin

I Identifier les finalités économique, sociale et sociétale de l'entreprise

1 Résultats financiers : Michelin a le vent en poupe

« Le groupe est renforcé et robuste »

annonçait Jean-Dominique Senard, Président de Michelin, à l'occasion de la présentation des résultats du groupe, ce mardi 16 février à Paris. 2015 aura été une année de résultats record pour Michelin. Le spécialiste français du pneumatique a enregistré un record de ventes en 2015, avec un chiffre d'affaires de 21,199 milliards d'euros, en progression de 3,2 % par rapport à 2014.

Frédéric Parisot, www.usinenouvelle.com, 16 février 2016

Évolution du chiffre d'affaires (en M€)

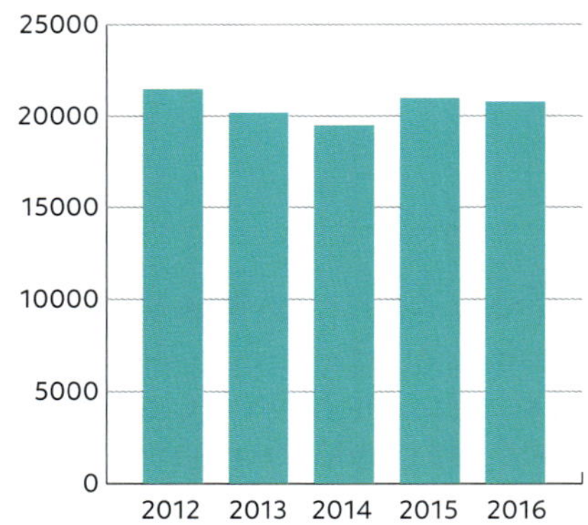

Évolution du résultat net (en M€)

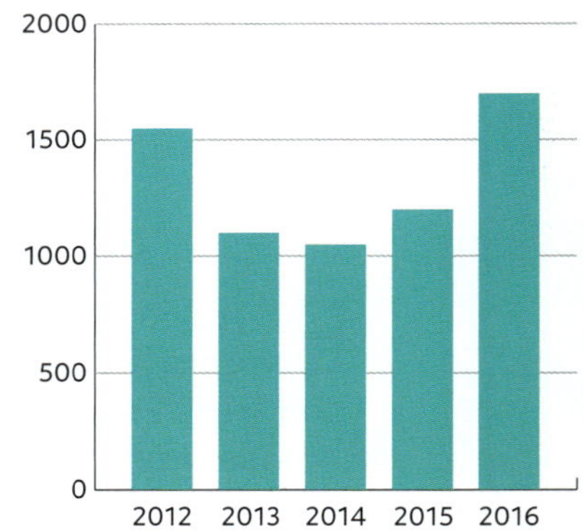

Profil société de Michelin, www.abcbourse.com

1 **Commentez les graphiques de l'évolution du chiffre d'affaires et du résultat net de Michelin.**

2 Michelin annonce la construction d'une usine au Mexique

[...] Michelin poursuit son déploiement à l'international, avec [...] un investissement majeur au Mexique, pour une mise en service fin 2018. Il s'agira de la 21e usine du groupe en Amérique du Nord et de la 69e dans le monde. La nouvelle unité de León, Guanajuato, au centre du pays, sera destinée à la production de pneus haut de gamme, destinés aux véhicules de tourisme. Il s'agira d'une unité de 142 000 mètres carrés, correspondant à un investissement de 450 millions d'euros.

[...] Pendant sa première phase de production, 4 à 5 millions de pneus devraient y être fabriqués chaque année, et seront destinés aux clients de Michelin disposant d'usines dans la région ainsi qu'à l'important marché intérieur nord-américain, en forte croissance depuis plusieurs années. [...]

Geneviève Colonna d'Istria, www.usinenouvelle.com, 4 juillet 2016

L'usine de Clermont-Ferrand

2 **Repérez les éléments chiffrés qui caractérisent ce projet de nouvelle usine.**

3 **Selon le document 1, pourquoi peut-on dire que Michelin est en capacité de financer cet investissement ?**

4 **En quoi la finalité économique permet-elle, selon vous, de pérenniser une entreprise ?**

3 Avantages sociaux chez Michelin

Nous travaillons 213 jours par an, ce qui correspond à 25 jours de congés obligatoires et [environ] 14 jours de RTT. L'entreprise propose une mutuelle obligatoire qu'elle prend en charge en partie et qui est déductible des impôts. [...] Nous bénéficions d'un abondement au plan d'épargne salarial allant jusqu'à [environ] 3 000 euros par an. L'entreprise souscrit une assurance décès/dépendance. [...] L'entreprise finance des chèques emploi service et propose (au siège) un service de conciergerie. Le comité d'entreprise propose un accès privilégié à la culture (médiathèque, billetterie) et loisirs (dont vacances familles et enfants).

Avis d'un employé *Sales & Operations Planning* à Michelin Clermont-Ferrand, déposé sur le site www.glassdoor.fr le 5 juillet 2017

AVANTAGES SOCIAUX OFFERTS AUX SALARIÉS DE MICHELIN

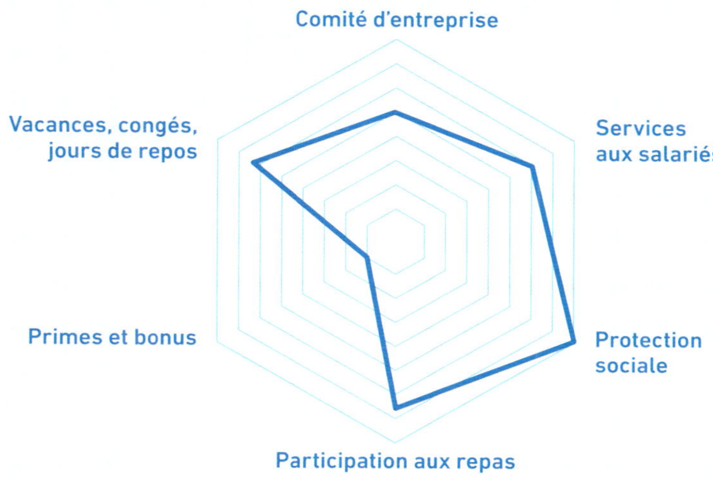

5 **Sur quels domaines portent les principaux avantages sociaux présentés dans le document 3 ?**

4 Dispositif Sport en Entreprise

Fondée par Marcel Michelin en 1911, l'Association sportive d'entreprise ASM Omnisports a développé, entre autres, le programme Oxygène. Développé avec la médecine interne du travail, ce programme vise à promouvoir la pratique des activités physiques et/ou sportives, notamment dans le cadre de la lutte contre la sédentarité, le stress et les maladies associées. Afin de limiter les troubles musculo-squelettiques notamment pour les postes à forte pénibilité, Michelin propose également une éducation posturale globale.

D'après www.michelin.com

6 **Pour quelles raisons Michelin favorise-t-il la pratique sportive auprès de ses salariés ?**

5 Vie au bureau – Classement Glassdoor 2017

Au classement Glassdoor des entreprises françaises offrant les meilleures conditions de travail, Michelin obtient la 6e place avec une note de 4,3 sur 5.

L'enquête prend en compte l'évaluation des employés sur cinq facteurs clés : opportunités de carrière, rémunération et avantages, culture et valeurs, équipe dirigeante, et équilibre entre vie professionnelle et vie privée. Le commentaire global qui ressort pour Michelin est « *les valeurs, le respect des personnes, l'accomplissement professionnel, l'ambiance de travail, les perspectives de parcours, l'intérêt de la mission, la responsabilisation, l'innovation, la vision, le développement durable et la mobilité* ».

D'après www.huffingtonpost.fr, 6 décembre 2017

7 **Que propose Michelin à ses salariés pour motiver leur intérêt au travail ?**

8 **En conclusion des documents 3, 4 et 5, quelles raisons poussent les entreprises à s'engager auprès de leurs salariés ?**

6 Michelin remporte le trophée Or dans la catégorie RSE

C'est le groupe Michelin qui a remporté le trophée Or dans la catégorie RSE* lors des Trophées Décision Achats 2017.

Le groupe a défini six ambitions clés à l'horizon 2020, comme par exemple celle d'améliorer l'efficacité énergétique de ses sites de 25 % (par rapport à 2010), réduire de 10 % ses émissions de CO_2 (par rapport à 2010) ou encore *via* l'évaluation de ses 400 principaux fournisseurs [...] en termes de développement durable. [...]

Pour une filière du caoutchouc naturel

Le groupe est attaché à une gestion responsable et durable de la filière hévéicole. [...] Celle-ci passe par des conditions d'exploitation de cette matière tant sur le plan environnemental (pas de déforestation...) que sur le plan social et les droits de l'homme (conditions de travail...). Michelin a notamment créé une *joint-venture* en Indonésie pour produire du caoutchouc naturel écoresponsable. Un projet qui devrait créer à terme 16 000 emplois locaux directs et indirects. [...]

Marie-Amélie Fenoll, www.decision-achats.fr, 24 février 2017

* RSE : Responsabilité sociétale de l'entreprise.

9 **Quels sont les domaines d'action de Michelin en matière environnementale ?**

10 **Pour quelles raisons Michelin intervient-il dans ces domaines ?**

11 **Quels objectifs chiffrés l'entreprise s'est-elle fixés ?**

7 Économie circulaire : des pneumatiques écoconçus

Le développement du recyclage des matières premières est très loin de suffire pour satisfaire une demande mondiale qui explose. [...] Aujourd'hui, il existe bien d'autres leviers d'action. Les entreprises développent l'achat responsable dans le cadre de leur politique RSE et l'écoconception – qui consiste, notamment, à élaborer un produit réparable – se fraie un chemin. [...]

C'est la voie qu'a choisi [...] Michelin. Le groupe ne s'attache plus tant à distribuer des pneus qu'à vendre les kilomètres qu'ils permettent de parcourir. Son intérêt étant de les faire durer plus longtemps, le fabricant va jusqu'à participer à la formation des chauffeurs pour réduire les délais d'usure. Tout le contraire des modèles économiques basés sur l'obsolescence programmée et le remplacement accéléré d'objets, terriblement consommateurs de matière.

Joël Cossardeaux, Les Echos, 27 octobre 2017

> *« Le groupe ne s'attache plus tant à distribuer des pneus qu'à vendre les kilomètres qu'ils permettent de parcourir. Son intérêt étant de les faire durer plus longtemps. »*

12 **Quels sont les grands enjeux de Michelin en termes de mobilité durable ?**

13 **Pourquoi peut-on dire que Michelin, aujourd'hui, vend plus un service qu'un produit ?**

14 **Quelles raisons poussent les entreprises à intégrer, dans leur démarche, la finalité sociétale ?**

Vidéo – Nathan live!
Ministère de la Transition écologique et solidaire, Grand Prix de l'économie circulaire

II Caractériser les différentes parties prenantes de l'entreprise

8 Les principales parties prenantes

Des partenaires

[En 2015,] WWF et le groupe Michelin s'engagent ensemble dans la transformation du marché de l'hévéa vers des pratiques durables. Il s'agira [...] de définir et développer une filière du caoutchouc naturel responsable au niveau international, en renforçant notamment la lutte contre la déforestation en Indonésie sur plusieurs zones de conservation prioritaires du WWF. [...] [Notamment, Michelin s'engage à promouvoir de meilleures pratiques] tout au long de la chaîne d'approvisionnement, depuis les plantations d'hévéa jusqu'à la consommation du caoutchouc naturel.

www.wwf.fr

Michelin met le client au cœur de sa transformation numérique

[...] Pour l'industriel français du pneu, il importe d'établir un contact direct avec les professionnels utilisant poids lourds, camions, tracteurs, engins ou encore flottes de véhicules. Une clientèle servie indirectement *via* un réseau de distributeurs agréés.

Ridha Loukil, www.usinenouvelle.com, 7 septembre 2017

De bons résultats

Vendredi 19 mai 2017, les actionnaires de Michelin (retraités de la société, grands actionnaires, institutionnels ou non) ont approuvé les résultats de l'année 2016 à la quasi-unanimité et voté le montant du dividende à 3,25 euros par action (contre 2,85 euros en 2015).

D'après Emmanuel Moreau, www.francebleu.fr, 19 mai 2017

Plan de départ [...] à Clermont

Ce plan prévoit la suppression de 970 postes de collaborateurs et cadres d'ici 2021 : un tiers en « *simplification hiérarchique et géographique* », un tiers en « *gain de productivité* », un tiers en relocalisation à l'étranger. Les agents de fabrication ne sont pas concernés. L'accord encadrant ce plan de départs vient d'être signé par les représentants syndicaux de la CFDT, de la CFE-CGC et de Sud.

Patrice Campo, www.lamontagne.fr, 6 décembre 2017

[Coopération Entreprise-Recherche]

FactoLab, [c'est] l'union de trois laboratoires de recherche universitaire clermontois et de Michelin [pour] mener des travaux de recherche sur l'usine de demain, avec un double objectif majeur : rendre l'industrie plus performante tout en améliorant la qualité de vie au travail afin de rendre ce secteur industriel plus attractif.

Patrice Campo, www.lamontagne.fr, 6 décembre 2017

1. Repérez et classez les parties prenantes de Michelin citées dans le document 8, selon le critère interne/externe.
2. Identifiez leurs attentes respectives.
3. Ces attentes sont-elles toutes compatibles entre elles ? Justifiez votre réponse en distinguant les divergences et les convergences d'intérêt.
4. Pourquoi les dirigeants du groupe Michelin doivent-ils prendre en compte les différentes attentes des parties prenantes ?

9 L'usine Michelin de Joué-lès-Tours bloquée par les salariés

Les deux accès de l'usine Michelin de Joué-lès-Tours (Indre-et-Loire) sont bloqués par des piquets de grève depuis lundi 10 juin au matin.

De part et d'autre de cet immense site de 30 hectares, quelque deux cents salariés refoulent les poids lourds en provenance d'Espagne, de Slovénie, de France qui se présentent devant les entrées. « *Il a fallu calmer les esprits, certains voulaient brûler l'usine* », raconte Claude Guillon, secrétaire de la CGT.

Mouvement de colère

Ce mouvement de colère suit l'annonce de la suppression de l'activité poids lourds sur ce site et la montée en puissance de l'usine de La Roche-sur-Yon (Vendée). « *Michelin est le numéro 1 mondial des pneus, mais le bonnet d'âne pour les relations sociales* », se lamente Claude Guillon, secrétaire de la CGT.
À la mi-journée, la direction de l'usine a diffusé un communiqué de presse, rappelant que le manufacturier comptait conserver deux cents emplois et investir 20 millions par an en Touraine, afin d'y développer des produits semi-finis. Mais cela ne rassure pas les salariés. « *On sait ce qui s'est passé à Orléans (Loiret), puis à Poitiers (Vienne). Les deux usines ont fini par fermer* », se remémore Claude Guillon. À Joué-lès-Tours, « *nous avons un moyen de pression, l'atelier qui fait du calandrage (nappes textile et métallique des pneus) et qui fournit 25 à 30 % des usines en Europe. En bloquant cet atelier pendant une semaine, on arrêtera 25 à 20 % des usines en Europe* », menace ce syndicaliste, hygiaphone en bandoulière.
Un comité central d'entreprise est prévu jeudi 13 juin à Clermont-Ferrand (Puy-de-Dôme). Les négociations devraient démarrer le lendemain 14 juin.

Stéphane Frachet, www.usinenouvelle.com, 10 juin 2013

5 **Repérez les parties prenantes citées dans ce document.**
6 **Identifiez les attentes respectives de ces parties prenantes.**
7 **Précisez les intérêts divergents des parties prenantes.**
8 **Quel moyen les salariés ont-ils utilisé en contre-pouvoir ?**

10 Fin de conflit

[…] Après cinq mois de conflit et trois mois de négociations, la direction et les syndicats ont conclu un accord, qui a été approuvé par 85 % des salariés. Cet accord doit encore être validé en comité central d'entreprise le 27 novembre.

> […] « ***La direction garantit le maintien de 200 postes au calandrage et aux membranes jusqu'en 2019, au lieu de 2016 comme elle le proposait initialement*** »,

assure Olivier Coutant, secrétaire (Sud) du comité d'entreprise […]. Cet accord conclut trois mois de négociations émaillés par plusieurs grèves et un blocus de l'usine entre le 8 et le 21 octobre.

Stéphane Frachet, www.usinenouvelle.com, 18 novembre 2013

9 **Comment s'est résolu le conflit qui opposait la direction de Michelin à ses salariés et aux syndicats ?**
10 **En quoi peut-on dire que les syndicats peuvent représenter un contre-pouvoir important ?**

11 Campus Entreprises : une vitrine des métiers de l'industrie du futur

[...] Sa logique ?

Attirer vers les métiers de l'industrie, former des ingénieurs aux évolutions technologiques et aussi assurer de la formation initiale afin de fournir à Michelin et à d'autres industriels de la région les profils qualifiés qu'ils peinent à trouver.

Ce projet, évalué à 30 millions d'euros, [sera financé à hauteur de 14 millions par Michelin, 9,4 millions par la Caisse des dépôts, 3,2 millions par la région Auvergne-Rhône-Alpes puis par Opcalia]. Olivier Bianchi, le maire socialiste de la ville, se réjouit déjà : « *Des expériences comme celles-ci sont importantes pour convaincre des sociétés de s'installer chez nous. Cela va renforcer notre dynamisme, notre évolution vers des activités à haute valeur ajoutée.* » [...]

D'après Nathalie Silbert, Les Echos, 12 octobre 2017

11 Quel est l'objectif principal du projet « Campus Entreprises » ?

12 Campus Entreprises : Partenariat Privé / Public

Le groupe Michelin s'associe à tous les grands acteurs économiques de la Région Auvergne-Rhône-Alpes et l'Académie de Clermont-Ferrand pour créer un pôle de formation innovant dédié aux métiers de l'industrie.

Le Campus Entreprises ouvrira à Clermont-Ferrand, sur un site de Michelin, dès septembre 2017. [...] Il proposera également un service d'information et d'orientation pour les métiers de l'industrie, ainsi qu'une filière d'insertion pilote, destinée aux jeunes déscolarisés ou en situation de fort décrochage scolaire. [...]

L'objectif est de répondre aux besoins de recrutement identifiés dans les entreprises industrielles du territoire, plus particulièrement pour les métiers en tension : 200 à 350 embauches par an, réparties entre les fonctions de la maintenance et de la production. Campus Entreprises a vocation à s'ouvrir à toutes les entreprises industrielles de la région qui souhaiteraient bénéficier du dispositif, et en particulier aux PME et TPE. [...]

Porté par la Banque de France, Limagrain, Michelin, Opcalia, ViaMéca et le Rectorat de l'Académie de Clermont-Ferrand, Campus Entreprises bénéficie du soutien de la Région Auvergne-Rhône-Alpes et du Programme d'Investissement d'Avenir piloté par le Commissariat général à l'investissement dans le cadre du « Partenariat pour la formation professionnelle et l'emploi ». [...]

Geneviève Colonna d'Istria, www.usinenouvelle.com, 21 février 2017

12 Identifiez les parties prenantes en distinguant les parties prenantes privées et publiques.

13 Quels intérêts poussent les parties prenantes publiques à favoriser des projets tels que Campus Entreprises ?

14 Quels intérêts poussent les parties prenantes privées à s'impliquer dans ce projet ?

Synthèse

Identifier les finalités de l'entreprise

La finalité de l'entreprise est sa raison d'être. On distingue généralement trois grandes finalités :

	Finalité économique	Finalité sociale	Finalité sociétale
Objectif(s)	Générer du profit pour assurer la pérennité de l'entreprise (commun à toutes les entreprises)	• Engagement envers les salariés • Fidéliser le salarié et améliorer les performances de l'entreprise	• Prise en compte d'une démarche de développement durable • Faire du profit tout en préservant les hommes et la planète

Finalité : idéal abstrait → **Objectif :** concrétisation de la finalité → quantitatif / qualitatif

Caractériser les parties prenantes

Partie prenante : ensemble des personnes physiques ou morales susceptibles d'influencer les décisions de l'entreprise.

Principales parties prenantes internes

Les dirigeants
Les salariés
Les représentants des salariés
Les actionnaires

→ Action directe sur l'activité

Principales parties prenantes externes

Les clients
Les fournisseurs
Les concurrents
Les banques
Les syndicats
Les ONG
La société civile
Les collectivités locales

→ Influence sur la décision de l'entreprise

L'entreprise : lieu constitué d'individus aux intérêts propres, parfois contradictoires

Intérêts convergents

Relations partenariales entre les parties prenantes.

Intérêts divergents

Relations conflictuelles.
Les parties prenantes exercent une influence plus ou moins forte sur le processus décisionnel grâce aux moyens d'action qu'elles détiennent.

Mots clés

Finalités économique, sociale, environnementale • Parties prenantes • Intérêts divergents/convergents

6 La démarche entrepreneuriale et la performance

QUESTION **De quelle manière l'entreprise s'inscrit-elle dans son environnement ?**

COMPÉTENCE(S)
- Caractériser les étapes de création d'une entreprise
- Distinguer une démarche entrepreneuriale d'une démarche managériale
- Identifier les différentes composantes de la performance de l'entreprise

SAVOIRS ASSOCIÉS
- La logique entrepreneuriale
- La logique managériale
- Les indicateurs de performance

Contexte

Fondée à Paris en 2012 par Alexis de Galembert, un ancien conseiller financier fan de cookies, La Fabrique - cookies confectionne des cookies moelleux à la main.
À La Fabrique - cookies, tout est fait maison. Les ingrédients sont qualitatifs et achetés localement, dans la mesure du possible, directement chez le producteur : beurre AOP Charentes-Poitou, œufs bio de poules élevées en plein air, sucre et farine français. Deux millions de biscuits faits main sortent chaque année des fourneaux de La Fabrique - cookies.
En 2017, les cookies de La Fabrique remplacent ceux de Michel & Augustin à l'entrée des Monoprix.
Ce contrat avec Monoprix offre des perspectives alléchantes, avec un doublement du chiffre d'affaires dans l'année 2018, l'ouverture de nouvelles boutiques et de nouvelles embauches.

Activité : Fabrication et vente de cookies
Ville : Paris (XVIIe)
Labo basé à Clichy (92)
Dirigeant : Alexis de Galembert, fondateur
Statut juridique : SAS
Année de création : 2012 (start-up)

En 2017 (PME) :
Effectif : 30 salariés
Objectif 2018 : Plus de 2 M€

1 **Qu'est-ce qui fait la particularité des cookies de La Fabrique ?**

2 **Pourquoi peut-on dire que cette entreprise est une réussite ?**

3 **Identifiez les facteurs qui expliquent ce succès.**

Vidéo
BforBank, La Fabrique - cookies : Le cookie *made in France*

I Caractériser les étapes de création d'une entreprise

1 Alexis de Galembert se lance dans la création d'entreprise

Alexis de Galembert est un grand gourmand ; surtout, il adore les cookies. À Paris, il a essayé toutes les boutiques qui en vendent mais aucun cookie ne le satisfait. Trop sec, trop dur… Alors il comprend qu'il y a sûrement là une occasion à saisir : vendre des cookies moelleux et frais. Avant de se lancer, il teste d'abord ses premières recettes auprès de ses proches et connaissances et visite toutes les enseignes de cookies implantées sur Paris. Pour évaluer la rentabilité de son projet, notamment l'ouverture de sa première boutique, il réalise un *business plan*. La question essentielle du financement se pose : comment faire ? Pour cela, il puise dans son épargne personnelle. Mais cela ne suffit pas et ses proches et amis apportent également leur participation (*love money*). Enfin, il fait appel également au financement participatif. Il lui faut ensuite choisir une structure juridique : Alexis de Galembert opte pour une société par actions simplifiée, qui lui offre une certaine souplesse et une protection. Il immatricule son entreprise au Registre du commerce et des sociétés le 24 février 2012 sous la dénomination sociale Promocop, dans l'activité « Commerce de détail de pain, pâtisserie et confiserie en magasin spécialisé ». En avril 2012, l'activité démarre avec une activité de vente par correspondance en Île-de-France et, en octobre 2012, la première boutique est ouverte à Paris, 47 rue des Martyrs dans le 9e arrondissement.

1 **Quel est l'intérêt pour Alexis de Galembert de réaliser une étude commerciale ?**

2 **Précisez l'utilité d'un *business plan*.**

3 **À l'aide de l'exemple d'Alexis de Galembert, dégagez les différentes étapes de la création d'entreprise.**

2 La Fabrique - cookies et le financement participatif

En 2014, La Fabrique - cookies lance une levée de fonds participative avec Reservoir Funds, plateforme de financement participatif. Objectif pour Alexis de Galembert ? « *Financer des boîtes métalliques qui seront nécessaires à notre activité afin de mieux conserver nos cookies, nos clients seront ravis d'améliorer la conservation des cookies.* »

Entre 2016 et 2017, les fonds collectés en France *via* le *crowdfunding* ont augmenté de 44 %, passant de 234 à 336 millions d'euros.
La finance participative (ou *crowdfunding*, « financement par la foule ») permet le développement de divers projets en s'appuyant sur les contributions financières du grand public.
Qui peut porter ces projets ? Des particuliers, des associations ou des entreprises.
Comment se fait le financement ? Par différents mécanismes : le don (avec ou sans contreparties), le prêt (avec ou sans intérêts) ou l'investissement en capital.

Un autre intérêt du *crowdfunding* est de développer la notoriété du projet *via* une communication adaptée sur le site. La communication personnalisée et le *storytelling* font partie des clés du succès du *crowdfunding*.

Vidéo
Reservoir Funds, La Fabrique - cookies

4 **Expliquez le fonctionnement du financement participatif.**

5 **Quel est l'intérêt du financement participatif pour les financeurs ?**

6 **Quel est l'intérêt du financement participatif pour La Fabrique - cookies, porteuse du projet ?**

7 **Qu'est-ce qui justifie l'engouement des Français pour le financement participatif ?**

II Distinguer une démarche entrepreneuriale d'une démarche managériale

A La démarche entrepreneuriale

3 Qu'est-ce qu'entreprendre ?

C'est avoir un projet

Toute entreprise naît d'une idée. Il peut s'agir d'une innovation révolutionnaire ou plus simplement d'une idée existante que l'on reprend ou dont on s'inspire. Cette idée donne naissance à des produits ou des services que l'on peut partager grâce à la création d'une structure spécifique. […]

C'est avoir une envie

[…] Créer sa boîte, c'est être à la fois patient et obstiné. C'est être prêt à faire face à différentes contraintes (qu'elles soient juridiques, financières, fiscales, etc.) et être déterminé à les contourner pour voir son projet se concrétiser. On utilise d'ailleurs souvent l'expression « esprit entrepreneurial » pour désigner ces esprits visionnaires et créatifs qui ont la capacité de mettre sur pied un projet qui a d'abord mûri dans leur tête. […]

C'est être ouvert

La curiosité, l'ouverture sur le monde aide souvent à trouver les petites idées qui font de nous des entrepreneurs. Il faut donc parvenir à percevoir les envies et les besoins de ceux qui nous entourent, pour trouver ce qui les comblera. […] Il est souvent indispensable de mener des études précises (en particulier des études de marché, des *business plans*, des études marketing) avant de se lancer bille en tête. Cela permet de se poser les bonnes questions […] et d'éviter ainsi les erreurs stratégiques.

Anne-Céline de Reynal de Saint Michel,
www.100jourspourentreprendre.fr

1. **Qu'est-ce qui caractérise un projet d'entreprise ?**
2. **Comment expliquez-vous l'expression « esprit entrepreneurial » ?**
3. **Quelles sont les questions, selon vous, qu'un entrepreneur doit se poser lorsqu'il monte son projet ?**

4 Alexis de Galembert a l'esprit entrepreneurial

Issu d'une famille d'entrepreneurs, Alexis a toujours eu la fibre entrepreneuriale. Déjà, au lycée, avec un camarade, il avait créé « mon disque en ligne », stockage de données en ligne. En 2011, Alexis de Galembert démissionne, se lance dans l'entrepreneuriat et fonde sa start-up. Aucune connaissance de la pâtisserie mais il adore les cookies. Déçu par l'offre qu'il trouve industrielle et sans originalité, il construit son *business plan*, et se lance seul, pour garder le contrôle et rester maître de ses décisions. Il le reconnaît : ce choix le prive de conseil et d'accompagnement. Et il commet quelques erreurs comme, par exemple, payer trop cher le droit au bail d'une de ses premières boutiques. Il rejoint donc en 2013 le réseau Entreprendre où il peut échanger avec d'autres entrepreneurs. En 2014, il est lauréat du réseau et reçoit une dotation financière de 5 000 euros. En 2016, pour diversifier son marché, il se lance dans le B to B. Pari gagné puisque l'entreprise, depuis, est rentable.

4. **Présentez le profil d'Alexis de Galembert. Dégagez ses qualités entrepreneuriales.**
5. **Qu'est-ce qui a motivé Alexis de Galembert dans sa démarche entrepreneuriale ?**
6. **Repérez l'opportunité qu'il a exploitée pour créer La Fabrique - cookies.**
7. **Quel est l'intérêt pour Alexis de Galembert de rejoindre un réseau ?**

5 Savoir saisir des opportunités et savoir prendre des risques

2011

Alexis de Galembert quitte la banque dans laquelle il travaillait en tant que financier spécialisé dans les fusions-acquisitions pour se lancer dans la fabrication et la vente de cookies.

2012-2017

Ouverture de 5 boutiques.

Avril 2014

Après un test, pour le démarrage de l'activité, sur la région Île-de-France, La Fabrique - cookies étend son canal de vente à distance sur tout le territoire français.

Toujours en 2014, lors du salon SIEC, salon des professionnels et de l'immobilier commercial, La Fabrique - cookies participe au Village des nouveaux concepts. Qui est élue « enseigne coup de cœur » des visiteurs ? La Fabrique - cookies, bien sûr.

En 2015

Pour les 150 ans du Printemps Haussmann, La Fabrique - cookies fait partie des 8 kiosques gourmands sélectionnés pour régaler les gourmands de passage.

En 2017

Le cours du beurre est multiplié par plus de 3, passant de 2 500 euros la tonne à plus de 6 500 euros. Or, chaque semaine, 37 000 cookies pur beurre et faits main sont fabriqués dans le laboratoire. Le beurre représente 25 % des ingrédients, c'est la principale matière première. Pour faire face à la flambée du cours, la seule solution est d'augmenter le prix du cookie de 2 euros à 2,20 euros.

Toujours en 2017, belle année, La Fabrique - cookies décroche un contrat avec l'enseigne Monoprix pour approvisionner ses 270 rayons frais. Selon le chef d'entreprise, « *ce contrat représente 20 % de [son] chiffre d'affaires* ».

8 De quelles opportunités Alexis de Galembert sait-il tirer parti pour développer La Fabrique - cookies ?

9 Quels risques accepte-t-il de prendre pour mener à bien son projet et développer son entreprise ?

6 Entreprendre selon Schumpeter

[Pour Joseph Schumpeter (économiste autrichien, 1883-1950)], ce qui fait l'entrepreneur, c'est sa capacité à mettre en œuvre de nouvelles combinaisons productives, qui peuvent être de cinq types :

– fabrication d'un bien nouveau ;
– introduction d'une nouvelle méthode de production ;
– ouverture d'un nouveau débouché ;
– conquête d'une nouvelle source de matière première ;
– réalisation d'une nouvelle organisation.

[...] Être entrepreneur c'est donc, à un moment donné, se faire l'agent du changement, rompre avec la routine, bousculer les habitudes. [Pour réaliser ces nouvelles combinaisons, l'entrepreneur doit accepter de prendre des risques, de percevoir les opportunités, de savoir comment les exploiter et d'en tirer de la valeur.]

Emmanuel Fournier, www.scienceshumaines.com, août/septembre 2001

10 Quelles sont, selon Schumpeter, les trois qualités d'un entrepreneur ?

11 Montrez qu'Alexis de Galembert est un entrepreneur au sens de Schumpeter.

12 Sur quel type de combinaison productive se porte l'activité de La Fabrique - cookies ?

B La démarche managériale

7 Comment se construit l'équipe de La Fabrique - cookies ?

Lorsqu'il démarre son activité en 2011, Alexis de Galembert est seul. Rapidement, l'activité se développe et, en 2012, il s'associe avec Pierre Bettencourt pour ouvrir la première boutique. Face au succès, Alexis et Pierre s'aperçoivent très vite qu'ils ne peuvent plus faire face à eux deux. Peu à peu, l'équipe s'élargit pour pouvoir assurer les livraisons à distance et la gestion des boutiques. Aujourd'hui, La Fabrique - cookies, ce sont 12 personnes à la production, 11 dans les boutiques et 7 aux bureaux, soit 30 salariés. En 7 ans, ils sont passés du statut de start-up à celui de PME.

À l'encadrement, il y a 3 responsables aux côtés d'Alexis : boutique et exploitation, marketing et *business* développement, administratif et financier. 30 salariés pour produire et distribuer 2 millions de cookies fabriqués par an, gérer 5 boutiques et bientôt plus… toutes les idées à venir du bouillonnant Alexis.

Ainsi, le responsable d'exploitation a en charge la fabrication et la distribution des produits pour la vente à distance et les boutiques. Il gère donc la production au laboratoire (recrutement des collaborateurs, planning des équipes, anticipation des commandes clients et des stocks nécessaires à la fabrication, supervision de toutes les étapes de production, suivis qualité et hygiène), et la logistique ensuite. Il supervise aussi un responsable boutiques sur le terrain. Son poste requiert beaucoup de rigueur, il lui faut être organisé, tout planifier et superviser. Très souvent sur le terrain, il manage et contrôle 20 personnes.

13 **Expliquez pourquoi il a été nécessaire de recruter du personnel sur des postes spécifiques, à l'encadrement comme à l'exécution.**

14 **Plus précisément, pour quelles raisons La Fabrique - cookies a-t-elle recruté un responsable de production ?**

15 **Identifiez les compétences spécifiques du responsable de production.**

8 Les différentes fonctions du métier de manager : 8 rôles-clés

16 **En vous référant aux missions du responsable de production de La Fabrique - cookies, précisez quelles ressources, selon vous, le manager doit organiser.**

17 **En quoi consiste la fonction d'animation des ressources humaines ?**

18 **Qu'entend-on par « piloter » l'organisation ?**

19 **En quoi peut-on dire que le responsable de production de La Fabrique - cookies est un manager ?**

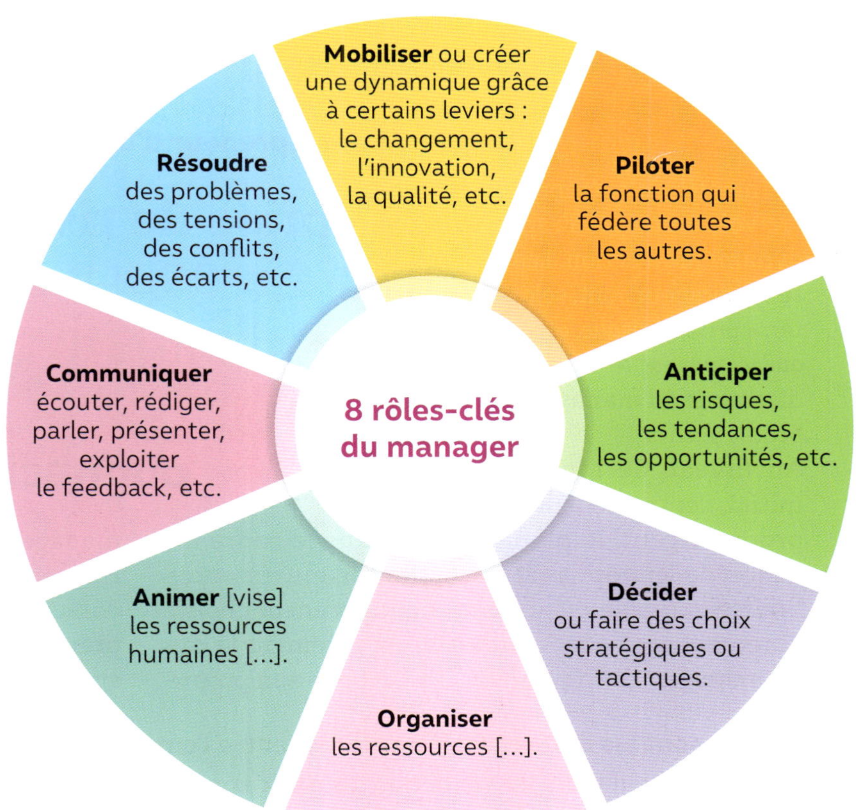

www.cdg35.fr

9 L'entrepreneur, l'homme-clé ?

BFM : Comment vous êtes-vous lancé dans la fabrication de cookies ?

Alexis : Il faut savoir de quoi on parle. J'ai beaucoup travaillé mes recettes et je me suis fait un peu aider au démarrage par un chef pâtissier, notamment sur le choix des ingrédients. Chaque mois, on lance un cookie, c'est moi qui élabore la nouvelle recette. […]

BFM : Vous fondez votre entreprise en 2011. Avril 2012, vous lancez le site Internet…

Alexis : C'est mon réseau qui a passé la première salve de commandes. Cette période était pour moi une période de test, aussi bien sur les produits, le packaging, sur un marché potentiel. Dès la seconde salve de commandes, il s'agissait de personnes que je ne connaissais pas. Cela m'a assez vite rassuré sur le principe de bouche-à-oreille, sur lequel je misais beaucoup.

BFM : Qu'ambitionnez-vous ? Vous vous dites « on peut ouvrir un nouveau réseau ? », vous pensez déjà à la franchise, à d'autres villes ?

Alexis : J'ai beaucoup de pistes en tête : que ce soit la franchise, la distribution propre, la distribution dans d'autres commerces tels que des sandwicheries, des saladeries… Voilà, ce sont encore un peu des rêves. Chaque chose en son temps, j'ouvre une nouvelle boutique, on verra ce que je fais sur la fin de l'année 2014.

BFM : Vous ne regrettez pas ?

Alexis : Non, pas du tout. Pour être honnête, parfois cela m'arrive. Je me souviens me réveiller en me disant « *il faut écrire un livre pour dire aux gens de ne pas ouvrir leur entreprise* » mais en fait non, il faut monter son entreprise, c'est clair. Il y a des périodes difficiles, mais c'est très épanouissant et je suis très heureux.

Karine Vergniol,
www.bfmbusiness.bfmtv.com,
12 mars 2013

20 **Pourquoi est-il important, pour Alexis de Galembert, que l'entrepreneur connaisse son produit ?**

21 **À partir de l'exemple d'Alexis de Galembert, repérez les différentes ambitions possibles d'un entrepreneur.**

10 Ce qui distingue un entrepreneur d'un manager

La notion d'entrepreneuriat renvoie à un état d'esprit ou à une dynamique d'action. Les qualités de l'entrepreneur sont, selon Schumpeter, « *prise de risque, esprit d'initiative, audace, pugnacité* ». L'entrepreneur se distingue du manager sur de nombreux points.

prise de risque
esprit d'initiative
audace
pugnacité

Au niveau de l'investissement initial, l'entrepreneur investit son propre argent, le manager agit dans le cadre du budget de l'entreprise et doit optimiser une ressource limitée que celle-ci lui confie. L'entrepreneur choisit librement ses collaborateurs, c'est rarement le cas du manager. L'entrepreneur, en tant que son propre employeur, identifie les évolutions de son secteur, définit les stratégies à moyen et à long termes. C'est au manager qu'incombe de mettre en œuvre ces stratégies. L'entrepreneur est un innovateur qui a le goût de la prise de risque. Dans un environnement de plus en plus instable, l'entrepreneur doit en permanence évoluer et innover. Le manager, quant à lui, planifie, organise et contrôle l'entreprise afin qu'elle atteigne ses objectifs. Il est dans une logique rigoureuse car elle nécessite de prendre des décisions en fonction des objectifs à atteindre en tenant compte des délais et des moyens.

22 **Quelles sont les différences essentielles entre l'entrepreneur et le manager ?**

23 **Pourquoi est-il indispensable que les deux approches soient réunies dans une entreprise, notamment à La Fabrique - cookies ?**

III Identifier les différentes composantes de la performance de l'entreprise

Contexte

La marque Yves Rocher est fondée en 1959 par Yves Rocher à La Gacilly, au cœur de la Bretagne. Le groupe est présent sur le marché de la cosmétique, avec notamment les marques Yves Rocher, Daniel Jouvance ou Dr Pierre Ricaud, et sur le marché du textile avec la marque Petit Bateau.

11 Le groupe Yves Rocher réduit son empreinte environnementale

Attentif aux questions environnementales, le groupe Yves Rocher met en place une politique qui vise à réduire sa consommation de ressources. Cela se traduit, en 2015, par un ambitieux plan à 5 ans : « Objectifs 2020 ». Petit état des lieux à fin 2016 sur deux ressources essentielles.

- **L'eau :** en 2016, 557 032 m^3 d'eau ont été consommés sur l'ensemble des sites.

OBJECTIFS 2020	PERFORMANCE 2016		
	Groupe	Cosmétique & détergence	Textile
Réduire de 10 % les consommations d'eau de l'ensemble du Groupe (en m^3/unité de production) versus 2015.	– 3 %	– 8 %	– 2 %

- **Le papier :** l'activité du groupe, notamment *via* la vente à distance, implique une consommation importante de papier.

OBJECTIFS 2020	PERFORMANCE 2016
	Cosmétique
Réduire de 10 % les consommations de papier à l'échelle du Groupe (en kg/unité de production) versus 2015.	- 9,7 %
S'approvisionner à 100 % en papier et carton issus de forêts gérées durablement.	94 %

www.groupe-rocher-fournisseurs.com

1. **Quels sont les trois objectifs stratégiques que s'est fixés le groupe Yves Rocher à l'horizon 2020 pour les ressources eau et papier ?**
2. **Quels sont les critères quantitatifs retenus pour évaluer la performance d'Yves Rocher ?**
3. **Commentez les résultats du groupe Yves Rocher en matière de consommation d'eau et de papier.**
4. **Quel lien pouvez-vous établir entre finalité, objectifs et performance ?**

12 La performance, combinaison de l'efficacité et de l'efficience

La performance globale repose sur les performances économiques, sociale et sociétale et a une incidence sur la réputation de l'organisme. On mesure la performance à travers deux critères :
– **le critère d'efficacité :** l'objectif a-t-il été atteint ou non ?
– **le critère d'efficience :** avec quelles ressources, en quantité, l'objectif a été atteint ? Des indicateurs comme la rentabilité et la productivité permettent de mesurer l'efficience.

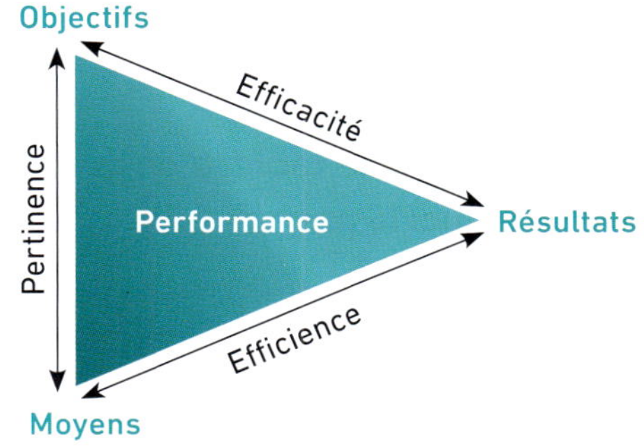

5. **Quelle est la différence entre efficacité et efficience ?**
6. **Définissez la notion de performance.**

13 Yves Rocher évalue la performance de sa page Facebook

Communauté	Tout afficher
1 173 826 personnes aiment ça	
1 117 787 personnes suivent ce lieu	

Personnes
1 173 826 mentions J'aime
7 371 visites

Pour suivre la performance de sa page Facebook, Yves Rocher a recours à des indicateurs très précis.

la communauté

Il s'agit de suivre, d'un mois à l'autre, l'augmentation (ou la diminution) du nombre de personnes qui aiment sa page.

la portée par publication

Il s'agit de suivre le nombre de personnes atteint par les publications. Pour une meilleure analyse, Yves Rocher distingue la portée totale, à savoir le nombre de personnes, fans de la page ou non, qui ont accédé au contenu, de la portée chez les fans.

l'interaction

Essentiel pour mesurer la performance de sa page Facebook. Il s'agit du nombre de clics, des différentes réactions et du taux d'engagement. L'engagement représente toutes les actions qui ont été posées par rapport à la publication. Par exemple, cela tient compte des mentions « J'aime », « like », « commentaires », « partage » des gens qui ont cliqué sur le lien. Yves Rocher a aussi accès aux réactions négatives (publications masquées, rapport de spam, annulation de mentions).

7 **Que peut signifier un indicateur de communauté en stagnation ou en baisse ?**

8 **Quel élément intéressant d'analyse apporte la distinction entre la portée totale et la portée chez les fans ?**

9 **Pourquoi Yves Rocher ne peut-il pas se contenter des seuls indicateurs « communauté » et « portée » ?**

10 **Quel est l'intérêt principal des indicateurs d'interaction ?**

14 Le tableau de bord, outil d'évaluation de la performance

Le tableau de bord est une synthèse chiffrée et régulière des principaux indicateurs nécessaires pour orienter l'activité de l'entreprise selon les évolutions de l'environnement.

Document clair et synthétique, il doit permettre la coordination et le contrôle des activités. C'est un instrument de mesure de la performance. Il contribue à réduire l'incertitude et facilite la prise de décision.

Une entreprise qui vise le « zéro défaut » accentue ses contrôles qualité. Parmi les indicateurs, elle peut sélectionner :

Indicateur d'efficacité

$$\frac{\text{Nombre de livraisons retournées pour cause de produit défectueux}}{\text{Nombre de livraisons totales}}$$

Indicateur d'efficience

$$\frac{\text{Salaires chargés du personnel de vérification}}{\text{Chiffre d'affaires}}$$

11 **Pourquoi le tableau de bord est-il un outil qui permet à l'entreprise d'être réactive ?**

12 **En quoi le premier indicateur proposé mesure-t-il l'efficacité, et le second indicateur, l'efficience ?**

15 Chez Yves Rocher, la formation a fait bondir le chiffre d'affaires

Les méthodes de formation commerciale chez Yves Rocher

Yves Rocher recrute environ 1 200 nouvelles conseillères par an, qui doivent nécessairement être formées sur l'offre et le discours de la marque pour être performantes dans leur relation avec les clientes. Il y a quelques années, le dispositif d'intégration de ces nouvelles recrues, basé exclusivement sur une formation en présentiel très coûteuse en temps et en budget, ne permettait pas de former plus de 20 % d'entre elles. Le parcours de formation a donc été repensé pour qu'un plus grand nombre de conseillères puisse en bénéficier.

Grâce à un dispositif associant du *e-learning* (pour les connaissances), du présentiel (ateliers pratiques) et des exercices en magasin (application directe), un nouveau parcours d'intégration de 10 semaines a été mis en place. Il s'achève par une accréditation « opérationnelle Yves Rocher ». Aujourd'hui, 70 % des conseillères sont accréditées.

Pour les responsables de ce programme de formation, les résultats sont là : en six semaines, les conseillères formées ont vu leur chiffre d'affaires horaire augmenter de 40 %.

Même constat pour le parcours de perfectionnement qui a été développé dans la foulée : les magasins dont plus du tiers de l'effectif a été formé enregistrent une croissance annuelle de 2 % supérieure au reste de la chaîne.

13 **Quel indicateur de mesure de la performance des conseillères a été utilisé ?**

14 **Quels ont été les résultats chiffrés directement obtenus ?**

15 **Quel est l'impact de la formation sur la performance commerciale ?**

16 Le tableau de bord prospectif

Dans les années 1990, Robert Kaplan et David Norton élaborent le tableau de bord prospectif (TBP), un outil de management prospectif. La méthode du TBP consiste à analyser une entreprise sous quatre axes.

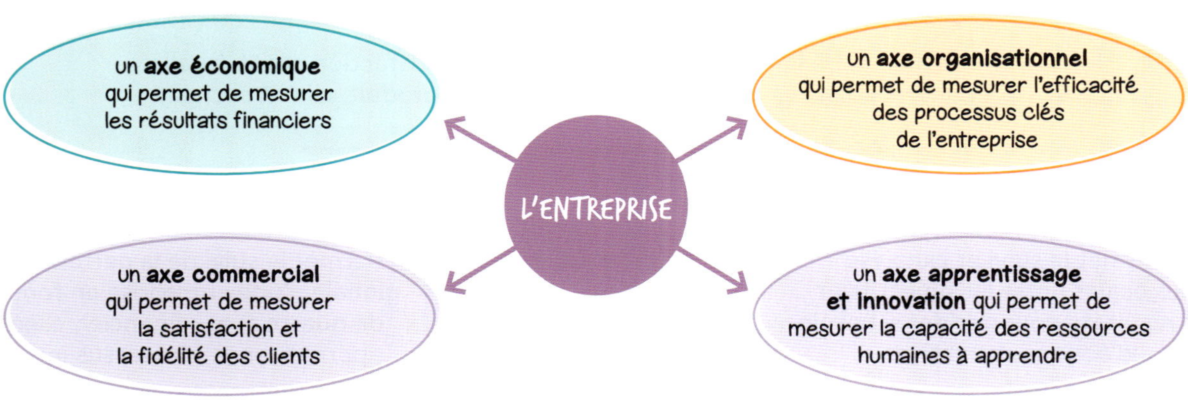

L'entreprise fixe ses objectifs dans ces quatre domaines. Les progrès qu'elle réalise sont alors mesurés à l'aide des indicateurs les plus pertinents en liaison avec la stratégie définie.

16 **Proposez des exemples d'indicateurs de mesure pour chacun des axes du tableau de bord.**

17 **Quelles sont les répercussions de la formation sur les trois autres axes ?**

18 **Dans quelle mesure peut-on dire que le tableau de bord prospectif est un outil équilibré ?**

Synthèse

Caractériser les étapes de création d'une entreprise

1. Idée
2. Projet personnel
3. Étude de marché
4. Prévisions financières (*business plan*)
5. Financement et aides
6. Choix du statut juridique
7. Formalités de création
8. Installation de l'entreprise

Distinguer une démarche entrepreneuriale d'une démarche managériale

Logique entrepreneuriale (entreprendre)

- Repérer des opportunités pour créer et innover (Schumpeter)
- Prendre les risques nécessaires pour créer ou reprendre une entreprise

Logique managériale (gérer)

- Optimiser les ressources de l'entreprise
- Assurer la continuité de l'exploitation

Identifier les différentes composantes de la performance de l'entreprise

Performance : exprime le degré d'accomplissement des objectifs poursuivis

Efficacité

Réaliser les objectifs fixés

Efficience

Réaliser les objectifs fixés en optimisant les ressources allouées

Évaluation de la performance : mesurer le rapport entre les objectifs et les réalisations à partir d'indicateurs

Indicateurs quantitatifs

Chiffre d'affaires, bénéfices, production stockée…

Indicateurs qualitatifs

Satisfaction client, qualité produit, climat social…

Les outils d'évaluation

Le tableau de bord

Permet le suivi et l'analyse des écarts entre les objectifs et les résultats pour décider si besoin d'actions correctives

Le tableau de bord prospectif

Permet le suivi de la performance globale d'une entreprise en fonction de quatre axes : financier, clients, apprentissage, processus interne

Mots clés

Entrepreneur • Logique entrepreneuriale • Manager • Logique managériale • Performance • Efficacité • Efficience • Indicateurs de performance • Tableau de bord

Cas d'entreprise

Comment Paul s'est-il inscrit dans son environnement ?

ÉCONOMIE

- Identifier les principaux agents économiques en relation avec l'entreprise et leurs rôles (ménages, entreprises, banques, État)
- Présenter le fonctionnement des marchés sur lesquels intervient l'entreprise

MANAGEMENT

- Caractériser les étapes de création d'une entreprise
- Distinguer une démarche entrepreneuriale d'une démarche managériale

Contexte

Il ne s'appelle pas Paul mais Francis Holder. Cet entrepreneur, mi-sérieux, mi-badin, confie être un pur produit de sa génération, celle de la guerre et de la reconstruction. De son enfance, il se souvient des bombardements, des fils de bonne famille des grands industriels du Nord qui dédaignaient le « fils du boulanger ». Pour financer son développement, fier de n'avoir jamais reçu un sou de subvention, il emprunte à 80 % et réinvestit ses bénéfices. Quand une banque ne lui accorde pas sa confiance, il va en voir une autre.

1. **Présentez l'offre Paul selon Peter Drucker et montrez en quoi la finalité de cette entreprise est centrée sur le client et non sur le profit.**
2. **Présentez la personnalité de Francis Holder et montrez en quoi il a su faire preuve de l'état d'esprit entrepreneurial décrit par Israël Kirzner.**
3. **Identifiez les différents agents économiques en relation avec l'entreprise.**
4. **Montrez comment les initiatives de Francis Holder ont permis de faire évoluer le fonctionnement de son marché.**

Annexe 1 Le fabuleux destin de Paul le boulanger

À 78 ans, Francis Holder reste un patron aussi autocrate que discret. Ce Nordiste a créé un véritable empire de la pâte à pain, avec ses 620 boutiques Paul, et du macaron, avec ses 85 Ladurée. Au total, un chiffre d'affaires de 830 millions d'euros et 12 500 collaborateurs.

CV EXPRESS

Né en 1938 à Lille. Formation : apprenti boulanger à 15 ans. Carrière : ouverture de la première succursale Paul en 1963 [...] ; première usine à pain pour la grande distribution en 1970 ; rachat du salon de thé Ladurée en 1992, accélération de l'internationalisation du groupe à partir de 2011. [...]

www.capital.fr, 31 janvier 2017

Annexe 2 Comment Francis Holder a créé le premier empire de la boulangerie

[...] Fils de boulanger, Francis Holder fait ses armes dans la boulangerie de ses parents [...]. Au décès de son père, [...] il développe l'affaire, consolidant les bases de ce qui fait la réputation de Paul : la passion de la qualité, du produit et de la diversité de l'offre. [...] C'est en 1965 que l'artisan amorce un tournant décisif, avec le développement de la grande distribution, qu'il fournit désormais en pains. [...] Pour alimenter ce réseau, il réhabilite en 1970 une friche industrielle dans la région lilloise. En parallèle, il transforme la boulangerie familiale, installant un four à bois à la vue des clients. Du jamais vu ! Ce concept, Francis Holder le met en œuvre dans toutes les nouvelles boutiques qu'il ouvre un peu partout dans l'Hexagone. [...]

Dès 1981, ce visionnaire amorce un second virage, l'international. [...] La marque se développe en franchise, signant [...] avec des partenaires en charge de trouver les meilleurs emplacements. Toujours visionnaire, Francis Holder crée en France les premiers salons de thé, qui proposent des sandwichs et de la petite restauration. ▸

Cas d'entreprise

▸ […] Son fils David, qui le rejoint en 1991, offre aux boulangeries Paul un nouvel écrin : devantures noires avec inscriptions en lettres dorées portant la mention « maison fondée en 1889 », intérieur néo-rustique sobre à l'esprit authentique. Riche idée pour transmettre les valeurs de l'entreprise, notamment à l'international où l'art de vivre à la française constitue une manne financière. […]

www.entreprendre.fr, 10 décembre 2014

Annexe 3 Paul, un boulanger pétri de créativité

En un demi-siècle, Francis Holder a fait des boulangeries Paul une marque reconnue dans le monde entier pour son savoir-faire et sa qualité. Comment ? Grâce à un esprit entrepreneurial et créatif transmis de génération en génération […].

La philosophie de Paul repose sur la création de valeurs et de différentiation. « *Faire évoluer nos gammes de produits afin qu'ils correspondent aux attentes de nos clients est pour nous une préoccupation quotidienne. Nous assurons une veille permanente qui permet d'inventer l'alimentation de demain avec un retour à la simplicité, à la fraîcheur et à la compréhension du produit.* » Une initiative qui ouvre aussi de nombreuses perspectives : « *Nous sommes intimement convaincus que 80 % des produits que nous allons consommer dans dix ans ne sont pas encore créés.* » Chez Paul, l'innovation s'insère aussi au cœur du management autour des 5C : Chiffre, Commerce, sandwich Chaud, Client et… Collaborateur. […] « *L'entrepreneuriat est le fondement de notre modèle de management. L'environnement de Paul est propice à l'expression d'idées innovantes notamment par un travail d'équipe entre le service Marketing et la Recherche et Développement.* » […]

www.mondedesgrandesecoles.fr, 24 septembre 2014

Annexe 4 Israël Kirzner, l'état d'esprit entrepreneurial

Kirzner (1930) présente l'entrepreneur comme un acteur qui a trois fonctions : il gère l'incertain, organise la production et innove. L'entrepreneur a une qualité de vigilance qui lui permet de percevoir les informations opportunes pour favoriser son activité. Il a une attitude de vigilance face aux opportunités de profits non réalisées.

Le marché offre une opportunité	Découverte de l'opportunité	Décision d'exploiter l'opportunité
– politique – technologique – légale – démographique – etc.	Vigilance de l'entrepreneur : – accède à l'information – perçoit la valeur de l'information	En fonction de ses caractéristiques : – individuelles (âge, éducation, expérience…) – psychologiques (personnalité, facultés cognitives…)

Les opportunités entrepreneuriales sont des erreurs et des imperfections sur le marché. Il peut s'agir d'une source d'approvisionnement qui n'a pas encore été exploitée, ou d'une erreur de prix. L'entrepreneur « vigilant » identifie cette erreur. Dans un second temps, il va utiliser cette information pour agir et saisir l'opportunité entrepreneuriale : il achètera là où les prix sont faibles, pour vendre là où ils sont élevés. À terme, cet arbitrage aura pour effet d'égaliser les prix entre les deux endroits. La poursuite d'opportunités par l'entrepreneur contribue donc à l'équilibre ou au déséquilibre des marchés. L'entrepreneur perçoit des pénuries ou des surplus économiques et va, par son action, pousser l'économie vers une situation d'équilibre où les opportunités sont saisies.

Annexe 5 Le profit : un effet de l'excellence du management centré sur le client

Peter Drucker (1909-2005) montre que la recherche du profit n'est pas une fin en soi. La survie de l'entreprise dépend de sa capacité à satisfaire l'ensemble des acteurs qui la composent et qui interagissent avec elle, tout autant que de sa capacité à faire du profit. Peter Drucker montre que la finalité première de l'entreprise est de créer, de maintenir et de développer une clientèle, de « créer » le client en favorisant le marketing et l'innovation. Le profit n'est donc pas la finalité de l'entreprise mais plutôt le résultat de ses bonnes décisions pour satisfaire le client et l'amener à consommer son offre.

Cas d'entreprise

Comment l'entreprise BlaBlaCar se développe-t-elle sur son marché ?

ÉCONOMIE

- Identifier les principaux agents économiques en relation avec l'entreprise et leurs rôles (ménages, entreprises, banques, État)
- Présenter le fonctionnement des marchés sur lesquels intervient l'entreprise
- Repérer l'existence d'externalités pour l'entreprise

DROIT

- Repérer le processus de formation d'un contrat
- Analyser et évaluer les conditions de la validité, les clauses et les effets juridiques d'un contrat

Contexte

Face à la concurrence, BlaBlaCar, le leader européen du covoiturage, développe de nouvelles relations avec son environnement en affinant son offre et en signant un nouveau partenariat. Ces relations s'établissent dans un environnement en pleine mutation dans lequel la digitalisation a reconfiguré les situations de marché.

BlaBlaCar

1 **Présentez l'activité de BlaBlaCar et identifiez les principaux agents économiques en relation avec l'entreprise.**

2 **Sur quel marché l'entreprise intervient-elle ? Présentez son fonctionnement.**

3 **Quelles sont les difficultés rencontrées par BlaBlaCar sur son marché ? Comment l'entreprise réagit-elle ?**

4 **Quel est l'objectif de sa coopération sous forme de partenariat avec Google ?**

5 **En quoi l'économie collaborative bouscule-t-elle le jeu de la concurrence ?**

6 **Quelles sont les externalités de la digitalisation pour ces marchés ?**

7 **À quel principe général du droit des contrats l'annexe 5 fait-elle référence ?**

8 **Un mineur pourrait-il s'inscrire sur le site BlaBlaCar ? À quelles conditions ses parents seraient-ils autorisés à le laisser utiliser le service proposé ?**

9 **Qualifiez juridiquement et expliquez les clauses 9 et 12 extraites des conditions générales de la société BlaBlaCar.**

Vidéo — Nathan live!
BlaBlaCar, Une nouvelle identité

Annexe 1 BlaBlaCar tente de se relancer grâce à un nouvel algorithme

Renouer avec la croissance des belles premières années : tel est le défi que s'est lancé BlaBlaCar en 2018. L'inventeur du covoiturage de longue distance, né il y a douze ans, fait peau neuve avec une nouvelle identité visuelle et, surtout, un nouveau moteur de recherche, lancé mardi 30 janvier. Celui-ci est conçu pour multiplier les trajets de porte à porte. Un « *pas supplémentaire* » sur lequel les fondateurs de la marque fondent beaucoup d'espoir. Depuis plusieurs mois, en effet, BlaBlaCar connaît quelques cahots. Fini la période d'expansion phénoménale. Le nombre des « blablanautes » avait été multiplié par dix entre 2013 et 2015 ; il n'a « que » doublé entre 2015 et 2017, pour atteindre les 60 millions de membres, dont un quart en France. *A priori* pas de quoi s'alarmer, mais les pertes de parts de marché sont significatives sur certaines destinations phares. « *Le paysage du transport n'est pas le même qu'avant 2015 quand ni les cars Macron ni les TGV* low cost *n'existaient* », constate Nicolas Brusson, cofondateur et directeur général de Blablacar. […]

Du côté des trains, BlaBlaCar doit faire face à l'offensive petits prix de la SNCF : succès de l'abonnement TGV Max, augmentation de l'offre TGV Ouigo et des Intercités « 100 % éco ». BlaBlaCar n'est plus le moins cher. […]

Éric Béziat, www.lemonde.fr, 31 janvier 2018

Annexe 2 Le Français BlaBlaCar débarque sur Google Maps

La nouvelle option « Voyage avec BlaBlacar » devrait progressivement s'étendre aux 22 pays dans lesquels BlaBlaCar est présent.

« Cette collaboration avec Google est une excellente nouvelle pour tous les utilisateurs qui pourront désormais avoir accès sur Google Maps aux offres de covoiturage de BlaBlaCar, et donc découvrir ou redécouvrir un mode de mobilité économique et convivial. Nous sommes convaincus que le transport de demain est un transport multimodal intégré, et c'est un pas de plus dans cette direction que de proposer sur Google Maps l'option de covoiturage aux côtés des transports publics et des transports individuels. »

Philippe Cayrol, Head of Partnerships chez BlaBlaCar

« Nous souhaitons proposer à nos utilisateurs les moyens de transports les plus pertinents pour chaque trajet. Le covoiturage étant en plein essor en France, l'intégration des offres de BlaBlaCar offrira encore plus de choix et simplifiera les démarches des utilisateurs, qui pourront poursuivre la réservation et l'achat directement sur l'application mobile de BlaBlaCar. »

Gino Mattiuzzo, Partnership Manager chez Google

Annexe 3 L'économie collaborative bouscule le jeu de la concurrence

L'économie collaborative, représentée souvent par Uber, Airbnb, BlaBlaCar, profite d'une véritable popularité dans l'opinion publique car elle véhicule des valeurs fondées sur l'entraide, le partage et la convivialité. Si elle permet à des travailleurs d'arrondir leurs fins de mois, cette nouvelle économie génère aujourd'hui des bénéfices conséquents et bouscule le jeu de la concurrence. Le fait de mettre des clients en contact avec des particuliers qui utilisent leurs véhicules privés pour les transporter sans payer de charge sociale, voire d'impôt, est une pratique anticoncurrentielle selon les taxis et VTC.

Annexe 4 La digitalisation reconfigure les situations de marché

L'économie digitale repose sur des algorithmes et des données. Leur utilisation reconfigure les situations de marchés, aussi bien celui des services que celui du travail. [...] S'agissant des plateformes collaboratives, la technologie et la globalisation ont favorisé la création de marchés [...] qui, dans le cas d'Uber, ont abaissé à la fois les barrières à l'entrée pour les chauffeurs et les coûts d'information pour les usagers. [...]

Bernard Guilhon, theconversation.com, 31 mai 2017

Annexe 5 Les exigences de loyauté au service du contrat des parties

[...] Une plateforme [collaborative] n'est pas tenue de garantir la bonne exécution du contrat entre les parties. Mais, elle est un tiers particulier puisque c'est par son intermédiaire que la naissance du contrat a lieu. À ce titre, la plateforme est tenue à une obligation de transparence dans les informations précontractuelles qu'elle fournit (A), ainsi que dans l'attrait même du contrat (B). [...]

Anne-Claire Dubois et Charlotte Billiaux-Jegou, *Revue Juridique de l'Économie Collaborative*, www.fondation-maif.fr, 2017

Annexe 6 Conditions générales de la société BlaBlaCar (extraits)

9. Suspension de comptes [...]

Vous avez la possibilité de mettre fin à votre relation contractuelle avec BlaBlaCar à tout moment, sans frais et sans motif. [...] En cas de [...] violation de votre part des présentes CGU, [...] BlaBlaCar se réserve la possibilité de [...] résilier, immédiatement et sans préavis, les présentes CGU. [...]

12. Rôle de BlaBlaCar

La plateforme constitue une plateforme en ligne de mise en relation sur laquelle les membres peuvent créer et publier des annonces pour des trajets à des fins de covoiturage. [...] En sa qualité d'intermédiaire [...], BlaBlaCar ne saurait voir sa responsabilité engagée au titre du déroulement effectif d'un trajet. [...]

www.blablacar.fr

Cas d'entreprise

Comment Facebook tient-il compte de ses parties prenantes ?

ÉCONOMIE

- Identifier les principaux agents économiques en relation avec l'entreprise et leurs rôles (ménages, entreprises, banques, État)

MANAGEMENT

- Identifier les finalités économique, sociale et sociétale de l'entreprise
- Caractériser les différentes parties prenantes de l'entreprise

Contexte

Mark Zuckerberg, actuel PDG de Facebook, est l'un des créateurs du célèbre réseau social créé en 2004. Son activité, initialement axée sur Facebook, s'est développée suite au rachat d'Instagram en 2012, puis de WhatsApp et Oculus VR en 2014.

Cette croissance contraste avec les conflits qui se multiplient. Ses profits étant rapatriés aux Îles Caïmans – où ils ne sont pas taxés –, Facebook est cité dans l'affaire des Paradise Papers en novembre 2017. Fin 2017, l'entreprise britannique Cambridge Analytica est accusée d'avoir réutilisé les données Facebook de 50 millions d'Américains à des fins de ciblage publicitaire pour des campagnes électorales. Facebook réalise des profits colossaux (10,2 milliards de dollars de résultat en 2016), mais les conflits avec les parties prenantes qui s'accumulent mettent en péril l'image et la rentabilité de l'entreprise.

1. **Présentez l'offre de Facebook et montrez son impact sur les ménages.**
2. **Identifiez les principaux agents économiques en relation avec Facebook.**
3. **Identifiez la principale finalité actuelle de l'entreprise et présentez les conflits qui opposent Facebook à ses parties prenantes. Quelles en sont les conséquences ?**
4. **Montrez les avantages possibles pour Facebook d'adopter comme finalité première la réponse aux besoins des parties prenantes.**

Annexe 1 Facebook risque une amende conséquente après le scandale Cambridge Analytica

La Federal Trade Commission pourrait sévir et infliger à Facebook une amende maximale de 40 000 $ par violation et par jour. Le prix à payer pourrait très vite grimper compte tenu des millions d'utilisateurs dont les données personnelles n'auraient pas été protégées.

Annexe 2 Évitement fiscal : les profits record des Gafam dans le viseur de l'Europe

La Commission européenne a proposé [...] une nouvelle taxe sur les géants du Net, alors que jamais encore Google, Apple, Facebook, Amazon et Microsoft n'avaient gagné autant d'argent.

[...] La Commission européenne propose une taxe de 3 % sur les revenus (et non les bénéfices sur lesquels il y a de bien trop nombreuses mesures dérogatoires) de ces multinationales, selon le pays de résidence de leurs utilisateurs. [...] La puissance économique et la trésorerie des Gafam sont telles qu'un concurrent sera racheté avant qu'il devienne menaçant. Facebook, déjà fort de ses 2,11 milliards d'usagers mensuels, a ainsi racheté Instagram (800 millions d'utilisateurs), mais aussi WhatsApp (1,3 milliard d'utilisateurs) qui faisait de l'ombre à Facebook Messenger. Sa position est devenue tellement écrasante que, sur les 44 milliards de dollars que représentait en 2017 l'ensemble du marché publicitaire sur les réseaux sociaux, Facebook en a capté 40. [...]

Pierric Marissal, www.humanite.fr, 22 mars 2018

Annexe 3 Les employés de Facebook réclament de meilleures conditions de vie

« Pendant que Mark Zuckerberg fait le tour des États-Unis pour comprendre les difficultés des Américains, les employés des cafétérias de Facebook se sont mobilisés pour réclamer une hausse de salaire, nécessaire à leur survie. »

Annexe 4 D'anciens cadres de Facebook recommandent de quitter le réseau social

Chamath Palihapitiya, ancien vice-président chargé de la croissance de l'audience de Facebook, a tenu […] des propos extrêmement critiques envers son ancien employeur, l'accusant de « *détruire le fonctionnement de la société* », comme l'a repéré le site américain *The Verge*. […] Celui qui avait intégré l'entreprise en 2007, trois ans après son lancement, […] assure […] se sentir « *immensément coupable* ». « *Nous avons créé des outils qui déchirent le tissu social* », juge-t-il. L'ancien responsable de Facebook, désormais à la tête de Social Capital, un fonds qui favorise le développement de la santé et de l'éducation, égrène les raisons de sa colère : « *Absence de civisme, de coopération, de la désinformation, de fausses vérités… Ce n'est pas un problème américain, il ne s'agit pas de publicités russes*, souligne-t-il. *C'est un problème global.* » […] Chamath Palihapitiya n'est pas le premier ex-employé de Facebook à pointer les dérives du réseau social ces dernières semaines. En novembre, l'ancien président de l'entreprise Sean Parker s'était présenté comme

un « *objecteur de conscience* » vis-à-vis du site, assurant que celui-ci avait bâti son succès « *en exploitant la vulnérabilité de la psychologie humaine* » […].

www.leparisien.fr, 13 décembre 2017

Annexe 5 La BNS a plus d'actions Facebook que Zuckerberg

Mark Zuckerberg a eu le nez creux en vendant de gros paquets d'actions de Facebook dans les trois mois précédant l'éclatement du scandale Cambridge Analytica qui a fait plonger le cours.

Avec comme conséquence que la Banque Nationale Suisse (BNS) détient désormais plus d'actions que le fondateur du réseau social. […] [Mais] la BNS détient des titres de classe A, qui donnent droit à un vote et au versement d'un dividende. Mark Zuckerberg garde le contrôle de Facebook grâce à ses actions de classe B, qui lui accordent dix voix pour chaque valeur en sa possession. Ces titres ne sont pas cotés et sont détenus en majorité par le fondateur de Facebook ainsi que sa direction et ses employés. […] Quant à la valeur de la participation détenue par la BNS, sa valeur s'est contractée de 147 millions de dollars. […]

Pascal Schmuck, www.tdg.ch/economie, 29 mars 2018

Annexe 6 La finalité première de l'entreprise est de répondre aux besoins des parties prenantes

Ed Freeman (1951) montre qu'il y a une relation à double sens entre l'entreprise et ses parties prenantes. D'une part, le bien-être des parties prenantes dépend de l'activité de l'entreprise, qui a donc une « obligation morale » envers ses parties prenantes. D'autre part, l'action des parties prenantes peut influencer la réalisation des objectifs de l'entreprise, et affecter sa performance. L'entreprise a donc intérêt à gérer ses parties prenantes pour maximiser sa performance financière. Pendant longtemps, on a pensé que la finalité première d'une entreprise était de faire du profit pour le redistribuer ensuite aux actionnaires. Cependant, quand c'est le cas, l'entreprise se centre uniquement sur les actionnaires et non sur les autres personnes impactées par son activité (les clients, les employés, les fournisseurs…), alors que sans eux, elle ferait faillite. Aussi, Ed Freeman montre que le profit n'est pas la finalité essentielle, mais une conséquence de l'activité de l'entreprise. L'entreprise doit avant tout veiller à favoriser une adéquation entre ses finalités, les attentes de ses parties prenantes et les questions sociétales. Si la finalité première de l'entreprise est de répondre aux besoins des parties prenantes, cela aura pour conséquence de réaliser ensuite du profit. L'entreprise doit donc identifier et organiser ses rapports vis-à-vis des différents groupes (issus de l'environnement élargi) qui contribuent à son activité. En cas d'intérêts contraires entre parties prenantes, l'entreprise ne doit pas choisir l'une plutôt que l'autre, mais rechercher un compromis, une troisième voie, qui permettra de satisfaire les deux intérêts. Ainsi, la RSE est porteuse d'innovation car elle permet d'imaginer de nouvelles façons de faire.

Cas d'entreprise

Comment l'entreprise Zara tisse-t-elle des relations avec les acteurs de son marché ?

ÉCONOMIE

- Identifier les principaux agents économiques en relation avec l'entreprise et leurs rôles (ménages, entreprises, banques, État)
- Présenter le fonctionnement des marchés sur lesquels intervient l'entreprise
- Repérer l'existence d'externalités pour l'entreprise

MANAGEMENT

- Distinguer une démarche entrepreneuriale d'une démarche managériale

Contexte

Dans un marché mondial de l'habillement peu énergique, le géant espagnol Zara enregistre encore une croissance à deux chiffres. Cette réussite est le fruit d'un choix de fonctionnement original. Sur un marché où les marques délocalisent leur production dans des pays à bas coût, Zara gagne en réactivité en travaillant avec des partenaires locaux. Mais ce succès est aussi dû à son créateur, Amancio Ortega, et à son style de management, profondément influencé par le fait qu'il n'a pas suivi d'études supérieures. Grand promoteur du travail en équipe, il passe son temps au milieu de ses troupes, utilisant toujours le « nous » pour vanter les succès de Zara. Loin de s'être bâti en un jour, son empire est une somme d'efforts quotidiens, de talent, d'intuition.

1. **Identifiez les principaux agents économiques en relation avec Zara.**
2. **Repérez et présentez les externalités positives et négatives de l'activité de Zara.**
3. **Comment Zara a-t-elle organisé sa production en fonction des particularités de son marché ?**
4. **Présentez le concept de Zara et le mode de management de son fondateur.**
5. **Montrez en quoi il correspond à la définition de l'entrepreneur selon Gartner.**

Vidéo – Nathan live!
EADA Business School, À la découverte d'un des secrets de la réussite de Zara

Annexe 1 Zara investit toujours plus en Espagne

Inditex, la maison mère de Zara, mise sur le « made in Spain ». [...] Sur 95 000 nouveaux postes dans le monde en 2016, 2 480 emplois ont été créés dans la péninsule.

[…] Inditex reste leader mondial de l'habillement devant le suédois H&M. […] Inditex conforte son avance par sa rentabilité : le bénéfice net a progressé de 10 % en 2016, à 3,16 milliards d'euros, alors que celui d'H&M a reculé de 11 % à 1,96 milliard d'euros. Grâce à ses bons résultats, Inditex peut redistribuer 535 millions à ses salariés en primes. […] Ces performances, le roi mondial de la mode les doit à une expansion internationale dans 93 pays. […] Autant d'évolutions qui profitent à l'Espagne, son pays natal. Sur les 9 596 emplois qu'Inditex a créés en 2016, un quart, soit 2 480, l'ont été en Espagne, où il emploie à présent 48 589 personnes sur 162 540 dans le monde. Le groupe assure avoir […] payé 1,6 milliard d'euros d'impôts à domicile, sur 5,6 milliards acquittés dans le monde. […] En plus des embauches qu'il a réalisées, Inditex a en effet fait travailler 7 500 fournisseurs – dont dépendent 50 000 emplois –, auxquels il a versé 4,6 milliards d'euros. 500 millions de plus qu'en 2015. Ces commandes ont bondi de 34 % en cinq ans. Sur cette période, Inditex aura commandé pour 20 milliards d'euros au total dans son pays. […] Les métiers pour lesquels Inditex recrute sont de plus en plus divers, notamment dans le numérique, le groupe assurant tous ses développements stratégiques en interne. Il continue notamment d'agrandir ses entrepôts, de moderniser sa logistique en Espagne, pour soutenir sa croissance à la fois en magasins et, aussi, de plus en plus, en e-commerce.

Anne-Sophie Cathala, www.lefigaro.fr, 16 mars 2017

Annexe 2 H&M, Zara, M&S : un textile présenté comme « écologique » s'avère très polluant

Un [...] rapport [...] pointe le lien entre les grandes marques et des pollutions générées par des entreprises qui les alimentent en viscose. Produit à partir de fibres végétales, ce textile est [...] présenté comme écologique. Mais [...] selon la *Changing Markets Foundation**, les géants de la mode traitent avec des entreprises à l'origine d'importantes pollutions en Chine, en Inde et en Indonésie. [...] Les entreprises productrices [déversent] souvent les eaux usées – et donc chimiquement chargées – directement dans les rivières et lacs, causant d'importants dégâts, notamment la mort de poissons ou l'empoisonnement des riverains. [...] Dans les usines, les ouvriers ne sont pas équipés convenablement. [...] Dans les régions concernées, les conditions de vie des habitants se [dégradent] : [...] une augmentation du nombre de cancers a pu être notée. [...] Toujours à la recherche de nouveaux gains, l'industrie du textile profite inlassablement des standards environnementaux peu élevés dans les pays producteurs.

**La Changing Markets Foundation* a été créée pour accélérer et propager des solutions soutenables en se servant de l'économie comme levier. [...]

www.mrmondialisation.org, 17 juillet 2017

Annexe 3 Zara, la belle Espagnole

C'est en 1975, à La Corogne, au bout de la péninsule ibérique, qu'Amancio Ortega et sa femme Rosalia ouvrent le premier magasin Zara. David Martinez, qui a consacré un livre à l'histoire de l'entreprise et de son créateur, raconte : « Peu à peu, le concept s'affine en suivant l'ambition et l'instinct du créateur. Depuis qu'il a commencé comme apprenti, [Amancio] a toujours voulu apprendre, comprendre et perfectionner. De ses observations, le jeune Amancio tire deux grandes lignes stratégiques. Il faut écouter la cliente [...] et serrer les coûts en évitant les intermédiaires [...]. »

En faisant travailler les ateliers à proximité et en gérant sa logistique au cordeau, Ortega tient une recette à succès. Il ouvre peu à peu des dizaines d'autres magasins en Espagne dans les années 80, avant de se lancer à l'international en 1988.

Dans le groupe Inditex qu'est devenue aujourd'hui l'entreprise familiale, pas moins de 250 stylistes et chasseurs de tendances épluchent les magazines et font de la veille, sur les réseaux sociaux, pour repérer les choix des « *influencers* » ou des « *it-girls* » du moment.

À ceux qui taxent Zara d'être un simple plagiaire, le directeur de la communication, Jesus Echevarría, réplique : « Non, interprète de l'air du temps. C'est le client, avec ses décisions d'achat, qui va orienter l'équipe de stylisme sur les tendances de la mode de la rue. »

En magasin, ce qui plaît aux clients est repéré et transmis au siège deux fois par semaine. Très vite (24 heures !), de nouveaux modèles sont mis en production, puis livrés en magasins (deux semaines plus tard). À la base de cette « *fast fashion* » répondant aux tendances et aux goûts du moment, il y a un cycle de production court. Et pour couvrir l'important marché européen, 55 % des produits sont toujours fabriqués en Espagne, ou dans des pays comme le Portugal, le Maroc et la Turquie. José Luis Nueno, professeur en direction commerciale à Barcelone et spécialiste de Zara, explique : « La décision d'Ortega pouvait a priori paraître inutilement coûteuse face aux tarifs de la main-d'œuvre en Chine ou au Bengladesh. Mais sa stratégie s'est révélée gagnante car elle permet une production en flux tendu et une gestion précise des stocks qui évite d'accumuler les invendus, tout en livrant rapidement en magasin les petites collections pointues. »

Annexe 4 William Gartner : la dimension processuelle de l'entrepreneuriat

L'entrepreneuriat a pendant longtemps été considéré davantage comme un problème d'individu que comme un problème d'organisation. Les chercheurs essayaient de trouver des attributs personnels ou des compétences communes des traits de personnalité communs à tous les entrepreneurs. William B. Gartner fut pionnier, dans les années 1980, d'un changement d'orientation dans l'étude de l'entrepreneuriat et sur l'esprit d'entreprise. Il montre l'importance de considérer l'entrepreneur sous l'angle du processus comportemental et dans l'étude de l'environnement plus ou moins avantageux pour son épanouissement. Il dit qu'il faut cesser de s'intéresser à la personne de l'entrepreneur pour s'intéresser à son comportement; de cesser de se demander qui il est pour s'interroger sur ce qu'il fait. En même temps que l'organisation émerge, l'entrepreneur émerge, apprend et évolue. Il se construit en construisant.

Cas d'entreprise

Comment La Pelucherie s'intègre-t-elle dans son environnement économique ?

ÉCONOMIE

- Identifier les principaux agents économiques en relation avec l'entreprise et leurs rôles (ménages, entreprises, banques, État)
- Présenter le fonctionnement des marchés sur lesquels intervient l'entreprise

MANAGEMENT

- Distinguer une démarche entrepreneuriale d'une démarche managériale

Contexte

L'histoire de La Pelucherie démarre en 1976 lorsque Lydie Castoriano, alias Maminou, ouvre un magasin de peluches sur les Champs-Élysées. En 2016, Natacha et Alexandra, les deux petites-filles de Maminou, décident de reprendre l'affaire et se lancent dans l'aventure de la peluche. Leur souhait ? Respecter l'âme de La Pelucherie tout en y apportant un vent de fraîcheur. Désormais, la boutique est en ligne !

1. **Qu'est-ce qui a motivé Alexandra et Natacha dans leur démarche entrepreneuriale ?**
2. **Précisez en quoi Alexandra et Natacha, dans leur démarche de reprise d'entreprise, sont des entrepreneuses au sens donné par Schumpeter.**
3. **Quelles sont les principales caractéristiques du marché du jouet ?**
4. **Identifiez les différents acteurs avec lesquels La Pelucherie entretient des relations.**
5. **Comment l'offre évolue-t-elle sur ce marché ?**
6. **Comment le concept de La Pelucherie permet-il de s'adapter aux mutations de ce marché ?**

Annexe 1 La Pelucherie renaît de ses cendres

Elles décident de rééditer des modèles de l'époque en les modernisant. Et en respectant la qualité d'origine. Pour cela, les jeunes femmes retrouvent les ateliers avec lesquels leur grand-mère travaillait en Italie du Nord. Les peluches sont cousues à la main et le travail exécuté avec minutie. De toutes les tailles et pour tous les budgets. La fourchette de prix varie entre 32 € et 500 € pour le modèle le plus grand (1 m 50). La Pelucherie est distribuée dans des points de vente sélectionnés avec soin sur Paris (Le Bon Marché, La Châtelaine, Baudou, le Concept Store du *Ritz*) et aussi en province ou en Europe (Lyon, Antibes, Avignon, Irlande).

« Les peluches sont cousues à la main et le travail exécuté avec minutie. »

Annexe 2 Lancez-vous ! La reconversion, c'est le bonheur absolu !

[…] Alexandra Rapaport-Zambrowski, 35 ans, a tout naturellement envisagé de reprendre l'entreprise familiale : « *J'avais vraiment envie de trouver un projet qui me tenait à cœur.* » En parallèle, sa sœur Natacha Benarous-Zambrowski, 30 ans, avait aussi très envie de monter sa société ; le tout avait un sens. Aussi ont-elles mis leur projet commun en œuvre.
Alexandra a cumulé deux activités pendant un an avant de négocier une rupture conventionnelle pour quitter son job de salariée (chef de projet marketing pour Mercedes) et mettre toute son énergie, avec sa sœur [Natacha (ex-avocate en droit des affaires)], au service des peluches de leur enfance, qui sont désormais vendues non seulement en ligne sur La-pelucherie.com, mais aussi dans des boutiques éphémères. La Pelucherie compte aujourd'hui quelques points de vente à Paris (notamment au Bon Marché) et en province.

Natacha Le Jort, www.nouvelleviepro.fr

Annexe 3 Le marché du jouet

Le marché du jouet est très fortement saisonnier. Plus de la moitié des ventes (55 %) sont réalisées lors du dernier trimestre, et 35 % lors du seul mois de décembre.

Ce marché est réparti entre quatre catégories d'opérateurs :

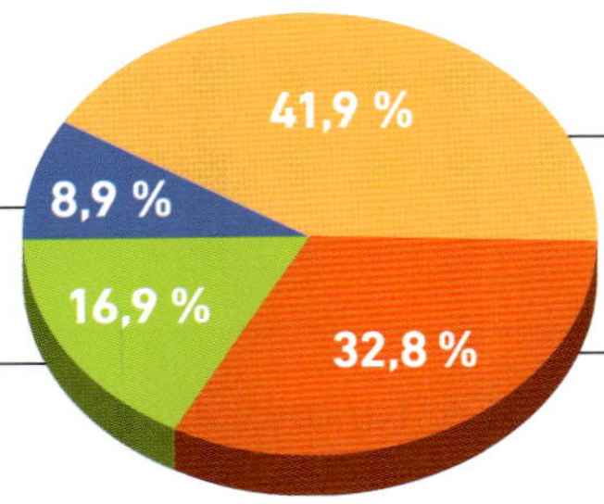

Le marché français démarre l'année 2018 sur une croissance de 6 % au mois de janvier, la plus forte croissance provenant, une nouvelle fois, des figurines d'action (+ 38 %). Viennent ensuite les peluches (+ 14,4 %), puis les poupées (+ 11,4 %). Une baisse de 6,6 % est enregistrée pour les jeux électroniques.

Annexe 4 Internet met le marché du jouet sens dessus dessous

Face à l'essor de l'e-commerce, fabricants et distributeurs revoient leur stratégie

> « *L'e-commerce fait figure de véritable rouleau compresseur.* »

C'est l'un des secteurs où l'e-commerce fait figure de véritable rouleau compresseur. Dans le jouet, le digital a représenté l'an passé 24,9 % des ventes dans l'Hexagone, contre seulement 4,8 % en 2008, selon le cabinet NPD. C'est bien plus que dans l'habillement (16 %), l'électroménager (17 %) ou l'alimentaire (5 %).

Les *pure players* du Web ont bouleversé le marché, contraignant à la fois les industriels et les acteurs traditionnels à revoir leur stratégie. En tête, Amazon, dont l'offensive dans le secteur a démarré il y a dix ans. Le géant américain est en passe de devenir le premier distributeur de jouets en Europe. […] En France, il propose plus de 2,5 millions de références de 1 400 marques… « *Pouvoir offrir une telle sélection est un point de différenciation très fort* », commente Céline Vuillequez, responsable du jouet chez Amazon France. […] Outre la largeur de l'offre, leurs puissants algorithmes leur permettent d'ajuster les prix en permanence. S'ils ne sont pas toujours les moins chers, leur réactivité met KO nombre de leurs concurrents. Enfin, une logistique imparable permet de commander les jouets jusqu'au 24 décembre pour une livraison le soir même.

Face à cette force de frappe, les distributeurs ont tardé à réagir. Mais ils jouent désormais à fond la carte du multicanal. […] « *Nos clients ont changé leur façon d'acheter*, explique Alain Bourgeois-Muller, patron de JouéClub. *L'enjeu est d'adapter nos process en points de vente afin de les servir efficacement.* » […] Autre levier d'action, la création de formats plus petits adaptés aux centres-villes pour apporter plus de proximité. […] Les enseignes s'efforcent aussi de faire des magasins de vrais lieux de destination avec plus de démonstrations de produits et d'animations, comme l'organisation de goûters d'anniversaire.

Les hypers jouent eux aussi la carte de la théâtralisation de l'offre pour résister à l'onde du choc de l'e-commerce. […] Les marques, petites et grandes, ne sont pas épargnées par ces bouleversements. De la logistique au marketing, elles ont dû s'adapter. […] L'adaptation du marketing à l'ère digitale est cruciale pour les marques. […]

Keren Lentschner, www.lefigaro.fr, 5 décembre 2017

7 Les principales politiques économiques et leurs outils

QUESTION **Quel est le rôle de l'État dans la régulation économique ?**

COMPÉTENCE(S)
- Identifier les principales politiques économiques et leurs outils

SAVOIRS ASSOCIÉS
- Le rôle de l'État (allocation, redistribution, régulation)
- La croissance économique
- L'existence de déséquilibres : inflation, chômage
- Les politiques économiques et leurs finalités
- Les politiques conjoncturelles et politiques structurelles

Contexte

Le gouvernement a annoncé la suppression de la taxe d'habitation pour 80 % des ménages. La taxe d'habitation est payée par les propriétaires et les locataires. Cette mesure va alléger la fiscalité des ménages et augmenter leur pouvoir d'achat. L'État espère ainsi avoir un impact positif sur la consommation des ménages.
Comme l'ensemble du marché des biens et services, les constructeurs automobiles pourraient bénéficier d'une relance de la consommation des ménages.
Le groupe Renault souhaite notamment maintenir sa place de leader sur le marché des voitures électriques avec son dernier modèle Zoe.
En accordant un bonus écologique de 6 000 € pour l'achat d'une voiture électrique, l'État souhaite favoriser l'acquisition de véhicules peu polluants.
Cette mesure s'inscrit dans le cadre plus général de la politique de l'État en faveur de la transition écologique. L'objectif du gouvernement est de réussir à diviser par quatre les émissions de gaz à effet de serre (GES) entre 1990 et 2050.

1 Identifiez les interventions de l'État sur l'économie.

2 Quels sont les effets attendus de ces interventions : à court terme ? à long terme ?

3 Quelles sont les conséquences de l'intervention de l'État sur l'entreprise Renault ?

I Quel est le rôle de l'État ?

Contexte

Les constructeurs automobiles, comme l'ensemble des acteurs intervenant sur les marchés, sont attentifs au rôle joué par l'État. Mener une politique de redistribution pour améliorer le pouvoir d'achat des ménages des plus modestes, renforcer le contrôle technique sur les voitures... sont des mesures très diverses qui impactent indirectement l'activité des constructeurs automobiles.

1 La répartition des revenus disponibles

[...] La classe moyenne en France est constituée des personnes dont le revenu disponible en 2013 est compris entre 1 743 et 4 099 euros mensuels. [...]

Revenus disponibles annuels en France, en 2013

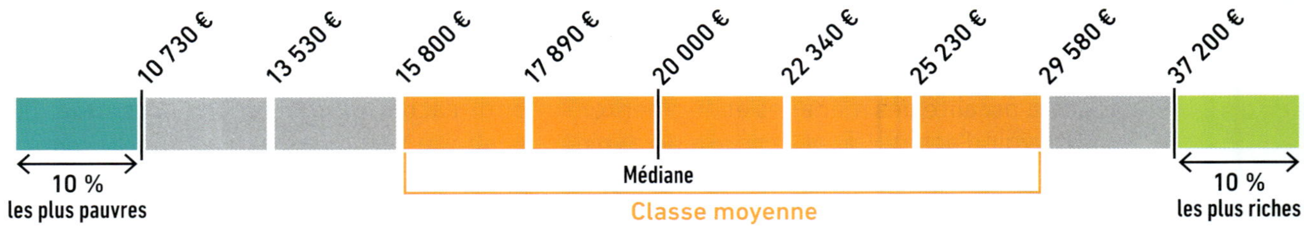

www.economie.gouv.fr

1 Quelle est la part de la classe moyenne en France ?
2 Que représente la médiane ?
3 Que pensez-vous de la répartition des revenus en France ?

2 Les mécanismes de redistribution

Effets des mécanismes de redistribution sur les niveaux de vie mensuels pour les plus riches et les plus pauvres

	Revenu moyen pour les 10 % les plus pauvres (en €)	Revenu moyen pour les 10 % les plus riches (en €)
Revenu avant redistribution	**281**	**5 939**
Cotisations sociales Impôts sur le revenu Taxe d'habitation	- 13 + 5 - 4	- 433 - 785 - 65
Allocations familiales Autres prestations familiales Aides au logement RSA et autres minima sociaux	+ 64 + 100 + 172 + 217	+ 12 + 3 + 1 + 4
Revenu après redistribution	**821**	**4 666**
France métropolitaine. Montants mensuels pour une personne seule.		

Anne Brunner et Louis Maurin, www.inegalites.fr, 16 janvier 2018

4 Comment passe-t-on du revenu avant distribution au revenu après distribution ?
5 Identifiez les prélèvements obligatoires et les transferts sociaux mis en place par l'État.
6 Quel est l'objectif d'une politique de redistribution ?

3 Le marché de l'éclairage public en pleine mutation

L'allocation de ressources consiste pour l'État à produire et financer des biens et services non marchands. Or les nouvelles technologies, comme la lampe à LED, transforment le marché de l'éclairage public et l'oblige à envisager de nouvelles problématiques. Ainsi, chaque commune a l'obligation de changer les « boules » à vapeur de mercure, encore en service dans certaines zones rurales. Avec une hausse de 40 % du prix de l'électricité entre 2005 et 2012, il semble indispensable de faire des économies, et le remplacement des « boules » à vapeur par des techniques novatrices peut faire économiser jusqu'à 70 %.

L'éclairage public est également très important pour l'attractivité que peut avoir une collectivité. À Lyon, par exemple, la Direction de l'Éclairage Public dirige et assure l'éclairage et la mise en valeur de la ville, et participe également à la Fête des Lumières.

À Nantes, dans le cadre du grand débat sur la transition énergétique, des citoyens ont fait des propositions pour limiter la facture de l'éclairage public. Après concertation avec la population, ils ont notamment suggéré d'étendre les coupures d'électricité la nuit. La pollution nocturne générée par l'éclairage public suscite, par ailleurs, d'autres inquiétudes, elle perturbe notamment tout un écosystème. En effet, la pollution nocturne génère insomnies, stress et anxiété chez l'Homme. Or les espèces diurnes et nocturnes ont besoin d'une bonne délimitation entre le jour et la nuit.

7 **Pourquoi l'État finance-t-il l'éclairage public ?**

8 **À quels problèmes les communes sont-elles actuellement confrontées ?**

9 **Quelles sont les solutions envisageables pour améliorer la qualité de l'éclairage public ?**

4 Un outil de régulation de l'État : le contrôle technique

[...] Avec la préoccupation de protéger les usagers de la route, les pouvoirs publics ont rendu le contrôle technique automobile obligatoire avec trois objectifs principaux.

Premier objectif, celui d'écarter les véhicules trop dangereux, qui sont un danger considérable pour les usagers : il s'agit d'une mesure de sécurité routière. Ensuite, le contrôle technique permet de limiter les véhicules dont les émissions de gaz à effet de serre sont trop élevées. Enfin, ce test automobile permet de protéger les consommateurs, en les protégeant notamment de certaines anomalies ou défaillances techniques du véhicule. [...]

www.simplauto.com

À partir du mois de mai, la vérification de l'état des véhicules va s'accentuer. Et en cas de « défaillance critique », il sera interdit de rouler plus de 24 heures sans réaliser de travaux. [...] « *Ce contrôle technique sera plus long à effectuer pour le contrôleur et les tarifs pourraient légèrement augmenter* » [...]. Alors que le prix moyen d'un contrôle technique est aujourd'hui de 65 euros, certains évoquent une hausse de 20 % de la facture. La fréquence de ce contrôle ne changera pas. Le premier rendez-vous est obligatoire après quatre ans, le suivant deux ans plus tard.

Frédéric Mouchon, www.leparisien.fr, 8 janvier 2018

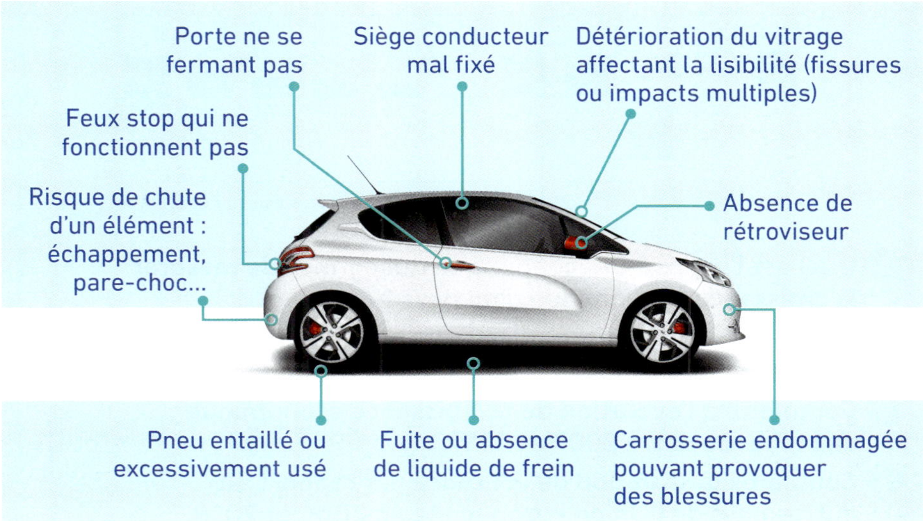

10 **Pourquoi l'État a-t-il mis en place le contrôle technique ?**

11 **Quelles sont les conséquences économiques du nouveau contrôle technique ?**

12 **Quel pourrait être l'impact du nouveau contrôle technique sur les ventes de voitures ?**

II Quelles sont les finalités des politiques économiques ?

Contexte

La réduction des inégalités ou l'amélioration du niveau de vie sont des finalités essentielles des politiques économiques. Pour atteindre ces finalités, l'État se fixe des objectifs, notamment en termes de croissance économique. Lorsque l'Insee confirme un regain de l'économie française, un climat de confiance s'installe chez les agents économiques, propice au développement de l'activité dans tous les secteurs.

5 Les objectifs des politiques économiques

Objectifs	Indicateurs correspondants	2010	2017
Croissance économique	Taux de croissance du PIB (en volume en %, base 2010)	2 %	1,9 %
Plein-emploi	Taux de chômage (métropole, en % de la population active)	8,9 %	9,4 %
Stabilité des prix	Taux d'inflation (variation de l'indice des prix à la consommation en %)	1,5 %	1,03 %
Équilibre du commerce extérieur	Solde de la balance des paiements courants (en % du PIB)	- 1,3%	- 0,15 %

Insee, Banque de France

1. **Quels sont les principaux objectifs des politiques économiques ?**
2. **Quels sont les indicateurs couramment utilisés pour mesurer les performances économiques d'un pays ?**
3. **Commentez l'évolution de la situation de la France entre 2010 et 2017.**
4. **Quels sont les déséquilibres économiques auxquels la France doit faire face ?**

6 La croissance économique

La croissance du PIB se confirme selon l'INSEE : en 2016, le PIB de la France s'est élevé à 2 228,9 milliards d'euros courants.

Taux de croissance en %
(évolution en volume aux prix de l'année précédente)

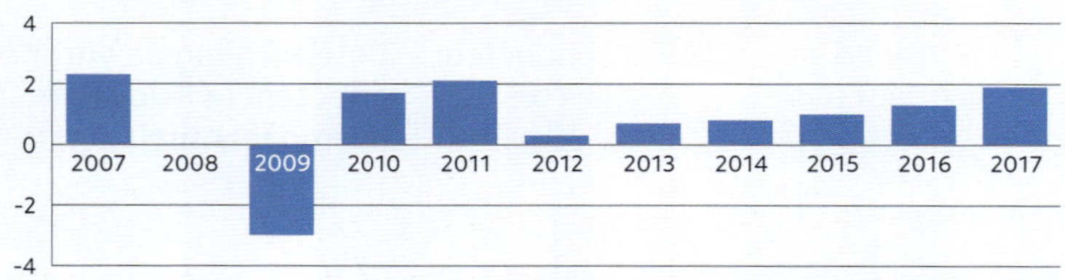

Insee, comptes de la nation

PIB/habitant	2005	2016
Luxembourg	75 100	83 700
Suède	37 800	42 500
Allemagne	29 800	34 500
France	30 500	31 700
Royaume-Uni	29 800	31 400
Zone Euro	28 100	29 800
Union à 28	24 800	26 900
Italie	28 000	25 900
Espagne	22 350	23 700
Grèce	20 900	17 100
Pologne	7 500	11 200
Roumanie	5 100	7 600
Bulgarie	4 200	6 000

Eurostat, extrait d'*Alternatives économiques*, hors-série n°112, octobre 2017

5. **Quel est l'indicateur économique qui permet de mesurer la croissance économique d'un pays ?**
6. **Quelle différence faites-vous entre « PIB » et « PIB par habitant » ?**
7. **Commentez l'évolution de la croissance économique de la France entre 2007 et 2017.**
8. **Comparez la situation de la France par rapport aux autres pays de l'Union européenne en 2005 et 2016.**

7 Le taux de chômage en France

Taux de chômage localisés au 4e trimestre 2017 : comparaisons départementales

3e trim. 2017

Données CVS, en moyenne trimestrielle (en %)

- 11,4 ou plus
- de 9,6 à moins de 11,4
- de 8,1 à moins de 9,6
- Moins de 8,1

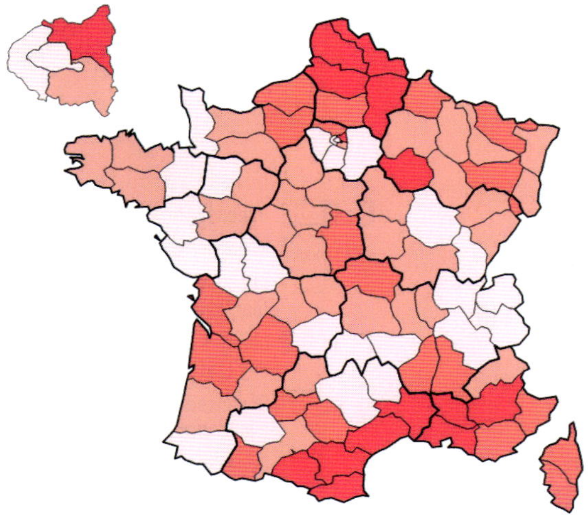

(p) Les données du dernier trimestre sont provisoires.
Champ : France métropolitaine
Source : Insee, taux de chômage localisés et taux de chômage au sens du BIT

www.insee.fr

Face à la persistance du chômage, le gouvernement a décidé d'alléger les cotisations patronales sur les bas salaires, pour permettre aux moins qualifiés d'accéder à l'emploi.
L'État a également décidé de revaloriser la prime d'activité, complément de revenu mensuel destiné aux travailleurs aux ressources modestes. La prime d'activité est une aide financière qui encourage l'activité professionnelle et soutient le pouvoir d'achat.
L'État continue aussi de financer des contrats uniques d'insertion.

Le chômage est constitué de l'ensemble des personnes de 15 ans et plus, privées d'emploi et en recherchant un. Le chômage correspond donc à un déséquilibre sur le marché du travail : le nombre de demandeurs d'emploi est supérieur aux offres d'emploi.

9 **Commentez la carte du chômage en France.**
10 **Quelles sont les mesures prises par le gouvernement pour réduire le chômage ?**
11 **Pourquoi le chômage doit-il être considéré comme un déséquilibre économique ?**
12 **Pourquoi la lutte contre le chômage est-elle un objectif de politique conjoncturelle ?**

8 Faut-il parler d'un retour de l'inflation ?

L'inflation [en France] a accéléré en 2017, s'établissant en moyenne à 1 % après avoir été de 0,2 % en 2016 et inexistante en 2015 (0 %), a annoncé vendredi l'Insee dans un communiqué.
« *La dynamique des prix résulte d'un vif rebond des prix de l'énergie et d'une nette accélération des prix de l'alimentation* », a expliqué l'institut statistique. Il s'agit du plus fort taux d'inflation moyen depuis 2012, où il s'était alors établi à 2 %. […]

Source AFP, 12 janvier 2018

L'inflation dans la zone euro a continué de ralentir en juin, à 1,3 %, bien en dessous de l'objectif de 2,0 % de la Banque centrale européenne (BCE). […]
Une inflation légèrement inférieure à 2,0 % sur un an est considérée par la BCE comme un signe de bonne santé de l'économie, car cela correspond selon elle à la définition de la stabilité des prix. […]

Source AFP, 30 juin 2017

Les économistes définissent l'inflation comme une hausse durable des prix à la consommation. La première conséquence notable est une baisse du pouvoir d'achat des ménages.

13 **Comment a évolué l'inflation en France de 2015 à 2017 ?**
14 **Quels sont les secteurs d'activité sources d'inflation ?**
15 **Appréciez le niveau d'inflation en France, au regard des règles fixées par la BCE.**

III Identifier les politiques conjoncturelles et leurs outils

Contexte

Lancée fin 2008 pour relancer l'industrie automobile, dont les ventes s'étaient effondrées quelques mois plus tôt, au début de la crise financière, la prime à la casse aura rempli sa tâche : fin 2009 – elle s'élevait alors à 1 000 euros –, 2,27 millions de véhicules avaient été vendus en France, un record depuis 1990… Une dépense supplémentaire qui a pesé sur le budget de l'État mais dont les retombées économiques à court terme pour l'industrie automobile ont été sans appel.

9 Le budget de l'État en 2018

RECETTES BRUTES

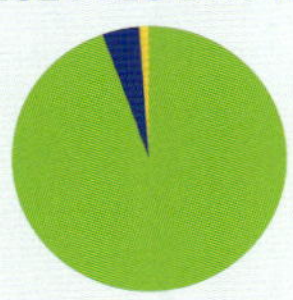

303,1 Md€

➖ **PRÉLÈVEMENTS SUR RECETTES**
Prélèvements au profit des collectivités territoriales et de l'Union européenne
60,2 Md€

🟰 **Recettes nettes 242,9 Md€**

Recettes fiscales 286,6 Md€
TVA, impôt sur le revenu, impôt sur les sociétés, taxe intérieure de consommation sur des produits énergétiques…

Recettes non fiscales 13,2 Md€

Fonds de concours 3,3 Md€

139,8 Md€	Dépenses du personnel
101,9 Md€	Dépenses d'intervention
52,2 Md€	Dépenses de fonctionnement
41,2 Md€	Charges de la dette de l'État
12,9 Md€	Dépenses d'investissement
6,4 Md€	Dépenses d'opérations financières
1,0 Md€	Dotations des pouvoirs publics

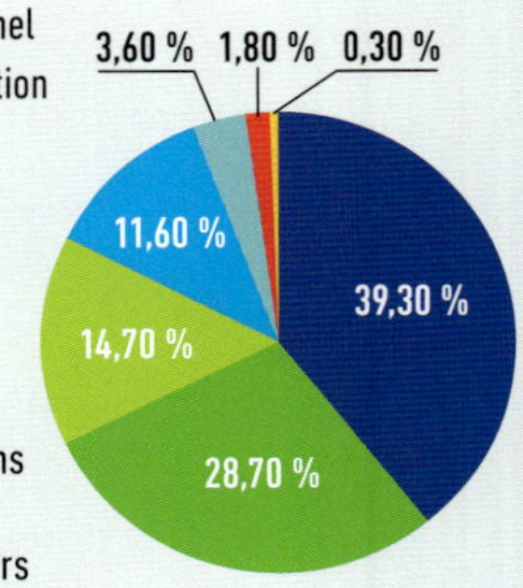

Édités chaque année, ces chiffres clés réalisent la synthèse des grands indicateurs budgétaires de la loi de finances initiale, tels que votés par le Parlement : montant des recettes, crédits de paiement ouverts par mission, solde budgétaire, plafonds des autorisations d'emplois par ministère et répartition par nature des charges budgétaires de l'État (dépenses de personnel, dépenses de fonctionnement, dépenses d'investissement, charge de la dette…) sont ainsi détaillés.

www.performance-publique.budget.gouv.fr

Selon l'avis du Haut conseil des finances publiques

Baisse des dépenses publiques :
– 16 milliards d'euros dont – 5,5 pour la Sécurité sociale

Baisse des impôts :
– 7 milliards

Par rapport à 2017

À la hausse
Défense : + 1,8 Md€
Enseignement sup. : + 0,7 Md€
Justice : + 3,8 %

À la baisse
Logement : – 1,7 Md€
Emploi : – 1,5 Md€
Fonction publique : – 1 600 postes

Source AFP, 19 octobre 2017

1. **Quels sont les éléments qui constituent le budget de l'État ?**
2. **Comment évoluent les différents postes du budget de l'État en 2018 par rapport à 2017 ?**

10 Le rôle de la politique budgétaire

Les recettes et les dépenses publiques permettent à l'État d'intervenir dans différents domaines.

La politique budgétaire correspond à l'ensemble des actions des pouvoirs publics nécessitant l'utilisation des dépenses et recettes publiques. Grâce à la mobilisation de son budget, l'État peut agir sur l'activité économique, qu'il s'agisse de l'offre (production des entreprises) ou de la demande (consommation des ménages et investissement des entreprises). Par exemple, lorsque les pouvoirs publics ont pour objectif de relancer l'activité économique, ils peuvent choisir de réduire la pression fiscale pesant sur les agents économiques. L'État incite ainsi les ménages à consommer davantage et pousse les entreprises à investir.

3. **Quels sont les outils qui relèvent d'une politique budgétaire ?**
4. **Quels sont les effets attendus de la politique budgétaire sur la croissance du PIB ?**

11 Le déficit budgétaire

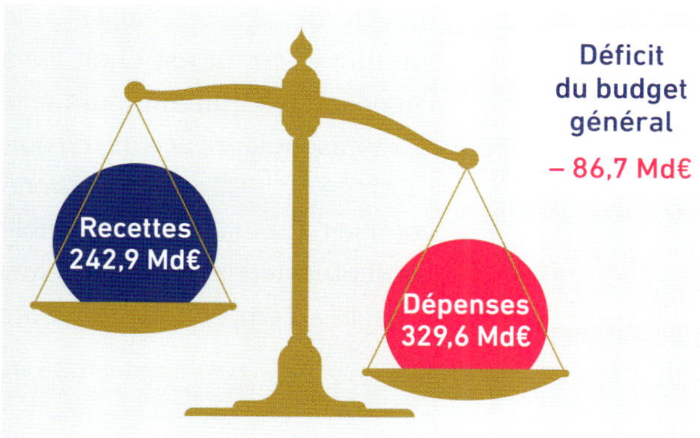

www.performance-publique.budget.gouv.fr

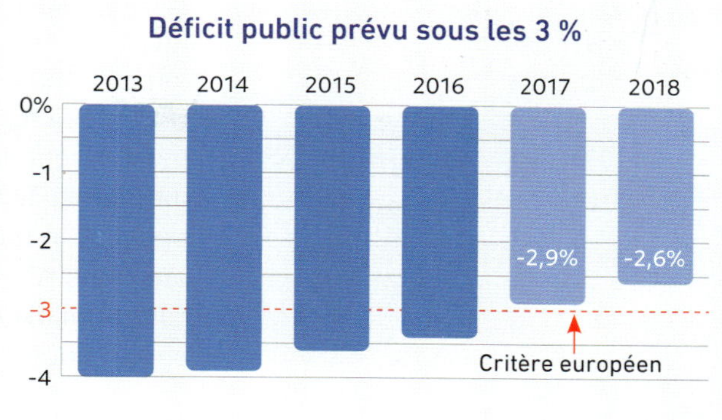

Source AFP, 19 octobre 2017

5 À quoi correspond le déficit public ?

6 Commentez l'évolution du déficit public de la France.

12 Le projet de loi de finances 2018 en faveur du pouvoir d'achat

Avec le projet de loi de finances (PLF) pour 2018, le gouvernement souhaite également redonner du pouvoir d'achat aux ménages. Selon la direction du Trésor, les mesures de soutien au pouvoir d'achat mises en œuvre par le gouvernement devraient augmenter de 1,7 % le niveau de vie moyen des ménages. […] Le Trésor explique notamment ces chiffres par une revalorisation des prestations sociales (minimum vieillesse ou allocations aux adultes handicapés…) qui fait plus que compenser la perte des 5 euros d'APL, entre autres.

La suppression de la taxe d'habitation en mesure phare

Pour 80 % des ménages, la taxe d'habitation va disparaître. Un véritable coup de pouce pour une grande partie de la population, qui verra donc son pouvoir d'achat grimper. Cette suppression entraîne un gain moyen de 1,5 point de pourcentage du niveau de vie et en fait la réforme la plus bénéfique pour la quasi-totalité des ménages français, selon le Trésor.

Ensuite, la revalorisation du minimum vieillesse vient considérablement en aide aux 20 % les plus modestes […].

Il en va de même pour la hausse de la prime d'activité et la revalorisation de l'allocation aux adultes handicapés. […]

Pierre Zéau, www.lefigaro.fr, 4 octobre 2017

7 Quelles sont les mesures prises par le gouvernement pour améliorer le pouvoir d'achat ?

8 En quoi s'agit-il d'un objectif qui relève d'une politique économique conjoncturelle ?

9 Pourquoi l'État veut-il redonner du pouvoir d'achat aux ménages ?

13 Le crédit automobile en bonne santé

Les premiers chiffres de 2018 des immatriculations et des commandes de véhicules neufs en France confirment la reprise observée par les constructeurs et encouragée par les conditions avantageuses du crédit auto. […] La raison de cette confiance est à chercher dans les évolutions technologiques des voitures, avec une part croissante de véhicules à boîte automatique. Mais aussi dans des taux d'intérêt particulièrement bas pour le crédit consommation et notamment pour le crédit auto. […]

www.guideducredit.com, 14 février 2018

10 Comment expliquer l'augmentation du nombre d'achats de véhicules neufs début 2018 ?

14 Les taux d'intérêt

L'intérêt est la somme qu'un particulier, une entreprise ou un État paie à son créancier pour lui emprunter de l'argent. [...]

Ainsi, un client décrochant au 1er janvier un prêt d'un an de 100 euros assorti d'un taux d'intérêt de 5 % devra rembourser 105 euros à son banquier le 31 décembre. [...] Lorsque les taux sont faibles, les ménages, les entreprises et l'État peuvent s'endetter à peu de frais. Ils ont donc tendance à augmenter leur consommation et leurs investissements, ce qui pousse les feux de l'activité et dope la croissance et l'emploi. À l'inverse, lorsque le crédit est cher, les agents économiques limitent leurs emprunts et réduisent leurs achats, ce qui freine l'activité. [...] Dans certains secteurs, comme l'automobile ou l'ameublement, les ventes dépendent directement des capacités d'emprunt de la clientèle.

www.capital.fr, 19 août 2013

11 **À quoi correspond le taux d'intérêt ?**

12 **Quels sont les effets attendus d'une variation des taux d'intérêt sur l'activité économique ?**

15 Le rôle de la BCE

La Banque centrale européenne (BCE) pilote la politique monétaire de l'Union européenne. Siégeant à Francfort, elle définit les grandes orientations monétaires de la zone euro.

lexpansion.lexpress.fr

[...] Grâce à la politique monétaire de la BCE qui a mis son taux directeur à zéro et prête de l'argent aux banques, s'endetter coûte de moins en moins cher. Des taux aussi bas, c'est du jamais-vu. [...]

La BCE est-elle en train de gagner son pari pour relancer l'inflation et la croissance, comme l'a soutenu jeudi son président Mario Draghi ? Peut-être, si l'on regarde la progression de l'encours des crédits à la consommation en France. [...]

Laurent Martinet, lexpansion.lexpress.fr, 3 juin 2016

13 **Quel est le rôle de la BCE ?**

14 **Quels sont les objectifs de la politique économique actuellement mise en œuvre par la BCE ?**

16 Une hausse des taux calmerait le marché immobilier

La fin de l'argent bon marché pourrait freiner l'activité et apaiser l'inflation des prix.

L'argent bon marché, prêté à des taux imbattables, a alimenté le moteur immobilier. [...] Mais cette situation a aussi fait repartir l'inflation des prix immobiliers, qui ont augmenté de près de 4 % l'an dernier. Les acquéreurs ont profité des taux bas pour emprunter beaucoup : 178 milliards d'euros en 2017 (hors renégociations de crédits) sur des durées toujours plus longues, de plus de 25 ans pour 28 % d'entre eux. [...]

Isabelle Rey-Lefebvre, www.lemonde.fr, 8 février 2018

15 **Quel déséquilibre économique fait apparaître « l'argent bon marché » sur le marché de l'immobilier ?**

16 **Quelle politique économique pourrait être mise en œuvre pour y remédier ?**

IV Identifier les politiques structurelles et leurs outils

Contexte

La COP23, 23e conférence annuelle sur le réchauffement climatique qui s'est tenue à Bonn en novembre 2017, confirme la volonté des états participants de limiter le réchauffement climatique à moins de deux degrés.
Pourtant, aujourd'hui, même si les véhicules diesel (surtout les modèles anciens) sont considérés comme polluants, ils représentent encore plus de la moitié du parc automobile. On peut expliquer cette statistique par le coût réduit du diesel par rapport à l'essence.

17 Quelle énergie pour demain ?

Les politiques structurelles cherchent à modifier de manière profonde les structures de l'économie. Elles ont pour objectif la mise en place de conditions favorables à la croissance de long terme, par l'amélioration durable des performances économiques du pays en termes de croissance, d'emploi, de lutte contre les déficits…

[…] La Terre devrait compter 10 milliards d'habitants vers 2050, soit un quart de plus qu'aujourd'hui. Ceux-ci, qui plus est, consommeront encore davantage. Or ils devront avoir, à cette échéance, déjà divisé par deux leurs émissions de gaz à effet de serre par rapport au niveau actuel, puis les avoir neutralisées avant la fin du siècle. Si cette trajectoire n'est pas tenue, les impacts du réchauffement de la planète, déjà très perceptibles, vont devenir invivables, à commencer pour la moitié la plus pauvre de l'humanité. […]

> *La Terre devrait compter 10 milliards d'habitants vers 2050, soit un quart de plus qu'aujourd'hui.*

Des politiques publiques sont donc indispensables pour accélérer cette transition [énergétique], en particulier orienter l'investissement vers l'économie bas carbone. Le monde n'en prend pas le chemin. […]

Alternatives économiques, hors-série n°112, octobre 2017

1. **Quelle différence faites-vous entre une politique conjoncturelle et une politique structurelle ?**
2. **Quel est l'objectif à long terme de la politique énergétique ?**
3. **Pourquoi l'État doit-il intervenir pour mettre en œuvre cette politique énergétique ?**

18 Hausse de la taxe carbone : quels impacts sur le porte-monnaie ?

Essence, diesel, fioul, gaz naturel… Dans les cinq années à venir, le coût des énergies fossiles devrait connaître une hausse significative sous l'effet de l'augmentation de la taxe carbone. […]
La première loi de finances du quinquennat prévoit en effet une accélération de la montée en régime de la taxe carbone et un alignement complet de la fiscalité du diesel sur l'essence d'ici 2022. […]

Christian de Perthuset et Anouk Faure, www.sudouest.fr, 8 janvier 1018

4. **Pourquoi le coût des énergies fossiles devrait-il augmenter ?**
5. **Quel sera l'impact de cette mesure fiscale sur le budget de l'État ?**

19 La taxe carbone, c'est quoi ?

Le principe est simple, c'est celui du « pollueur-payeur ». L'objectif est de « *donner un prix au carbone* » pour inciter les Français à modifier leurs comportements les plus énergivores, responsables du réchauffement climatique. [...] Les produits taxés par la contribution climat énergie (CCE) [sont] les énergies fossiles : pétrole, gaz, charbon. [Sont] concernés : les ménages, *via* la consommation de carburant (essence, gazoil) et les modes de chauffage, et les entreprises. Pour les foyers, la facture devrait être de 170 à 300 euros en moyenne par an (7 à 8 centimes par litre de carburant, 170 euros pour le chauffage). [...]

Julie Saulnier, www.lexpress.fr, 28 juillet 2009

[...] Le relèvement du prix du carbone reste l'axe central de la lutte contre le changement climatique. Il permettrait de « *réduire dans un volume de 2,8 à 5,6 milliards de tonnes les émissions mondiales annuelles de* CO_2 ». Soit une très forte baisse par rapport aux 40 milliards de tonnes par an actuellement rejetées dans l'atmosphère par les activités humaines. [...]
Créée en 2014, la taxe carbone a rapporté 3,8 milliards d'euros en 2016 et devrait encore engranger 6 milliards de recettes en 2017. [...] Plus globalement, les recettes des impôts à finalité écologique ont augmenté de 40 % en dix ans, soit 65 milliards d'euros, pour atteindre quasiment le montant rapporté par l'impôt sur le revenu. [...]
Augmenter les taxes sur l'essence est une incitation à délaisser les voitures polluantes pour des voitures hybrides voire 100 % électriques. C'est le souhait affiché de Nicolas Hulot qui a annoncé pour 2040 la fin de la vente des voitures à essence et diesel. [...]

Alexandre Turpyn, www.capital.fr, 6 juillet 2017

6 Expliquez le principe du « pollueur-payeur ».
7 Qui est concerné par la taxe carbone ?
8 Quel sont les effets attendus de la création de cette taxe ?

20 Une nouvelle politique des transports

[...] Un discours de rupture avec les politiques de transport du passé : terminés les grands projets pharaoniques, trop souvent pas ou mal financés, priorité aux transports du quotidien, aux mobilités du XXIe siècle. [...]
Il manque 10 milliards d'euros pour boucler le financement de ce qui a été programmé, 7 milliards pour les projets nouveaux, 3 milliards pour la rénovation. Conclusion, il va falloir faire des choix, réfléchir aux priorités, dans un exercice de sincérité ayant pour ligne directrice l'importance des transports de tous les jours et la remise en état du réseau existant (route et rail). [...]

« ***La mobilité physique doit être un facteur de mobilité sociale*** »,

souligne la ministre. Enfin, le dernier thème – mais non le moindre – sera celui du financement [...] de la politique de transport.

Dans ce contexte de sélection drastique en fonction des moyens, il est certain que tout le monde ne sera pas servi comme il l'attend. Et au-delà des thèmes généraux, des sujets concrets vont être abordés. À commencer par savoir quels grands projets déjà engagés (canal Seine-Nord, lignes TGV Lyon-Turin ou Bordeaux-Toulouse) vont devoir être remisés. [...]
Et puis on assiste au grand retour de thèmes hautement épineux, comme celui de la taxation des poids lourds. Tout en affirmant ne pas vouloir remettre en place une écotaxe, Elisabeth Borne a indiqué que la contribution des camions au financement des infrastructures serait étudiée.[...]

Éric Béziat, www.lemonde.fr, 20 septembre 2017

9 À quelle principale difficulté est confrontée la politique des transports ?
10 Quelle mesure l'État peut-il mettre en place pour remédier à cette difficulté ?
11 Quel est le principal objectif attendu par l'État dans la mise en œuvre de sa politique des transports ?

21 Le développement de l'économie circulaire

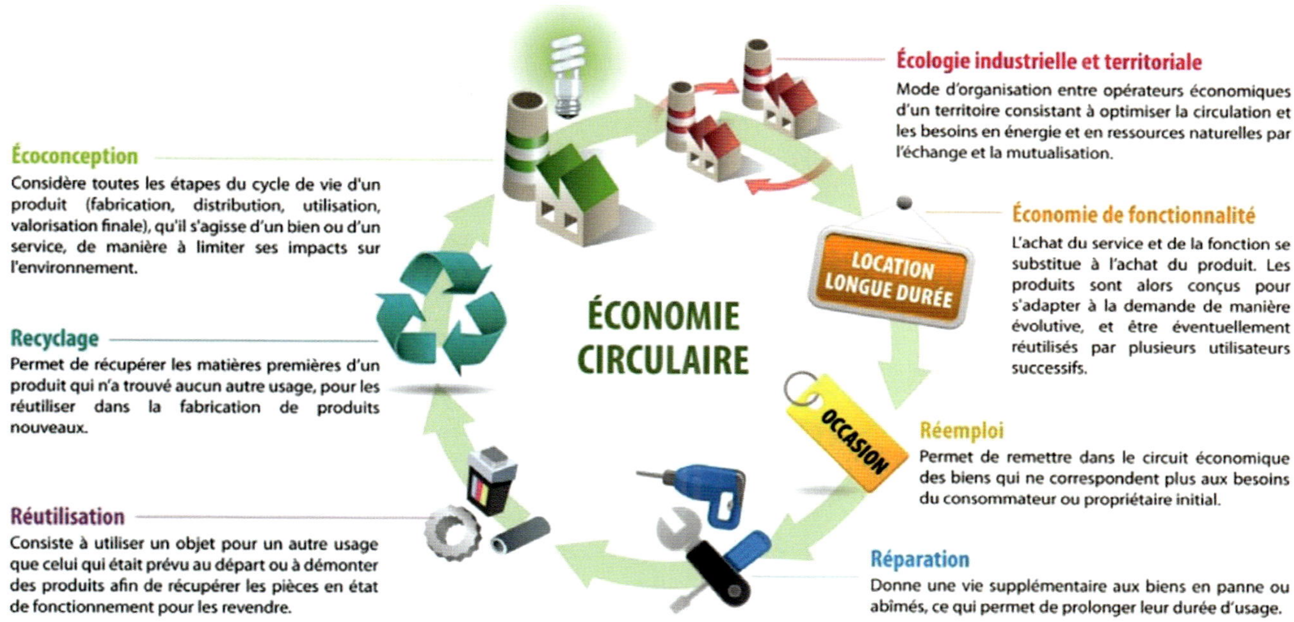

www.entreprises.gouv.fr

[…] La prévention des déchets, l'écoconception, le réemploi et d'autres mesures similaires pourraient faire économiser quelque 600 milliards d'euros nets aux entreprises de l'UE, soit 8 % de leur chiffre d'affaires annuel, tout en réduisant le total annuel des émissions de gaz à effet de serre de 2 à 4 %. […]

Le coût lié à la refabrication des téléphones mobiles pourrait être diminué de moitié s'il était plus facile de les démonter. La collecte de 95 % des téléphones mobiles permettrait d'économiser plus d'un milliard d'euros sur les coûts liés aux matières entrant dans la fabrication. […]

europa.eu, 2 décembre 2015

12 **En quoi consiste l'économie circulaire ?**

13 **Pourquoi peut-on dire que les mesures pour une économie circulaire relèvent d'une politique structurelle ?**

14 **Quels sont les avantages de l'économie circulaire au niveau économique ? Et au niveau sociétal ?**

22 Les entreprises bénéficiaires du crédit d'impôt recherche

Le crédit d'impôt recherche (CIR) s'adresse aux entreprises engageant des dépenses de recherche et développement. Il a récemment été étendu à l'innovation (crédit d'impôt innovation).
En 2016, l'État a versé 5,42 milliards d'euros aux entreprises bénéficiaires, au titre du CIR, soit une progression de 6,4 % par rapport à 2015.
L'industrie automobile est le 3e bénéficiaire de ce dispositif.
Le secteur est en pleine avancée technologique, notamment avec le développement de véhicule autonome connecté. En faisant appel au domaine de la robotique, les constructeurs automobiles cherchent à développer un véhicule pouvant circuler sans intervention humaine.

15 **Quels sont les outils utilisés par l'État pour mettre en œuvre chaque domaine de la politique structurelle ?**

16 **Qui sont les bénéficiaires de ces différentes mesures ?**

17 **Quels sont les avantages pour la collectivité de ces actions ?**

Synthèse

L'État intervient dans l'économie
- à travers sa politique de redistribution : pour réduire les inégalités.
- en allouant des ressources financières pour produire des biens et des services publics.
- en mettant en place des outils de régulation.

L'État met en œuvre des politiques économiques

Les finalités des politiques économiques
- La croissance économique : mesurée par l'évolution du PIB
- Le plein-emploi : mesuré par le taux de chômage
- La stabilité des prix : mesurée par le taux d'inflation

L'État doit lutter contre les déséquilibres économiques
- Le chômage
- L'inflation

Les politiques économiques conjoncturelles sont des politiques à court terme

Les politiques conjoncturelles	Les outils des politiques conjoncturelles
Politique budgétaire	Budget de l'État : · Recettes : fiscalité · Dépenses publiques · Déficit public
Politique monétaire	· Taux d'intérêt · Taux directeurs de la BCE

Les politiques économiques structurelles sont des politiques à long terme

Les différents domaines des politiques structurelles
- Politique énergétique
- Politique d'aménagement du territoire
- Politique des transports
- Politique de recherche et d'innovation

Les outils des politiques structurelles
- Fiscalité : taxe, crédit d'impôt
- Économie circulaire

Mots clés

Redistribution • Croissance économique • Chômage • Inflation • Politique conjoncturelle • Politique structurelle • Politique budgétaire • Politique monétaire • Fiscalité • Dépenses publiques • Taux d'intérêt

8 L'impact et les limites des politiques économiques

QUESTION **Quel est le rôle de l'État dans la régulation économique ?**

COMPÉTENCE(S)
- Repérer l'impact des politiques sur l'environnement de l'entreprise

SAVOIRS ASSOCIÉS
- Les limites de l'intervention de l'État dans un contexte d'internationalisation de l'économie
- Les principes de la régulation supranationale dans le cadre européen

Contexte

Vers une taxation des ventes des GAFAM dans l'UE

« *Les entreprises doivent payer leurs impôts là où elles font des profits. Les entreprises du numérique qui n'ont ni siège, ni boutique et qui réalisent pourtant des profits énormes en Europe ne doivent pas pouvoir échapper à cette règle !* », estime dans un communiqué transmis par la Commission européenne, Pierre Moscovici. Et d'ajouter : « *C'est une question de justice : les entreprises numériques utilisent des réseaux, des infrastructures européennes, souvent des contenus et des données créés par des Européens. [...] Comme tous les contribuables, elles doivent payer leur juste part d'impôts. C'est aussi une perte importante de recettes fiscales pour les budgets des États membres.* »

www.latribune.fr, 21 septembre 2017

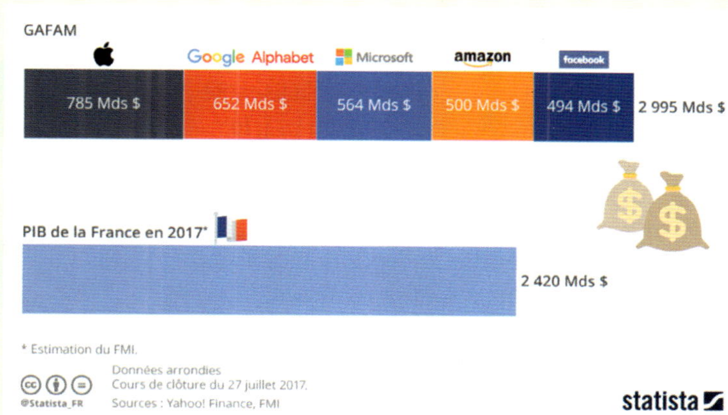

Une prochaine directive européenne projette de taxer les géants du numérique, [Google, Apple, Facebook, Amazon et Microsoft] entre « *2 % et 6 %* » de leur chiffre d'affaires en Europe, mais probablement « *plus près de 2 que de 6* », a confié le ministre français de l'Économie dans le *Journal du Dimanche* (JDD). « *C'est un point de départ. Je préfère un texte applicable très vite plutôt que des négociations interminables* [...] », veut croire [le ministre] Bruno Le Maire.

Source AFP, 4 mars 2018

1 **Quel est le poids des entreprises du numérique par rapport à l'économie française ?**

2 **À quel problème fiscal l'Europe est-elle confrontée ?**

3 **Quel est l'objectif de la directive européenne ?**

4 **Quelle conséquence aura la mise en place d'une taxation des géants du numérique pour l'économie française ?**

Vidéo
28 minutes (ARTE), Impôts : les géants du numérique plus forts que les États ?

I L'impact des politiques sur l'environnement de l'entreprise

A L'impact des politiques conjoncturelles sur l'entreprise

Contexte

Au 1er janvier 2018, de nouvelles dispositions fiscales issues de la loi de finances et de la loi de financement de la Sécurité sociale pour 2018 sont entrées en vigueur. Parmi les nouveautés dédiées aux entreprises pour cette année, la baisse de l'impôt sur les sociétés de 33 % à 25 %.

1 Fiscalité : le *lobby* pharmaceutique est inquiet

[…] Le Leem, principal *lobby* pharmaceutique français, se réjouit de l'annonce d'une baisse progressive du taux d'imposition sur les sociétés (jusqu'à 25 % en 2022). […] Mais pour l'organisation professionnelle, c'est loin d'être suffisant. Dans une étude sur la fiscalité française commandée par le Leem […], le cabinet PwC […] relève une légère baisse des taux d'imposition en France l'an dernier, en raison de la suppression, en 2016 de la contribution exceptionnelle sur l'Impôt sur les sociétés réalisant plus de 250 millions d'euros de chiffre d'affaires. […] Mais il souligne aussi que l'écart du taux d'impôt global pour l'industrie pharmaceutique en France est supérieur de dix points par rapport aux autres pays […]. Le taux global des impôts […] va de 51 à 79 % selon le profil de la société pharmaceutique française. En Allemagne, il va de 37 % à 47 %, et en Italie de 44 % à 57 % […].

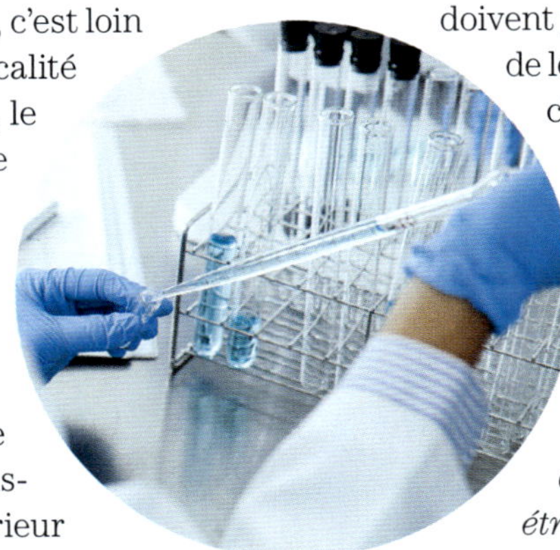

[Le Leem] s'attaque notamment à la *« contribution L »*, qui serait *« le vrai souci pour les sociétés pharmaceutiques »*. Avec cette disposition fiscale, les laboratoires doivent payer une contribution lorsque l'évolution de leur chiffre d'affaires a dépassé un taux voté chaque année lors de la loi de financement de la Sécurité sociale. *« L'assiette est instable, et ça ne correspond pas à ce que les entreprises ont provisionné »*, juge-t-il. *« L'instabilité fiscale chronique est un facteur de "désattractivité" pour l'industrie pharmaceutique française.* […] *Et cela crée des difficultés pour attirer les investisseurs étrangers »*, argue encore le Leem. Ce dernier jalouse ainsi les modèles irlandais et britannique où il n'existe aucune taxe sectorielle…

Jean-Yves Paillé, www.latribune.fr, 13 septembre 2017

1. **Quelle politique conjoncturelle est mise en œuvre ici ?**
2. **Quel est l'effet de cette politique sur l'industrie pharmaceutique ?**
3. **Quel est l'intérêt d'établir une comparaison entre des pays de l'UE ?**
4. **Pourquoi le gouvernement a-t-il décidé une baisse progressive du taux d'imposition ?**

2 Hausses et baisses d'impôts : quels effets sur la croissance ?

[…] Il s'agit d'un cercle vertueux où la baisse d'impôt, en engendrant une hausse du revenu disponible, entraîne une augmentation de la consommation, qui se traduit par des revenus supplémentaires pour les vendeurs, et donc des rentrées fiscales en plus, etc. Cette baisse d'impôt aura un impact positif d'autant plus important que les ménages […] consomment une part importante de leurs revenus, et que […] l'argent n'est pas utilisé pour acheter des produits importés.

Thomas Grjebine, www.latribune.fr, 25 avril 2017

5. **Quelle est la conséquence d'une baisse d'impôts sur le revenu des ménages ?**
6. **À quelle condition une baisse d'impôts peut-elle entraîner des recettes fiscales supplémentaires ?**
7. **Construisez le schéma du cercle vertueux lié à la baisse de l'impôt.**

B Impact des politiques structurelles sur l'entreprise

Contexte

Les cheminots peuvent partir à la retraite plus tôt que la majorité des employés français. Jusqu'en 2016, ils pouvaient partir à la retraite à partir de 55 ans pour les sédentaires (c'est-à-dire les employés qui ne voyagent pas, comme les agents de bureau) et 50 ans pour les conducteurs. Mais plusieurs réformes ont repoussé l'âge des départs, et d'ici à 2024, celui-ci sera de 57 ans pour les sédentaires et de 52 ans pour les conducteurs. À titre de comparaison, l'âge légal de départ à la retraite des salariés du secteur privé est actuellement de 62 ans (pour les personnes nées après 1955).

www.lemonde.fr, 27 février 2018

3 Qu'est-ce qu'une bonne réforme ?

Une réforme [structurelle] efficace est une réforme qui rapporte plus à terme qu'elle ne coûte

Pourquoi une réforme commence-t-elle par susciter des pertes et non des gains ? […] Par exemple, si l'âge de la retraite est fixé à 60 ans, la plupart des agents épargnent de manière à pouvoir partir à 60 ans sans perte de pouvoir d'achat. Si une réforme porte ce seuil de départ à 62 ans, les décisions économiques sont affectées (ici hausse de l'épargne, baisse de la consommation et donc du PIB à court terme, soit un effet négatif). […] Ce n'est qu'à moyen terme, les agents s'étant adaptés à la nouvelle configuration institutionnelle, que les bénéfices de la réforme se manifestent (dans le cas de la réforme des retraites, une hausse du taux d'emploi des seniors, une baisse du déficit de la branche vieillesse).

Alexis Trémoulinas, analyse-eco.over-blog.com, 22 juin 2011

8 Que signifie « *une bonne réforme doit rapporter plus à terme qu'elle ne coûte* » ?

9 Précisez les avantages économiques d'un recul de l'âge de départ à la retraite.

4 61 ans et 10 mois : l'âge moyen de départ à la retraite recule encore

[…] Bonne nouvelle pour le système de retraite, moins bonne pour les actifs, l'âge de départ moyen à la retraite ne cesse de progresser depuis 2010.

Ainsi, fin 2016, l'âge moyen atteint 61 ans et 10 mois […]. Depuis la réforme des retraites de 2010 […] la loi […] portant sur la réforme des retraites […] repose sur deux piliers :

- Un relèvement progressif de l'âge légal de départ à la retraite de 60 à 62 ans, sur six années (quatre mois par an), ainsi qu'une hausse de la durée de cotisations ;
- Et dans le cas d'une période de cotisation insuffisante, un mécanisme de décote qui s'annule à partir de 67 ans contre 65 ans auparavant […].

La préservation de notre système de répartition passe nécessairement par de telles mesures. Elles semblent assez évidentes au regard de l'allongement de l'espérance de vie. Mais ses conséquences dépasseront le simple cadre de la retraite : l'organisation de la vie active, […] le maintien des personnes plus âgées dans le monde du travail se pose également : comment en effet préserver l'employabilité des plus âgés ? Un fait que nos entreprises ne semblent guère prendre encore en compte.

www.cercledesepargnants.com

10 Quels sont les deux piliers de la réforme des retraites ?

11 Pourquoi la réfome peut-elle être considérée comme défavorable aux actifs ?

12 Quelles sont les conséquences de la réforme pour les entreprises ?

II Les limites de l'intervention de l'État dans un contexte d'internationalisation de l'économie

A L'existence de critères de convergence au sein de l'UE

Contexte

Les politiques économiques des États membres de l'Union européenne sont liées par un intérêt commun qui nécessite qu'elles soient coordonnées afin d'éviter que la politique économique d'un pays ne lèse les intérêts économiques de ces partenaires de l'UE mais aussi pour qu'elles contribuent au succès des objectifs essentiels de l'Union européenne. L'absence de coordination des politiques économiques créerait un contexte défavorable, qui conduirait à une guerre économique entre les États européens dont tous sortiraient perdants.

5 L'UE met fin à la procédure de déficit excessif contre la Grèce

La décision est symbolique mais témoigne du retour de la stabilité financière en Grèce. L'Union européenne (UE) a annoncé […] la clôture de la procédure de déficit excessif ouverte depuis 2009 contre la Grèce, récompensant ainsi les efforts d'Athènes pour réformer son économie […].

Une procédure de déficit excessif permet à la Commission européenne de mettre sous surveillance les pays qui ne respectent pas les critères de convergence de l'UE, à savoir un déficit inférieur à 3 % du PIB et une dette publique inférieure à 60 % du PIB. La procédure prévoit la possibilité de sanctions financières à l'égard des États non respectueux de ces normes, mais l'UE n'y a, pour l'instant, jamais eu recours. […] L'Espagne et la France sont encore sous le coup de cette procédure, alors qu'ils étaient 24 en 2011.

www.lemonde.fr, 25 septembre 2017

1. **Définissez la procédure de déficit excessif.**
2. **Que signifie l'existence d'un déficit excessif pour un pays de l'UE ?**
3. **À quelle condition un pays peut-il sortir de la procédure de déficit excessif ?**

Le déficit public correspond à un solde annuel négatif (dépenses supérieures aux ressources) du budget des administrations publiques (l'État, les administrations publiques locales, la Sécurité sociale et des organismes divers d'administrations centrales).

6 Une réduction du déficit insuffisante et incertaine ?

[…] Dans son rapport public annuel 2018 [sur] « *la situation d'ensemble des finances publiques* », la Cour des comptes considère que la […] réduction du déficit [est] trop lente […].

« ***L'amélioration constatée de la situation économique n'autorise aucun relâchement*** », prévient en effet l'institution […]. « *Elle doit au contraire aller de pair avec une action renforcée de maîtrise de la dépense publique* » pour que la France « *retrouve des marges de manœuvre budgétaires et assure la soutenabilité de son endettement public* », ajoute-t-elle. Selon les prévisions de Bercy, le déficit public devrait s'établir à 2,9 % du PIB en 2017, passant pour la première fois depuis dix ans sous la barre des 3 %.

C. Mallet, www.caissedesdepotsdesterritoires.fr, 7 février 2018

4. **Quelles sont les observations faites par la Cour des comptes sur les finances publiques ?**
5. **Que signifie : « *l'amélioration des finances publiques* » est « *principalement imputable à la conjoncture* » ?**

B L'existence de normes et de réglementation au niveau de l'UE

Contexte

[...] « *La France a dit qu'il fallait que nous puissions essayer de faire tout ce qui était possible pour essayer de sortir de cette question du glyphosate dans les trois ans* », a déclaré M. Travert [le ministre de l'Agriculture] sur le plateau de BFM-TV. « *Le président a rappelé que tant qu'il n'y a pas de substitution, il n'y a pas de suppression* », a encore dit le ministre.

Source AFP, 28 janvier 2018

7 Glyphosate : L'Union européenne l'autorise pour cinq ans de plus

Les États membres de l'UE [...] ont voté [...] en faveur d'une nouvelle autorisation pour cinq ans de l'herbicide controversé glyphosate, a annoncé la Commission européenne. [...]

Les anti-glyphosate crient au scandale. [...] « *Cette décision [...] ne va pas dans le sens d'une Europe qui protège et qui anticipe la grande transition nécessaire pour notre santé et l'avenir des générations futures* », commente [...] Michèle Rivasi, députée européenne écologiste. [...] La FNSEA, elle, pousse un « *ouf de soulagement* » [...]. « *Un non-renouvellement de l'herbicide nous aurait forcés à nous tourner vers des herbicides plus coûteux ou à avoir recours à plus de main-d'œuvre*, poursuit-il. *Nous estimions ce surcoût à deux milliards d'euros par an à l'agriculture française. Nous n'aurions pu le supporter au regard de la crise actuelle.* »

www.20minutes.fr, 27 novembre 2017

6 **Quelle décision a pris la Commission européenne concernant le glyphosate ?**
7 **Pourquoi cette décision fait-elle l'objet de critiques de la part des écologistes ?**
8 **Quelles sont les conséquences de cette décision pour les agriculteurs français ?**

C L'existence des traités internationaux

Contexte

L'UE gère ses relations avec les pays tiers par des accords commerciaux qui visent à créer de meilleures opportunités commerciales et à réduire les obstacles au commerce. Parmi ces accords figurent celui, en cours, entre les pays européens et les Sud-Américains du Mercosur. Il s'inscrit dans une politique européenne orientée vers le libre-échange.

8 L'accord UE-Mercosur qui inquiète tant les agriculteurs

[...] De tous les produits dont traite l'accord, c'est la viande de bœuf qui cristallise l'angoisse des agriculteurs. Pour eux, l'importation massive de ces produits constituerait à la fois une concurrence déloyale et un risque sanitaire. En effet, cet accord, qui porterait à 99 000 tonnes le contingent d'importation de bœuf, pourrait inonder le marché de pièces de viande bovine « *30 % moins chères* » [...]. Pour ce qui est de la question sanitaire, Patrick Bénézit, secrétaire adjoint de la FNSEA est indigné : « *ces produits sont fabriqués dans des conditions qui seraient illégales en France* ». Il ajoute : « *Exiger des agriculteurs français d'améliorer la qualité et laisser déferler des produits brésiliens, c'est un double jeu que nous ne sommes pas prêts à accepter* ».

Julie Ruiz, www.lefigaro.fr, 23 février 2018

9 **Quelle est la principale crainte des agriculteurs à propos de l'accord UE-Mercosur ?**
10 **En quoi cet accord pourrait-il être préjudiciable à la France ?**

III La régulation supranationale dans le cadre européen

Contexte

[...] L'UE est fondée sur le principe de supranationalité [...]. [Il] signifie que les États abandonnent une partie de leur souveraineté nationale et qu'ils exercent ensemble au niveau européen cette souveraineté déléguée. Par conséquent, la possibilité de décider des affaires de manière autonome est limitée pour chaque État membre. [...]

www.centre-robert-schuman.org

9 La Banque centrale européenne : une institution indépendante

L'indépendance de la Banque centrale se justifie par la nécessité de distinguer entre le pouvoir d'engager des dépenses et celui de créer la monnaie.

Un gouvernement appelé à se représenter devant les électeurs pourrait être tenté d'abaisser les taux d'intérêt, ce qui stimulerait l'économie à court terme mais alimenterait l'inflation à plus long terme, réduisant, à terme, l'endettement public. La BCE agit en totale indépendance vis-à-vis des États européens et des autres institutions européennes. Ni la BCE, ni une banque centrale nationale, ni un membre quelconque de leurs organes de décision ne peuvent solliciter ni accepter des instructions d'un organe externe. [...] La BCE a son propre budget, indépendant de celui de l'UE.

www.touteleurope.eu, 4 novembre 2014

1. **Quels éléments fondent l'indépendance de la BCE ?**
2. **Qu'est-ce qui justifie l'existence d'une BCE supranationale ?**

10 La BCE et l'objectif du plein-emploi

La croissance de la zone euro s'est nettement accélérée en 2017, atteignant 2,5 % après 1,8 % en 2016. C'est le chiffre le plus fort depuis 2007. La BCE a eu un rôle considérable dans cette amélioration des conditions de l'activité. Le maintien de taux d'intérêt très bas [...] par un taux de refinancement à 0 % [...] a été efficace. [...] La BCE doit maintenir le cap pour que le taux de chômage de la zone euro converge vers le plein-emploi. [...] Le président de la BCE évoque régulièrement cette question. Il doit maintenir une demande soutenue et une politique monétaire accommodante en est la clé. [...] Tant que le taux de chômage ne convergera pas et ne se rapprochera pas de 7 %, la BCE devra maintenir une politique très accommodante.

Philippe Waechter, www.forbes.fr, 5 février 2018

3. **Pourquoi la BCE joue-t-elle un rôle important dans la croissance économique ?**
4. **Quel est l'objectif de la BCE en matière d'emploi ?**
5. **Pourquoi le taux de chômage est-il un indicateur important pour la BCE ?**
6. **Comment s'opère la régulation du marché du travail entre la BCE et les politiques nationales ?**

11 Commerce en ligne : vers plus d'égalité entre les consommateurs européens

Le Parlement européen devrait voter ce mardi un texte permettant aux internautes européens d'effectuer des achats sur les sites de commerce en ligne dans n'importe quel pays.

Objectif : mettre fin aux différences de prix selon le pays d'origine [...]. L'internaute pourra surfer sur n'importe quel site et ne sera pas redirigé vers un site de son pays d'origine. Par exemple, un Français qui part en vacances en Italie pourra louer directement sa chambre d'hôtel sur la plateforme italienne sans être redirigé vers le site français. ▸

▸ Cela permet de profiter des avantages locaux, car un Italien loue moins cher une chambre dans son pays qu'un Français qui réserverait la même chambre mais depuis la France [...]. Il n'y aura plus de discrimination en fonction de la localisation. [...] C'est une aubaine pour les PME qui auront la possibilité d'exporter sans que les transactions soient géobloquées. [...] Actuellement, le commerce en ligne est soit national, soit transnational : si on prend un e-client européen, il effectue plus d'une opération sur deux en dehors de l'Europe [...]. L'Europe perd des emplois et on pourrait gagner plus si toutes ces opérations s'effectuaient dans l'Union Européenne. [...] Avec la suppression du géoblocking, les consommateurs dépenseraient 400 millions d'euros par an en plus dans le commerce en ligne.

Guillaume Poingt, www.lefigaro.fr, 6 février 2018

7 **Montrez que tous les consommateurs européens ne sont pas traités de la même façon par le commerce en ligne.**

8 **En quoi l'intervention de l'UE permettra-t-elle de réguler le commerce en ligne ?**

9 **Quelles seront les conséquences économiques de cette régulation ?**

10 **Quel sera l'effet de cette régulation sur l'activité du commerce en ligne ?**

12 Le mécanisme d'échange de quotas d'émission

En 2005 a été mis en place le système communautaire d'échange de quotas d'émission par l'Union européenne lors de la ratification du protocole de Kyoto. Le marché du carbone fonctionne sous le principe des quotas. L'Union européenne a fixé un montant de gaz à émettre moins important que le niveau de la période en cours et a mis en place un marché où les entreprises échangent des « droits à polluer ».

11 **Définissez ce que signifie un plafond d'émission de gaz.**

12 **Quel avantage chaque entreprise retire-t-elle du mécanisme de quotas d'émission ?**

13 La réforme du marché du carbone de l'UE

Le Parlement européen a voté mardi 6 février la réforme du marché du carbone de l'UE [...]. Cette réforme est jugée essentielle pour permettre à l'UE de remplir sa promesse, faite dans le cadre de l'accord de Paris sur le climat, de réduire d'au moins 40 % ses émissions de gaz à effet de serre d'ici 2030 [...]. La nouvelle législation, qui s'appliquera à partir de 2020, limitera progressivement l'offre de quotas d'émissions que les entreprises peuvent acheter [...].

Certains États membres, comme la France, plaident pour un prix plancher de 30 euros la tonne afin que les entreprises soient réellement incitées à investir pour produire de manière plus propre. [...]

> « *Grâce à cette réforme, au lieu de réduire nos émissions de 38 millions de tonnes par an, à partir de 2021, nous les réduirons de 50 millions de tonnes par an. C'est comme si on fermait trois grosses centrales à charbon* »

a souligné le député Ivo Belet (PPE, droite).

Source AFP, 7 février 2018

13 **Quel est l'objectif de la réforme votée par le Parlement européen ?**

14 **Quelles pourraient être les conséquences de cette législation sur les entreprises ?**

Synthèse

L'État met en place des politiques économiques
- qui servent à réguler l'activité économique.
- qui impactent l'environnement des entreprises.

Deux types de politiques économiques
- les politiques conjoncturelles → mesures de politique économique prises par un gouvernement à court terme (ex. : mesures fiscales)
- les politiques structurelles → politique économique de moyen et long terme qui vise à transformer les structures de l'économie (ex. : réforme des retraites)

Les politiques économiques ne sont pas indépendantes. Elles doivent prendre en compte un contexte d'internationalisation de l'économie

↓

Dans le contexte de l'UE, on distingue 3 limites à l'indépendance économique d'un État
- les normes de réglementation définies au niveau de l'UE
- les critères de convergence économique de l'UE
- les traités internationaux qui fixent les règles des échanges

L'UE prend des décisions au nom des États membres

↓

Ces décisions ont un caractère supranational et s'imposent à chaque État
- les décisions de politique monétaire prise par la Banque centrale européenne
- les décisions en matière de respect de la concurrence et de la protection des consommateurs
- les décisions en matière d'environnement et de lutte contre la pollution

Mots clés

Accord de libre-échange • Critères de convergence • Régulation • BCE • Supranationalité • Procédure de déficit excessif

9 Le droit de la concurrence

QUESTION **Comment les activités économiques sont-elles régulées par le droit ?**

COMPÉTENCE(S)
- Repérer les enjeux du droit de la concurrence pour l'entreprise

SAVOIRS ASSOCIÉS
- Le rôle du droit dans la régulation
- Le rôle des autorités administratives indépendantes
- Le droit de la concurrence

Contexte

Mme Coffin dirige un hôtel 4 étoiles depuis dix ans, au cœur du quartier aisé du 1er arrondissement de Paris. Depuis deux ans, son chiffre d'affaires est en baisse, proportionnellement, constate-t-elle, à l'ampleur du phénomène Airbnb. Mme Coffin propose des chambres doubles à partir de 95 € la nuit, et l'ensemble de ses charges s'élève à 36 000 € par trimestre, la moitié étant constituée de charges salariales, auxquelles il faut ajouter la TVA et les dépenses de maintenance de l'hôtel. Or, un de ses amis, qui habite dans le 10e arrondissement, met en location son 60 m² sur la plateforme Airbnb pour la somme de 89 € par nuitée. Il a généré en quelques mois plus de 2 500 € sans charges liées à cette activité.

1 **Quel problème rencontre cette hôtelière ?**

2 **Quelle est sa situation par rapport à un particulier qui loue son appartement *via* Airbnb ?**

3 **Que pensez-vous de cette situation ?**

4 **Faudrait-il la faire évoluer ? Comment ?**

I Quel est le rôle du droit dans la régulation ?

Contexte

Mme Coffin n'est pas la seule hôtelière à s'inquiéter de ces pratiques. Des adhérents du syndicat de l'Union des métiers et des industries de l'hôtellerie se sont mobilisés pour réfléchir aux moyens de défendre les intérêts des professionnels de l'hôtellerie face à la montée des pratiques collaboratives concurrentes.

1 Faut-il rééquilibrer le marché de l'hôtellerie ?

Chers collègues,

Tous ces logements mis en location sur des sites collaboratifs sont en réalité des hôtels déguisés. Il y a bien, d'après nous, une activité professionnelle dissimulée. Les particuliers se font de l'argent sur le dos de l'État puisqu'ils ne payent pas d'impôts, beaucoup ne déclarent pas les revenus tirés de la location, ne payent ni la TVA à 10 %, ni la masse salariale qui représente 45 % du chiffre d'affaires.

Nous souhaitons que les règles du jeu soient modifiées. Nous avons envoyé nos réclamations au Premier ministre, par exemple bannir les locations à la nuitée en fixant une durée minimale de sept jours, faire payer la TVA dès le premier euro perçu, demander l'enregistrement à la mairie de tout hébergement commercial… autant d'obligations que nous souhaitons pour rééquilibrer la balance de la concurrence.

L'État doit nous protéger davantage, ce ne sont pas les moyens juridiques qui manquent ! Nous réclamons plus de contrôles sur cette économie « de l'ombre », nous avons besoin de l'engagement de tous ! Nos entreprises pourront jouer pleinement leur rôle de relance de la croissance si cette économie « de l'ombre » est combattue et régulée. Nous voulons rééquilibrer la balance ! Nous exigeons la mise en place de mesures de régulation.

Extrait d'une réunion syndicale

1 **De quoi se plaint le syndicat de l'hôtellerie ?**
2 **Quelles sont les mesures concrètes revendiquées par le syndicat**

2 La régulation ou le besoin de règles et d'arbitres

Depuis plusieurs décennies, l'État s'est considérablement désengagé du domaine économique, à tel point qu'on parle d'un État régulateur, qui encadre, qui corrige les imperfections du marché, qui aiguille plus qu'il ne dirige.

La concurrence entre entreprises est considérée comme le moyen de parvenir à une situation économique équilibrée. Cependant, le libre fonctionnement du marché n'aboutit pas toujours à une régulation satisfaisante de l'activité économique et peut aboutir à des pratiques non acceptables pour les consommateurs. C'est pourquoi l'État intervient souvent afin de contrer les effets négatifs de l'économie de marché, *via* des mesures de réglementation juridique.

La nouvelle concurrence que représentent les plateformes collaboratives conduit les autorités françaises et européennes à s'interroger sur l'opportunité d'une régulation visant à permettre une cohabitation harmonieuse entre l'économie collaborative et l'économie traditionnelle, dans l'intérêt des consommateurs.

3 **Comment évolue le rôle de l'État depuis quelques années ?**
4 **Quel est le but de la concurrence entre entreprises ?**
5 **Quels sont les risques d'une concurrence non contrôlée ?**
6 **Pourquoi les nouvelles pratiques d'entreprises posent-elles la question d'une intervention de l'État ?**
7 **En quoi consiste la régulation ?**
8 **Que pourrait en espérer le marché de l'hôtellerie ?**

II Quel est le rôle des autorités administratives indépendantes ?

Contexte

Après des mois de surenchère avec Conforama, c'est finalement l'offre de la Fnac qui l'emporte pour racheter Darty. Ces deux entreprises vendent cependant en partie les mêmes produits « électrodomestiques ». Craignant dans plusieurs zones géographiques une trop grande concentration entre les mains d'une même entreprise, l'Autorité de la concurrence a demandé à la Fnac de revendre certains de ses magasins.

3 Fnac Darty rappelé à l'ordre par l'Autorité de la concurrence

La Fnac s'était engagée à vendre six magasins pour obtenir de l'Autorité de la concurrence le droit de racheter Darty.

La difficulté tenait à ce que l'Autorité demandait que les repreneurs soient de véritables concurrents. C'est le cas de Boulanger, qui a repris les magasins d'Italie 2 et Vélizy 2, et de Cobrason, un spécialiste indépendant de la hi-fi. Le risque pour la Fnac était de voir l'autorisation de fusion avec Darty refusée, une injonction à s'exécuter ou bien encore une sanction financière pouvant aller jusqu'à 5 % du chiffre d'affaires. L'Autorité craignait en effet que les alternatives offertes au consommateur ne soient pas suffisantes pour garantir une réelle concurrence par les prix et la qualité de services. La Fnac, ayant finalement respecté ses engagements, a été autorisée à racheter Darty.

1. **Quel problème se posait à la Fnac ?**
2. **Que lui demandait l'Autorité de la concurrence et dans quel but ?**
3. **À quoi s'exposait la Fnac si elle ne respectait pas ses engagements ?**

4 Les autorités administratives indépendantes et leurs pouvoirs

Une autorité administrative indépendante (AAI) est une institution de l'État chargée, en son nom, d'assurer la régulation de secteurs considérés comme essentiels et pour lesquels le gouvernement veut éviter d'intervenir trop directement. Les compétences des autorités administratives indépendantes varient de l'une à l'autre. Elles peuvent donner des avis, formuler des recommandations, prendre des décisions individuelles comme l'autorisation d'exercer une activité. Lorsqu'un des acteurs du secteur d'activité contrôlé ne respecte pas les règles posées par ces institutions ou les obligations qui lui incombent, les AAI peuvent le sanctionner. Ainsi, l'Autorité de la concurrence ou la Commission nationale informatique et libertés peuvent infliger des amendes importantes.

CNIL. COMMISSION NATIONALE INFORMATIQUE & LIBERTÉS

▸ La **CNIL** analyse l'impact des innovations technologiques sur la vie privée et les libertés. Elle veille à la protection des données personnelles contenues dans les fichiers et traitements informatiques ou papiers, aussi bien publics que privés. Elle accompagne les professionnels dans leur mise en conformité et aide les particuliers à maîtriser leurs données personnelles et exercer leurs droits.

Autorité de la concurrence

▸ Elle est spécialisée dans le contrôle des pratiques anticoncurrentielles et le contrôle des opérations de concentration. Son objectif est de veiller au libre jeu de la concurrence sur les marchés français et d'apporter son concours au fonctionnement concurrentiel des marchés aux échelons européen et international.

4. **Qui est à l'origine de la CNIL et de l'ALC ?**
5. **Quels sont les rôles et les pouvoirs des AAI ?**
6. **À partir de l'exemple de la Fnac, montrez comment l'Autorité de la concurrence contribue à réguler la concurrence sur les marchés.**

III Quel est le rôle du droit de la concurrence ?

A Sanctionner les actes de concurrence déloyale

Contexte

La société Lamalo, qui commercialise des produits cosmétiques pour surfeurs, traverse une période mouvementée. Après des démêlés juridiques avec un concurrent, elle constate que son chiffre d'affaires chute brusquement et que certains de ses clients importants rompent brutalement leurs accords conclus de longue date.

5 La guerre des cosmétiques pour surfeurs

La société Lamalo avait été condamnée par le tribunal de commerce pour avoir commis des actes de concurrence déloyale envers la société Everything for riders (E4R), qui fabrique et vend des cosmétiques pour sportifs. Or, la cour d'appel de Paris a infirmé cette condamnation. Malgré cela, E4R a envoyé des emails à des distributeurs, pour les informer de la condamnation en première instance de sa concurrente, sans préciser que celle-ci avait fait appel. Elle expliquait dans ses mails, sur sa page Facebook accessible à tous les internautes et sur son compte Twitter que Lamalo avait copié ses concepts, ses produits et ses visuels.

Tel est pris qui croyait prendre…

Lamalo a assigné son concurrent pour dénigrement et a obtenu gain de cause au motif qu'une « *société qui envoie des courriels aux distributeurs de son concurrent les informant qu'il avait été condamné pour concurrence déloyale, sans préciser qu'il y avait appel, a commis un acte de dénigrement* ». En outre, du fait qu'à la suite de ces publications sur les réseaux sociaux, de nombreux partenaires commerciaux ont cessé leur collaboration avec Lamalo, E4R a été condamnée à lui verser 100 000 € de dommages et intérêts.

Moralité : divulguer des informations, dans le but de jeter le discrédit sur une entreprise, mais également dans le but, non d'informer objectivement, mais de détourner la clientèle et les partenaires commerciaux à son profit et de lui nuire, constitue bien un dénigrement.

1. **En quoi les agissements de E4R ont-ils porté atteinte aux activités de Lamalo ?**
2. **Qui a sanctionné ces agissements et pour quel motif ?**
3. **Sachant que pour établir une pratique déloyale, il faut prouver qu'il y a eu une faute d'un concurrent, un préjudice pour l'entreprise victime et l'existence d'un lien de causalité entre les deux, retrouvez ces éléments dans cette affaire.**

6 Imitation d'un produit déjà commercialisé

Quel est le point commun entre les marques « Royco Minute Soup » et « Knorr Mini Minute » ? « Autour du monde » et « La maison autour du monde » ?

Que la deuxième entreprise imite la première ! Que penser du fait, pour une société fromagère, d'avoir délibérément choisi de se placer dans le sillage de la célèbre société Bridel en adoptant comme elle un emballage cylindrique en carton montrant le fromage et les couleurs jaune orangée, ce procédé lui ayant ▸

▸ permis de profiter indûment des études et investissements réalisés par cette dernière ?
Sachant que les consommateurs moyens, normalement attentifs, n'accordent aux produits qu'une attention limitée lors de l'acte d'achat, sur le nom, le conditionnement, les formes et couleurs, etc., l'imitation de l'offre des concurrents est condamnable car elle crée nécessairement dans l'esprit du public un risque de confusion entre le produit leader et le produit « pirate ». Elle est réalisée pour capter la clientèle d'un concurrent. Les tribunaux jugent que la copie servile d'un produit commercialisé susceptible de créer un risque de confusion permet de constituer un acte de concurrence déloyale.

4 **Quels sont les points communs à toutes ces affaires ?**
5 **À quelle condition l'imitation constitue-t-elle un acte de concurrence déloyale ?**
6 **Pourquoi peut-on dire que le droit de la concurrence protège l'intérêt des entreprises et des consommateurs ?**

7 Désorganisation du concurrent

Pas de concurrence déloyale par débauchage sans preuve de désorganisation de l'entreprise

Le directeur d'un magasin spécialisé dans le commerce d'articles de fête, également superviseur de l'ensemble des magasins de la région parisienne, est embauché avec son adjoint par une société concurrente. Leur ancien employeur engage contre la société une action en concurrence déloyale. Il fait valoir que le débauchage concomitant de deux salariés occupant des postes stratégiques dans l'un de ses magasins a nécessairement entraîné une désorganisation de son entreprise, ce qui le rend répréhensible.
La Cour de cassation, habituée dans ce genre d'affaires à rechercher des procédés fautifs tels que le débauchage massif, le détournement de clientèle ou du fichier clients par d'anciens salariés, a écarté cet argument au motif que la concurrence déloyale par débauchage de personnel suppose la démonstration concrète de la désorganisation de l'entreprise concurrente et ne résulte pas « nécessairement » de l'embauche de deux salariés.

7 **Qu'est-il arrivé à l'entreprise commercialisant des articles de fête ?**
8 **Pourquoi prétend-elle que le départ des salariés a entraîné une désorganisation de son activité ?**
9 **En quoi consiste la désorganisation d'un concurrent ?**
10 **Pourquoi la Cour de cassation ne retient-elle pas la désorganisation de l'entreprise dans cette affaire ?**

8 Sites Internet et parasitisme

La cour d'appel de Paris vient de confirmer le jugement de première instance condamnant une société ayant plagié le site Internet de son concurrent.
La société Sound Strategy, spécialisée dans la communication sonore d'entreprises, exploite un site Internet permettant à ses clients d'accéder aux messages vocaux destinés à leur accueil téléphonique. L'un des deux associés de cette société, actionnaire d'une autre société concurrente dénommée Concepson, a créé un site Internet concurrent. L'actionnaire principal de Sound Strategy a découvert que celui-ci présentait de nombreuses similitudes avec le sien. Il a engagé une action en concurrence déloyale et parasitaire contre Concepson devant le tribunal de commerce de Paris. Il a été jugé que la société Concepson s'était effectivement rendue coupable d'actes de concurrence déloyale et de parasitisme « *en s'inspirant de la valeur économique créée par Sound Strategy* ». Les éléments de similitudes retenus par la cour sont caractérisés par le cheminement des commandes, la structure des écrans, le choix des messages, le recours à la voix d'acteurs, le mode de paiement et la livraison.

11 **Quel litige oppose les deux sociétés ?**
12 **Quels sont les motifs pour lesquels la cour d'appel de Paris a condamné la société Concepson ?**
13 **En quoi de tels agissements nuisent-ils à la concurrence ?**
14 **D'après les documents 5 à 8, expliquez les différents cas de concurrence déloyale sanctionnés par le droit.**

B Contrôler les concentrations d'entreprises

Contexte

Pierre Brasse, chef d'entreprise, s'interrogeait récemment sur les devis qu'il venait de recevoir des fournisseurs de linoléum auxquels il s'était adressé pour refaire le sol de ses bureaux. En effet, ces devis se ressemblaient étrangement. Il commence à comprendre !

9 Une lourde sanction pour l'hallucinant « cartel du lino »

Les trois principaux fabricants de linoléum se sont entendus pendant 25 ans.

Ils fixaient les prix ensemble

L'Autorité de la concurrence les a condamnés jeudi à payer 302 millions d'euros. Les trois principaux fabricants de linoléum se sont entendus pendant 25 ans. Ils fixaient les prix ensemble. La vie serait tellement plus simple sans concurrents !

Mais voilà : souvent, il y en a… Puisqu'ils sont là, pourquoi ne pas pactiser avec eux, afin d'éviter au moins une compétition trop rude ?

C'est ce que se sont dit Gerflor, Tarkett et Forbo, les trois principaux fabricants de linoléum et de dalles en plastique pour le sol. Pendant de très longues années, leurs dirigeants se sont transmis des informations confidentielles et entendus sur les prix.

> *Réunions secrètes dans des hôtels de province, échanges discrets sur des téléphones réservés à cet usage…*

Réunions secrètes dans des hôtels de province, échanges discrets sur des téléphones réservés à cet usage…

Un modèle du genre

Il vaut aujourd'hui à ce « cartel du lino » une sévère condamnation. Jugeant les comportements en cause « *particulièrement graves* » par leur durée, leur diversité et leur ampleur, l'Autorité de la concurrence a annoncé, jeudi 19 octobre, sanctionner les trois groupes à hauteur de 302 millions d'euros : 165 millions pour le leader français Tarkett, 75 millions pour Forbo et 62 millions pour Gerflor. S'y ajoute une amende de 300 000 euros pour l'organisation patronale, le Syndicat français des enducteurs calandreurs (SFEC), qui a joué un rôle actif dans cette entente assez hallucinante. [...]

[Les entreprises] s'entendaient sur les prix, qu'il s'agisse des tarifs planchers à maintenir ou des hausses imposées aux clients dans un bel ensemble. « [Pour ne pas être soupçonnés], *nous veillions à ce que nos prix soient différents à au moins quelques centimes d'euros près* », a précisé Tarkett. « *Cela a permis de nous garantir un certain niveau de rentabilité* », a reconnu Forbo.

Denis Cosnard, www.lemonde.fr, 19 octobre 2017

15 Quelles sont les pratiques découvertes par l'Autorité de la concurrence ?

16 Pourquoi cette entente est-elle illicite ?

17 En quoi les pratiques incriminées sont-elles dommageables pour Pierre Brasse ?

18 À partir des documents 3 et 9, montrez que le rôle de l'Autorité de la concurrence est à la fois préventif et répressif.

10 L'Europe inflige à Google une amende record de 2,4 milliards pour abus de position dominante

En matière de recherche sur Internet, Google occupe une position dominante en Europe. Le moteur de recherche fournit des résultats aux internautes et ceux-ci rémunèrent le service en transmettant des données les concernant. Or près de 90 % des recettes de Google proviennent des publicités, comme celles qui s'affichent avec les résultats de recherche.

La Commission européenne a infligé ce 27 juin une amende record de 2,42 milliards d'euros à Google pour avoir abusé de sa position dominante dans la recherche en ligne afin de favoriser son comparateur de prix « Google Shopping ».
Dans un cas d'abus de position dominante, l'amende la plus importante jamais prononcée par Bruxelles s'élevait jusqu'alors à 1,06 milliard d'euros, contre le géant américain des puces informatiques Intel, et remontait à 2009.
« *Google a abusé de sa position dominante sur le marché des moteurs de recherche en favorisant son propre service de comparaison de prix dans ses résultats de recherche et en rétrogradant ceux de ses concurrents* », a déclaré la commissaire européenne à la concurrence, Margrethe Vestager, citée dans un communiqué.
« *Ce que Google a fait est illégal au regard des règles de concurrence de l'UE. Elle a empêché les autres sociétés de livrer concurrence sur la base de leurs mérites et d'innover. Et surtout, elle a empêché les consommateurs européens de bénéficier d'un réel choix de services et de tirer pleinement profit de l'innovation* », a-t-elle ajouté. [...] Le géant américain Google a fait part dans la foulée de son « *désaccord respectueux* » après l'amende de 2,42 milliards d'euros que lui inflige la Commission européenne pour abus de position dominante, et « *envisage un appel* » devant la Cour de justice européenne.

Jean-Baptiste Duval, www.huffingtonpost.fr, 27 juin 2017

19 **Pourquoi Google est-il condamné ?**

20 **Pourquoi est-ce cette fois la Commission européenne qui a jugé cette affaire ?**

21 **À partir des documents précédents, identifiez les différentes autorités et juridictions susceptibles d'intervenir dans les affaires de concurrence.**

11 De multiples combats, de multiples secteurs

Et toc ! Une de plus. [...] Au terme de deux ans d'enquête, l'UE a imposé une amende colossale de près d'un milliard d'euros (997 millions d'euros, précisément) à Qualcomm, le fabricant de puces 4G américain, au motif qu'il a abusé de sa position dominante pour éliminer ses concurrents. [...]
Mais le secteur des technologies n'est pas le seul à être visé. En effet, la commissaire à la concurrence mène une vaste campagne sur plusieurs secteurs. [...] Elle enquête également sur les fabricants de jeux vidéo qu'elle soupçonne de tenter d'empêcher les joueurs d'acheter des jeux moins chers dans d'autres pays. De même, elle examine les tour-opérateurs tentés de fixer des prix différents pour la même chambre d'hôtel dans les différents pays du bloc.

Audrey Duperron, www.lexpress.fr, 25 janvier 2018

22 **Quels secteurs économiques et quelles pratiques sont dans la ligne de mire de la commissaire à la concurrence ?**

23 **Quel est l'objectif général du droit de la concurrence ?**

24 **En quoi le droit de la concurrence est-il à la fois une contrainte et une protection pour l'entreprise ?**

Synthèse

Le droit régule les activités économiques

- Pour maintenir les équilibres économiques
- Pour veiller au bon équilibre des relations commerciales entre les entreprises
- Pour préserver une concurrence effective, loyale et durable dans l'intérêt des entreprises et des consommateurs

Les autorités administratives indépendantes (AAI) contribuent à la régulation

- Nature → Institutions de l'État chargées d'assurer la régulation des secteurs économiques
- Rôle → Organiser, réguler, sanctionner
- Exemple de l'Autorité de la concurrence → Analyse et régule le fonctionnement de la concurrence en vue de la sauvegarde de l'ordre public économique

Le droit de la concurrence protège les entreprises et le marché

Protection des entreprises contre les agissements déloyaux de leurs concurrents

La concurrence déloyale
- Le dénigrement
- L'imitation
- La désorganisation
- Le parasitisme

Protection du marché contre les pratiques pouvant nuire à la concurrence

L'entente illicite
Accords entre entreprises et pratiques concertées susceptibles de porter atteinte au libre jeu de la concurrence

L'abus de position dominante
Mise à profit d'une situation de force sur le marché (part de marché conséquente) pour fausser ou restreindre le jeu de la concurrence

Comportements et pratiques sanctionnés

- **Au niveau national :** par l'Autorité de la concurrence, les tribunaux de grande instance ou de commerce
- **Au niveau européen :** par la Commission européenne

Mots clés

Régulation • Concurrence • Pratiques déloyales • Entente illicite • Abus de position dominante

10 Le droit de la propriété industrielle

QUESTION **Comment les activités économiques sont-elles régulées par le droit ?**

COMPÉTENCE(S) • Repérer les enjeux du droit de la propriété industrielle pour l'entreprise

SAVOIRS ASSOCIÉS • Le droit de la propriété industrielle : brevet et marque

Contexte

La PME du Loiret doit son existence à une invention. Redex fait de ses brevets une arme de réputation.
« *Notre entreprise est née d'un brevet !* » Bruno Grandjean, actuel PDG de Redex, ne louera jamais assez la mémoire de son aïeul Paul Defontenay pour avoir inventé et breveté la poulie Redex en 1949. Grâce à un système interne de roues crantées qui lui offre une démultiplication de force hors norme, cet instrument industriel pouvait soulever et permettre de manipuler avec précision des poids de plusieurs tonnes. [...] Chez Redex, on travaille l'acier au dixième de micron près... [...] « *Nous comptons environ 20 brevets actifs. La culture de la propriété industrielle est dans les gènes de l'entreprise et totalement intégrée par le bureau d'études.* » [...] Pour se développer, Redex mise aussi sur le marketing et la réputation. « *La marque a autant de renommée dans le monde industriel que Vuitton en a dans celui de l'accessoire de luxe,* dit-il. *Nous avons misé sur une qualité et une démarche marketing haut de gamme, exactement comme le fait une marque de luxe auprès du grand public. Mais en B to B.* » Reconnaissables grâce à leur couleur orange, les produits Redex sont présents de l'Europe à la Chine. Ils ont parfois été contrefaits, mais pas longtemps, les acheteurs faisant vite la différence. « *Pour nous, le brevet est une façon d'asseoir notre notoriété, de montrer notre leadership technologique, de promouvoir la marque,* souligne Bruno Grandjean. *C'est également une façon de valoriser le travail des collaborateurs qui inventent en équipe.* »

Henri de Lestapis, Les Echos, 15 juin 2017

1 **En quoi consistent les innovations de cette entreprise ?**

2 **Justifiez la phrase : « *La PME du Loiret doit son existence à une invention* ».**

3 **Pourquoi est-il nécessaire pour cette entreprise de protéger ses innovations et sa marque grâce aux brevets ? En quoi le brevet et la marque lui permettent-ils de se démarquer de la concurrence et de préserver sa compétitivité ?**

I Comment le brevet peut-il protéger les créations nouvelles à caractère industriel ?

Contexte

La TPE Carmina, après quatre années de recherche intensive, développe la première montre en céramique inrayable et affichant une résistance supérieure aux céramiques classiques, vraie révolution dans ce domaine. Déjà copiée sur son modèle précédent, elle veut protéger son innovation qui intéresse déjà les industriels.

A Le brevet, un moyen efficace pour protéger ses innovations

1 Le brevet, un élément clé dans la vie de l'entreprise qui innove

C'est le titre de propriété industrielle qui confère à son titulaire un droit exclusif sur une invention ou une entreprise, pour une période de vingt ans. Le brevet protège une invention technique, c'est-à-dire un produit ou un procédé qui apporte une nouvelle solution technique à un problème technique donné. L'invention, pour laquelle un brevet pourra être obtenu, en France, auprès de l'Institut national de la propriété industrielle (INPI), doit également être nouvelle, impliquer une activité inventive et être susceptible d'application industrielle.

1 Quelles sont les conditions auxquelles doit répondre l'innovation pour faire l'objet d'un brevet ?

2 Le Pani Bag, une invention du boulanger de Séranon qui plaît aux Chinois

Le boulanger de la Doire, Ludovic Rey, est l'inventeur du Pani Bag, qui va changer la vie de la profession : une housse permettant de stocker le pain sortant du four dans des conditions d'hygiène parfaites. Si son innovation, brevetée et en phase d'industrialisation n'a pu arriver à temps au concours du prix Nouveauté Européen, elle a été remarquée lors du salon Europain à Paris [...].

www.nicematin.com, 4 mars 2018

3 Quelques jours pour imprimer une maison en 3D à Nantes !

Une maison imprimée en 3D et habitable est sortie de terre à Nantes en seulement quelques jours ! Il s'agit d'une prouesse encore jamais réalisée dans le monde pour ce projet nommé « Yhnova » qui est à découvrir en vidéo.

Le projet Yhnova a pu voir le jour grâce à une mise en commun des savoir-faire scientifiques et industriels entre les acteurs publics et socio-économiques du projet. [...] BatiPrint3D est la technologie de pointe qui a permis l'impression de la maison. Elle est issue des chercheurs nantais et est brevetée par l'Université de Nantes. [...] Il est fort probable que cette nouvelle technique de construction « bouscule » le secteur du bâtiment au vu des nombreux changements que cela apporte.

www.blog-immobilier-toulouse.fr, 26 mars 2018

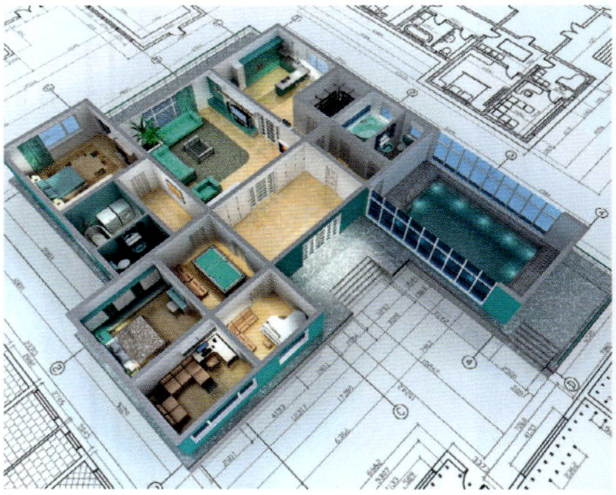

2 En quoi consistent l'innovation du boulanger et celle de la maison en 3D ?

3 Pourquoi ces innovations peuvent-elles être protégeables suite à un dépôt de brevet ?

4 Selon vous, la TPE Carmina remplit-elle les conditions pour breveter son innovation ?

Vidéo
UnivNantes, YHNOVA – une maison construite par un robot imprimante 3D à Nantes

B Le brevet, pour valoriser des créations nouvelles à caractère industriel

4 Valeo, l'entreprise la plus innovante de France

C'est le groupe industriel français le plus en forme du moment. Valeo a bouclé 2016 sur une croissance de 14 % et prévoit un gain de 10 milliards d'euros de chiffre d'affaires dans les cinq ans ! […] Entretien avec Jacques Aschenbroich, PDG de Valeo.

CAPITAL : « Vous affichez une croissance supérieure de 8 points à celle du marché automobile. Comment faites-vous ? »

JACQUES ASCHENBROICH : « Elle est essentiellement liée à nos innovations. Nous avons trois moteurs principaux, la voiture connectée, la motorisation électrique et la mobilité digitale. […] »

CAPITAL : « Vous déposez beaucoup de brevets. C'est une fierté ? »

JA : « Nous sommes effectivement devenus en 2016 le premier déposant de brevets en France, avec 994 brevets publiés à l'INPI en 2016. Et nous sommes aussi le premier français pour les dépôts de brevets en Europe, avec 612 brevets publiés. […] »

Jean Botella, Christophe David, www.capital.fr, 24 mai 2017

5 Comment expliquer la croissance de l'entreprise Valeo ?

5 Ces inventions dont les créateurs n'ont rien touché

Le karaoké

47 millions d'adeptes au Japon.

Musicien dans un bar d'Osaka qui fait chanter les clients sur scène, Daisuke Inoue a un jour une folle idée : plutôt que de jouer tous les soirs, pourquoi ne pas enregistrer la musique sans les paroles sur une cassette et faire fredonner le public en même temps ? Devant le succès de la formule, il crée une machine combinant magnétophone et microphone. Le « karaoké » est né. Malheureusement, il oublie de déposer un brevet. Aujourd'hui, près de 50 000 machines à karaoké se vendent chaque année au Japon.

Le Botox

2,5 milliards d'euros de chiffre d'affaires annuel.

Au début des années 1990, un couple de médecins canadiens, Jean et Alastair Carruthers, a l'idée d'utiliser de la toxine botulique microscopiquement dosée (c'est un poison mortel !) à des fins esthétiques. Le Botox, déjà prisé en ophtalmologie pour le traitement contre le strabisme, présente en effet la particularité d'adoucir les rides. Les époux Carruthers envisagent de déposer un brevet, mais tous les avocats qu'ils contactent les en dissuadent. Grossière erreur. Le laboratoire Allergan, dont le Botox est devenu le produit vedette, est valorisé à plus de 50 milliards d'euros. Et, au premier trimestre 2017, les ventes de l'antirides miracle ont encore progressé de 14 %.

Inès Bouchareb, www.capital.fr, 5 octobre 2017

6 Quelles sont les conséquences de l'absence du dépôt de brevet ?

7 *A contrario*, qu'apporte à tout point de vue un dépôt de brevet à une entreprise ?

II Comment la marque valorise-t-elle les signes distinctifs de l'entreprise ?

Contexte

Une entreprise proposant un service de cotation de valeur de véhicules automobiles d'occasion décide de prendre pour nom « La Cote Argus ». Elle reçoit une lettre recommandée de la société Argus, la mettant en demeure de renoncer à ce nom. L'Argus considère en effet que l'exploitation du nom est une imitation de sa marque, puisque le public pourrait croire à tort que « La Cote Argus » en est une déclinaison sur Internet. À l'inverse, l'entreprise attaquée prétend que « La Cote Argus », désignant la cotation des véhicules d'occasion, est passé dans le langage courant et ne peut donc être l'exclusivité de l'Argus.

6 Les signes susceptibles de constituer une marque

La marque est un « ***signe*** *susceptible de représentation graphique servant à* ***distinguer les produits*** *ou* ***services d'une personne physique ou morale*** »

(Code de la Propriété intellectuelle – CPI, art. L. 711.11).

Le CPI présente une liste indicative des éléments (verbaux, figuratifs et sonores) pouvant constituer une marque : un nom, une couleur, une forme, un logo, un slogan, une signature, un code graphique, un symbole, un jingle.

1. **Quelles sont toutes formes que peut prendre une marque ?**
2. **Donnez des exemples de votre connaissance.**

7 Les quatre conditions de validité de la marque

L'INPI refuse toute demande d'enregistrement de marques incorporant le slogan « Je suis Charlie », faute de distinctivité. Ce slogan évoque, en effet durablement, pour la population, la défense de la liberté d'expression. Il est de ce fait inapte à remplir une fonction d'indication de l'origine des produits ou des services, quel que soit le public visé par la marque demandée.

La cour d'appel de Paris [...] avait affirmé que la marque « Cannabia » évoquant le cannabis pour désigner des produits de grande consommation est contraire à l'ordre public. Les juges expliquent qu'elle véhicule l'idée selon laquelle est levé l'interdit qui s'attache à une substance légalement qualifiée de stupéfiant et avoir pour effet de la présenter sous un jour favorable.

anglepi.wordpress.com, 28 août 2013

[...] La marque « Premier sur le matin » pour désigner une émission de radio qui n'est pas la plus écoutée dans sa tranche horaire a été considérée déceptive et par conséquent annulée.
[...] La marque « La pizza de Saint-Tropez » pour désigner des pizzas préparés en dehors de la ville de Saint-Tropez est déceptive.
[...] Par contre, la marque « NYC » pour des vêtements a été jugée valable car il n'a pas été établi que le public concerné par ces vêtements établirait un rattachement entre ces produits et la ville de New York.

Colombe Dougnac, www.village-justice.com, 2 octobre 2017

– L'utilisation antérieure du nom commercial « Décathlon » par les magasins Decathlon rend indisponible le terme « Décathlon ». Il n'est donc pas permis de l'enregistrer en tant que marque puisque celle-ci n'est plus libre et donc disponible. En outre, sa couleur bleue est une marque valable.
– La société d'ingénierie française Free Electrics a changé de nom suite à la contestation de Free pour éviter des actions en justice. Spécialisée en logiciels libres, elle s'appelle désormais Boot.

3. **Relevez les quatre critères de validité d'une marque.**
4. **La marque « La Cote Argus » vous semble-t-elle valable ? Si ce n'est le cas, précisez quel critère lui fait défaut.**

8 Comment Louis Vuitton s'est installé en tête du CAC 40

[...] Après avoir dépassé pour la première fois la barre symbolique des 100 milliards d'euros de capitalisation [...], LVMH a pu se démarquer non seulement en détrônant Total, le leader historique du CAC 40, mais en permettant au luxe de dépasser les industries lourdes, traditionnellement en tête [...].

Fédérant 70 maisons et réalisant près de 40 milliards de ventes [...] avec un réseau mondial de plus de 3 900 magasins, LVMH est aujourd'hui classé devant Sanofi, L'Oréal, BNP Paribas, Airbus et AXA. Cette performance exceptionnelle [...] s'explique [...] par la valorisation continue des marques du leader mondial du luxe. Louis Vuitton est la marque française la mieux classée du classement BrandZ™ des marques globales les plus puissantes. [...] Ce classement met en exergue la capacité d'une marque forte à justifier son prix premium, augmenter ses ventes et mieux contribuer à la création de valeur auprès des actionnaires. [...] Concrètement, la position de leader du marché du luxe conservée par LVMH depuis dix ans s'explique en grande partie par le rôle central de la « marque » dans sa stratégie globale. [...]

Étude BrandZ™ Top 100 2017 par Kantar Millward Brown, www.lesmarquesalaloupe.com, 13 juin 2017

5 Qu'est-ce qui explique la croissance et la stratégie du groupe LVMH ?

6 En quoi peut-on dire que la marque joue un rôle actif dans la pérennité de LVMH en lui permettant d'attirer et de retenir sa clientèle ?

9 L'exploitation des droits attachés à la marque

CPI, art. 714-1 : « *Les droits attachés à une marque sont transmissibles en totalité ou en partie, indépendamment de l'entreprise qui les exploite ou les fait exploiter. La cession, même partielle, ne peut comporter de limitation territoriale. Les droits attachés à une marque peuvent faire l'objet en tout ou partie d'une concession de licence d'exploitation exclusive ou non exclusive ainsi que d'une mise en gage.* »

Le contrat de licence de marque est un accord par lequel le titulaire d'une marque (le concédant) autorise une autre personne (le licencié), à utiliser cette marque moyennant le versement de redevances proportionnelles à l'exploitation appelées aussi « *royalties* ».

7 Que peut faire une entreprise avec sa marque ?

10 Cosmétiques : L'Oréal renouvelle sa licence Armani jusqu'en 2050

Le géant mondial des cosmétiques L'Oréal a annoncé [...] un accord avec Armani renouvelant sa licence jusqu'en 2050 pour développer et commercialiser des lignes de parfums, soins et maquillage haut de gamme associées à la maison de couture italienne. Les produits L'Oréal issus de sa licence Armani ont généré plus d'un milliard d'euros de chiffre d'affaires, sur un total de 26 milliards d'euros pour le groupe, et « *affichent l'une des croissances les plus fortes du secteur* », selon un communiqué. L'Oréal exploite l'univers des marques Armani dans le secteur de la beauté depuis 1988. « *La collaboration avec L'Oréal est une des premières licences* » du portefeuille du groupe Armani, a souligné son président Giorgio Armani, se disant « *très heureux* » de renouveler et consolider ce « *partenariat prospère* ».

www.lavoixdunord.fr, 22 mars 2018

8 Quel est l'intérêt pour L'Oréal de la licence de marque que lui accorde Armani ?

9 Que perçoit Armani en échange ?

III Les enjeux du brevet et de la marque : la protection de l'entreprise

Contexte

Alors qu'elles s'apprêtent à ouvrir « Le Nain Joyeux », un restaurant de croque-monsieur au cœur de Rouen, les sœurs Léa et Manon se voient dans l'obligation de renoncer à ce nom, qu'elles ont pourtant déposé à l'INPI. Une société de patisseries industrielles de la ville voisine a en effet déjà enregistré un nom semblable et les menace d'une procédure judiciaire pour contrefaçon de marque.

A Agir en contrefaçon en cas d'utilisation de la marque ou du brevet par un tiers sans son autorisation

11 Le dépôt à l'Institut national de la propriété intellectuelle (INPI)

Le dépôt d'un brevet auprès de l'INPI permet de protéger une invention. La personne qui dépose un brevet bénéficie du monopole d'exploitation d'une durée maximale de 20 ans, en payant les redevances annuelles de maintien en vigueur.

Au plan européen **l'Office européen des brevets (OEB)**, et au plan international, **l'Organisation mondiale de la propriété intellectuelle (OMPI)** délivrent également des brevets offrant une protection plus étendue dans l'espace, pour 20 ans.

La protection accordée par une marque enregistrée à l'INPI est valable sur le territoire français pendant une durée de 10 ans. Quand une entreprise française vient à exporter ses produits et/ou services, elle doit étendre la protection de sa marque française à d'autres pays.

La protection pour l'ensemble du territoire de l'Union européenne s'effectue auprès de **l'Office de l'Union européenne pour la propriété intellectuelle (EUIPO)**. Titre unitaire, la « marque de l'Union européenne » s'applique automatiquement aux 28 pays de l'Union européenne, en étant renouvelable indéfiniment tous les 10 ans.

À partir d'une marque enregistrée ou d'une demande d'enregistrement en France, on peut demander une protection dans un ou plusieurs pays auprès de **l'Organisation mondiale de la propriété intellectuelle (OMPI)**, le dossier international devant obligatoirement transiter par l'INPI.

D'après www.inpi.fr

1 **Comment est organisée la protection de la marque et du brevet au niveau national ? au niveau européen ?**

Vidéo
EUIPO, On en revient toujours aux marques...

12 Chanel remporte son procès contre Amazon

Le marché du luxe est le plus touché par la contrefaçon. Une gangrène qui n'épargne pas Chanel. […] La maison de mode française avait porté plainte en avril 2017 contre le mastodonte américain. Ce dernier commercialisait sur sa plateforme des produits Chanel contrefaits. […] Chanel avait alors réclamé une compensation de 2 millions de dollars pour chacun des revendeurs de contrefaçons repérés sur la plateforme de vente en ligne. Le tribunal californien s'est prononcé en faveur de la maison de mode française. Les revendeurs d'Amazon devront chacun reverser 100 000 dollars de dommages et intérêts à Chanel. La marque de luxe touchera ainsi la somme de 3 millions d'euros. […]

journalduluxe.fr, 5 juillet 2017

2 **Qu'est-ce qui a permis à Chanel de gagner son procès en contrefaçon ?**

B Faire respecter ses droits en agissant en concurrence déloyale

13 Stéphane Plaza ne pourra pas exploiter la marque « Plaza Immobilier »

Un promoteur parisien a attaqué la star de M6 pour concurrence déloyale...

En 2013, Stéphane Plaza, figure de M6, a déposé les marques « Stéphane Plaza » et « Stéphane Plaza Immobilier » à l'Institut national de la propriété industrielle (INPI), ce qui lui a permis de lancer, deux ans plus tard, son propre réseau d'agences immobilières. L'animateur de « Recherche appartement ou maison » découvrant qu'il existait une société appelée « Plaza Immobilier », lui a envoyé une mise en demeure pour qu'elle cesse d'exploiter son nom. Cette agence immobilière, ouverte en 2006 par un promoteur à Paris, a alors attaqué à son tour Stéphane Plaza pour concurrence déloyale.

Le tribunal de grande instance (TGI) de Paris a donné raison au promoteur. Les juges ont estimé que « *l'association des termes «Plaza» et «Immobilier» pour servir de dénomination sociale à une société exerçant une activité de promotion et de transaction immobilière apparaît cohérente, indépendamment de toute référence à Stéphane Plaza* ». Par ailleurs, le TGI a indiqué que Stéphane Plaza n'était pas encore une star du petit écran lors de la création de « Plaza Immobilier » en 2006. En résumé, l'agence « Plaza Immobilier » peut conserver cette dénomination et Stéphane Plaza ne peut s'en prévaloir et devra se contenter d'exploiter les marques « Stéphane Plaza » et « Stéphane Plaza Immobilier ».

D'après www.20minutes.fr, 12 janvier 2017

3 **Reconstituez l'enchaînement des faits opposant l'animateur Stéphane Plaza et l'agence Plaza Immobilier.**

4 **Pourquoi le TGI ne retient-il pas la concurrence déloyale dans cette affaire ?**

14 Concurrence déloyale en captant indûment la clientèle d'une marque

En janvier 2017, la société Decathlon est condamnée à verser 20 000 € de dommages-intérêts au gérant de la société Julia, qui est titulaire de la marque Inuka, et 50 000 €, au titre de la concurrence déloyale.

En 2011, le gérant de la société Julia, qui vend depuis 2004 du matériel de randonnée sous la marque Inuka, avait constaté que, sur Google, le site Decathlon ressortait parmi les résultats de requêtes comportant le mot-clé Inuka. En saisissant « *Inuka achat* » dans la barre de requête du moteur de recherche, apparaissaient la balise titre « *Inuka sur decathlon.fr votre magasin Decathlon* » et en dessous la balise description suivante : « *Large choix de Inuka sur decathlon.fr* ». Or, quand l'internaute se rendait sur decathlon.fr, il était orienté vers d'autres produits et on lui indiquait que les produits Inuka n'étaient plus disponibles.

Pour le tribunal, l'apparition de la marque Inuka ne peut pas être le fruit du hasard et Decathlon a donc entendu faire un usage de la marque pour désigner un produit et le vendre. Le tribunal a considéré que Decathlon avait commis des actes de concurrence déloyale à l'encontre de Julia dans la mesure où ils permettent de capter indûment la clientèle intéressée par les produits Inuka au préjudice de Julia qui en assure la distribution. Il estime que l'usage du terme Inuka par Decatlon est source de confusion. Puis, il affirme que l'emploi de l'expression « *Large choix de Inuka sur decathlon.fr* » suggère que cette enseigne distribue des produits authentiques de la marque en cause. Une telle allégation est donc susceptible d'altérer le comportement du consommateur qui sera amené à se rendre sur le site alors que le produit qu'il recherche n'est pas en vente et qu'au contraire des produits d'autres marques lui sont proposés.

5 **Quels sont les faits dans cette affaire ?**

6 **Pourquoi peut-on parler de concurrence déloyale ?**

7 **Après lecture de l'ensemble des documents, indiquez quels sont les enjeux du droit de la propriété industrielle.**

Synthèse

Le droit de la propriété industrielle a pour objet la protection et la valorisation des innovations et des créations industrielles ou commerciales.

Outils juridiques pour protéger la propriété industrielle

BREVET	MARQUE
Titre protégeant une invention sous conditions : • être nouvelle • susceptible d'application industrielle • impliquer une activité inventive (ne doit pas découler de manière évidente de la technique connue par « l'homme de métier »)	Signe original pouvant être représenté graphiquement (mot, nom, slogan, chiffres, lettres, dessin ou logo) désignant un produit ou service
Intérêts	
Protéger et valoriser une innovation technique, c'est-à-dire un produit ou un procédé qui apporte une nouvelle solution technique à un problème technique donné	Faire connaître et reconnaître les produits et services de l'entreprise en les distinguant de ceux de la concurrence, pour les valoriser
Forme et durée de la protection auprès de l'INPI (Institut national de la propriété industrielle)	
Monopole d'exploitation pour une durée maximale de 20 ans	En déposant la marque à l'INPI, obtention d'un monopole d'exploitation sur le territoire français pour 10 ans, renouvelable indéfiniment

Enjeux

- Enjeu stratégique et accélérateur de croissance pour les entreprises
- Innovations préservées et rentabilisées par les entreprises
- Actions en contrefaçon ou en concurrence déloyale contre des concurreants ne respectant pas les droits de l'entreprise

Mots clés

Propriété industrielle • Brevet • Marque • INPI

11 L'environnement global de l'entreprise

QUESTION **Comment l'entreprise intègre-t-elle la connaissance de son environnement dans sa prise de décision ?**

COMPÉTENCE(S)
- Repérer les principaux éléments du macro-environnement de l'entreprise
- Analyser les évolutions de l'environnement et en identifier les conséquences sur la situation de l'entreprise

SAVOIRS ASSOCIÉS
- Les caractéristiques de l'environnement : facteurs politiques, légaux, économiques, socioculturels, technologiques et environnementaux
- Le rôle de l'innovation

Contexte

Renault veut être un nouveau laboratoire social

Le premier constructeur automobile français aura besoin de collaborateurs de plus en plus qualifiés avec la robotisation qui s'accélère.

Le groupe, comme tout le secteur automobile, est en phase de mutation accélérée. Les nouveaux véhicules embarquent toujours plus d'électronique. Cela devrait encore s'accélérer avec l'arrivée des voitures autonomes et le développement des véhicules électriques. De plus, pour faire face à la concurrence, Renault doit devenir plus efficace. L'entreprise veut arriver à une moyenne de 90 véhicules produits par personne et par an dans ses usines françaises, contre une moyenne de 64 aujourd'hui. Un gain de productivité de 40 %. Cela implique de robotiser ses usines pour les mettre au niveau des concurrents japonais ou allemands. En conséquence, le profil des collaborateurs de Renault en France doit changer. L'entreprise aura moins besoin d'ouvriers. [...] La moitié des 3 600 nouveaux embauchés seront des ingénieurs. Le restant du personnel sera fortement incité à se former. L'objectif est que 85 % du personnel suive une formation dans les trois prochaines années.

L'accord signé avec les syndicats prévoit d'instaurer des « commissions d'application » dans chacune des usines. C'est une réorganisation importante du dialogue social pour aller dans le sens d'une décentralisation. Ainsi, Renault espère mériter encore son surnom de « laboratoire social », que le groupe a longtemps justifié en innovant pour être en avance sur les grandes réformes.

Alain Guillemoles, www.la-croix.com, 16 janvier 2017

1 Identifiez les influences auxquelles Renault doit faire face dans l'environnement actuel.

2 Comment Renault compte-t-il s'organiser pour pouvoir y répondre ?

3 Quels sont les domaines dans lesquels Renault innove pour faire face aux évolutions de l'environnement ?

I Repérer les principaux éléments du macro-environnement de l'entreprise

Contexte

Renault est devenu est des leaders mondiaux de l'industrie automobile. Pour maintenir sa position, il doit s'adapter aux mutations de son environnement. C'est ce qui l'a motivé à investir massivement dans de nouveaux véhicules électriques. Cependant, le succès de ce projet dépend de la capacité de Renault à analyser les tendances de son environnement.

1 Le succès de la Renault Zoe ZE 40

À l'occasion du Mondial de l'Automobile de Paris, Renault a présenté sa nouvelle citadine électrique, Zoe ZE 40, fabriquée à Flins, dans les Yvelines. Deux mois plus tard, le modèle affichait déjà 70 % des parts du marché de l'automobile électrique en France, devant la Nissan Leaf et la Peugeot iOn.

La Renault Zoe est l'incarnation de la voiture électrique accessible à tous. Mais les résultats de vente bondissants de la dernière version s'expliquent aussi par l'innovation technologique que ce modèle apporte, avec sa batterie ZE 40. Celle-ci affiche une capacité de charge de 41 kWh – contre 22 kWh pour la précédente version – et une autonomie de 400 km [...], soit la plus grosse autonomie actuelle sur le marché.

[...] La technologie, développée par [...] Renault, repose sur une innovation majeure : l'augmentation de la densité énergétique, qui permet à la batterie d'accroître sa capacité de stockage sans augmenter son volume d'encombrement.

Article partenaire Enedis, www.latribune.fr, 1 juin 2017

2 Des évolutions à prévoir dans les technologies utilisées

Tout au long de l'année, des communiqués diffusés aux quatre coins de la planète ont annoncé des ruptures technologiques en matière de conception des batteries : électrolyte solide, graphène, sodium, soufre ... [...] La batterie du futur devrait permettre une beaucoup plus grande autonomie pour un poids et un prix fortement réduits. En conséquence, les experts et les agences spécialisées prédisent une chute des prix des batteries et des véhicules électriques, qui seront moins chers que les thermiques dans 4 ou 5 ans au plus tard.

Bernard Deboyse, www.automobile-propre.com, 6 janvier 2018

1. **Présentez l'offre de Renault Zoe ZE 40 et montrez ce qui explique son succès.**
2. **Mettez en évidence l'importance pour Renault de maîtriser des technologies nouvelles.**

3 Renault doit se plier aux contraintes du gouvernement chinois

Le pays a [...] décidé de passer à l'action. [...] Bonus extrêmement élevé [...], gratuité de la plaque dans les grandes villes alors que les immatriculations sont limitées pour les modèles thermiques. [...] Au-delà de la volonté d'aérer des villes devenues irrespirables, ces soutiens doivent bâtir une stratégie industrielle. [...] Le gouvernement l'a compris très vite, en réservant les montants des subventions aux seules marques nationales. Les acteurs étrangers sont donc obligés de s'associer avec un constructeur local et d'intégrer leur technologie à des voitures qui ne porteront même pas leur marque ! Renault va ainsi industrialiser [ses voitures électriques] sur place [...], sans pouvoir y apposer le losange, tandis que son partenaire Dongfeng frappera la voiture de son dragon. [...]

Maxime Amiot, Les Echos, 23 février 2016

3 **Présentez la politique du gouvernement chinois concernant les véhicules électriques.**

4 **Repérez le contexte écologique et économique qui justifie ces mesures.**

5 **Comment Renault prend-il en compte cette donnée de son environnement international pour commercialiser ses véhicules en Chine ?**

4 Normandie : des voitures électriques de plus en plus prisées

2017 a été une année record pour la vente de véhicules électriques.

[...] « *C'est la progression de l'autonomie qui déclenche l'intérêt pour les véhicules électriques* » analyse un professionnel. L'annonce de l'augmentation des prix des carburants fossiles, du durcissement des normes antipollution, d'un malus écologique qui pourrait devenir annuel [...] sont en train de faire le reste. [...] « *Historiquement, avec les aides de la Région, les ventes de voitures électriques sont bonnes dans la région* », souligne le concessionnaire.

« *Ce ne sont plus seulement des personnes qui habitent à 20 ou 25 km de leur travail, mais avec l'autonomie qui augmente, nous avons des Rouennais qui travaillent dans l'ouest parisien et qui se déplacent chaque jour en Zoe* », raconte Laurent Le Roux. [...] À condition que le nombre de bornes de recharges suive.

[...] Sur chargemap.com, un site contributif recensant les bornes, on en dénombrerait un peu plus de trois cents dans les deux départements, et presque autant dans la Calvados. [...] La Région Normandie propose à ses habitants une aide de 2 000 € pour l'achat d'un véhicule électrique, et pour l'infrastructure de recharge.

Olivier Cassiau, www.paris-normandie.fr, 27 janvier 2018

6 **Comment les éléments légaux, politiques et économiques influencent-ils l'activité de Renault ?**

7 **Quels sont les facteurs sociologiques qui vont être déterminants dans la décision d'achat d'une voiture électrique Renault ?**

5 La connaissance des influences du macro-environnement

L'entreprise se développe dans un contexte général, caractérisé par les structures et les évolutions de la société dans laquelle elle se trouve. Ce macro-environnement regroupe de nombreux facteurs dont l'entreprise doit tenir compte : la démographie, l'économie, le système politico-légal, la technologie, la culture... Pour pouvoir s'insérer et se développer dans son macro-environnement, l'entreprise doit le connaître. Elle peut pour cela utiliser un outil d'analyse de l'environnement, la méthode PESTEL, qui répartit les influences en six grandes catégories (politique, économique, sociologique, technologique, écologique, légal). Elle a pour but de faire une *check-list* qui permette d'identifier et de hiérarchiser les éléments de l'environnement susceptibles d'affecter l'activité de l'entreprise.

8 **Montrez ce que regroupe le macro-environnement et présentez l'intérêt de la démarche PESTEL.**

9 **Recherchez et classez, selon la méthode PESTEL, les différents éléments de l'environnement pouvant influencer l'activité de Renault.**

10 **À partir des documents 1 à 5, montrez comment Renault a su identifier et saisir ces différentes évolutions de son environnement.**

II Analyser les évolutions de l'environnement

Contexte

L'environnement est en constante évolution. Pour réussir, Renault ne doit pas seulement le surveiller afin de profiter de ses opportunités, mais aussi prévenir les menaces qui pourraient venir de ses évolutions futures. Il s'agit de saisir les opportunités, mais aussi de savoir transformer les contraintes en opportunités.

6 Arsenal 2018 pour limiter les véhicules polluants

[…] Un dispositif moins intéressant pour l'électrique. En cas d'achat d'un véhicule électrique, la prime à la casse tombera à 2 500 euros, contre 4 000 aujourd'hui. L'aide n'en reste pas moins intéressante, d'autant qu'elle est assortie d'un bonus de 6 000 euros accordé à tout acquéreur d'une voiture électrique, sans condition de ressources. […]

Anne Feitz, Les Echos, 27 décembre 2017

1 Identifiez la menace que représente le nouveau dispositif concernant les véhicules électriques.

7 La voiture électrique va impacter le marché mondial du cuivre

L'explosion des ventes prévue dans les dix prochaines années devrait avoir un impact considérable sur le marché du cuivre.

« *Avec 90 kilos de cuivre au minimum par voiture électrique, soit 3 à 4 fois plus que dans une voiture à essence, on voit quelles seront les conséquences sur la demande de cuivre* »

explique […] le Français Jean-Sébastien Jacques, patron de Rio Tinto, un géant des mines. […] Dans un scénario où 95 % des voitures vendues sont électriques, il faudrait […] un doublement de la production enregistrée en 2016 ! Problème : le cuivre est une ressource non renouvelable et aucun nouveau gisement n'a été découvert au cours des 20 dernières années.

Au rythme de la consommation actuelle, il reste à peine 30 années de réserves. Heureusement, le cuivre peut être recyclé à l'infini, sans altération ni perte de performances, et il y a sur la planète un stock de 490 millions de tonnes, soit l'équivalent d'un peu moins de 25 années de consommation. […] Bien que moins bon conducteur électrique que le cuivre, l'aluminium pourrait, en cas de forte pénurie, le remplacer dans un

certain nombre d'applications et il a en plus l'avantage d'être moins lourd. Or, l'aluminium est le 3e élément le plus abondant sur terre, après l'oxygène et le silicium. […] Pour les électromobilistes […], il s'agit à la fois d'une bonne et d'une mauvaise nouvelle. La bonne c'est que les marchés et l'industrie croient enfin à l'essor rapide de la voiture électrique […]. La mauvaise, c'est que la hausse des prix des matières premières et de possibles pénuries pourraient le ralentir.

Bernard Deboyse, www.automobile-propre.com, 6 janvier 2018

2 Quelle menace doit prendre en compte Renault au niveau des matières premières ?

3 Classez les menaces à prendre en compte sur le marché des voitures électriques selon la méthode PESTEL.

4 Comment Renault peut-il prévenir les défis de son environnement et même les transformer en opportunités ?

III Innover pour s'adapter aux évolutions de l'environnement

A Les types d'innovations dans l'environnement actuel

Contexte

Apple est devenue l'entreprise symbole de l'innovation. Pour s'adapter et même devancer les mutations de son environnement, l'entreprise a su mettre en œuvre de nombreuses innovations au niveau de son offre mais aussi au niveau de sa communication et de son marketing.

8 iPhone : dix ans d'innovations

Depuis la sortie du premier iPhone en 2007, [...] la véritable identité d'Apple réside dans l'innovation. [...] Avec plus d'un milliard de modèles vendus en dix ans, l'iPhone serait [...] l'objet *high-tech* le plus influent de tous les temps. [...] [En] 2007, Steve Jobs présentait au monde un téléphone sans clavier. Avec un écran tactile, [...] l'iPhone ne ressemble à aucun autre. Capable de prendre des photos et de lire de la musique tout en se connectant à Internet, il est présenté comme le parfait mélange entre un iPod, un téléphone, et un ordinateur. [...] En 2015, les iPhone 6s et 6s Plus ne présentent pas d'innovations remarquables. [...] Une nouvelle couleur, or rose, est proposée pour répondre aux attentes du marché asiatique.

Marie Pothin, www.monpetitforfait.com, 15 septembre 2017

1. **Comment Apple a-t-il utilisé l'innovation pour s'imposer dans son environnement ?**
2. **Montrez que ces innovations ne sont pas toujours des produits totalement nouveaux.**

9 Apple, LE marketing de l'innovation

[...] Une stratégie de différentiation, [...] de rupture n'est pas toujours d'ordre technologique. Elle peut aussi être d'ordre comportemental, dans le rapport aux objets ou à leur utilisation. L'un des adversaires [...] d'Apple à ses débuts était la firme IBM. [...] La philosophie d'IBM était simple : « *Think* ». Apple va donc lancer une nouvelle campagne publicitaire sur le slogan : « *Think different* ». Deux slogans quasi identiques, à un mot près ! Et ce mot reflète tout un état d'esprit. [Apple] se positionne ainsi comme une marque anticonformiste, audacieuse, différente, et prête à révolutionner le monde. Tout l'inverse de l'image institutionnelle et rigide d'IBM. Par cette approche, la marque à la pomme affirme sa position de leader [...] en termes de produits, d'innovations, de design. [...]

Fabrice Lamirault, Les Echos, 9 janvier 2017

3. **Quel est l'autre domaine d'innovation d'Apple ?**
4. **Comment cette innovation d'Apple a pu lui permettre de s'imposer face à IBM ?**

10 L'innovation selon Joseph Schumpeter

Joseph Schumpeter montre que c'est grâce à un « entrepreneur innovateur » que se crée la croissance économique. L'innovation lui permettra d'obtenir un monopole temporaire sur le marché. Schumpeter explique que l'économie est gouvernée par le phénomène de « destruction créatrice ». La croissance est un processus permanent de création, de destruction et de restructuration des activités économiques. Par exemple, les supports physiques de lecture (CD) sont remplacés par les fichiers audio numériques (mp3).

De produit	De procédé	D'organisation	De commercialisation
Offre d'un bien ou service nouveau ou sensiblement amélioré sur le plan de ses caractéristiques ou de l'usage auquel il est destiné	Amélioration ou nouvelle méthode de production ou de distribution	Nouvelle méthode dans l'organisation du lieu de travail, les relations extérieures…	Nouvelle méthode de commercialisation, changements du conditionnement, de la promotion ou de la tarification d'un produit

5. **Qu'est-ce qu'une innovation ? Quel est son rôle selon Schumpeter ?**
6. **Présentez et caractérisez les types d'innovations d'Apple présentés dans les documents 8 et 9.**
7. **Montrez comment Apple a su prendre en compte son environnement, voire a su l'influencer.**

B Les enjeux de l'innovation

Contexte

L'innovation d'Apple a consolidé son avantage concurrentiel en lui permettant de se différencier de ses concurrents. Elle lui a aussi donné une image valorisante. Ce processus d'innovation, long et coûteux, est aussi risqué. L'environnement peut présenter des dangers, comme le risque d'être copié. Apple a donc mis en place une culture pour se protéger des dangers de son environnement. La marque a adopté un portefeuille technologique et une organisation flexible et propice à l'innovation. Mais, dans l'environnement actuel, Apple doit relever un nouveau défi : mettre ses innovations au service de sa RSE.

11 L'innovation au service de la performance

Apple est devenue la première capitalisation boursière mondiale, à 819 milliards de dollars.

[...] Même avec des produits plus chers que ceux de la concurrence, Apple parvient à dominer le marché. Comment et pourquoi ? [...] La marque Apple est [...] associée à « haute technologie, *design* et ergonomie ». [Apple s'impose] d'abord dans le vocabulaire. Un propriétaire d'iPhone pourra vous demander si vous avez vu son « téléphone » mais plus probablement, il vous demandera si vous avez vu son « iPhone ».

www.cafedelabourse.com, 16 novembre 2017

8 Présentez la situation financière d'Apple et montrez comment l'innovation a permis à la firme de gagner en compétitivité et de s'imposer sur son marché.

9 Comment Apple se différencie-t-elle pour éviter d'être copiée ?

10 Mettez en évidence la façon dont Apple façonne son environnement en créant une culture qui protège ses innovations.

12 Une image à soigner dans le contexte environnemental actuel

Les coques d'iPhone seront-elles un jour flanquées d'un avertissement de santé ?

Selon deux actionnaires d'Apple, leur généralisation entraîne en particulier une crise de santé publique : l'addiction des enfants. Dans une lettre ouverte, [...] ils exhortent ainsi la marque à la pomme à mettre en place des systèmes pour réduire la durée d'utilisation de ces smartphones par les plus jeunes. [...] « *Un consensus se développe autour du monde et dans la Silicon Valley selon lequel les conséquences potentielles doivent être prises en compte dès aujourd'hui et aucune entreprise ne doit échapper à cette responsabilité* », écrivent-ils. « *Apple peut jouer un rôle déterminant en signalant à l'industrie qu'une attention particulière à la santé et au développement de la prochaine génération est à la fois une bonne affaire et la bonne chose à faire* », ajoutent-ils. Conscients que la santé publique ne pèse peut-être pas assez lourd comme argument, ils ajoutent craindre à terme que la mauvaise publicité induite « *n'impacte Apple* » (et donc leurs propres actions). Les signataires de la lettre ne sont [...] pas n'importe qui pour la firme : à eux deux, Jana Partners LLC et les caisses de retraite des enseignants californiens (Calstrs) possèdent plus de 2 milliards de dollars de capitaux de la marque.

Alexandra Saviana, www.marianne.net, 8 janvier 2018

11 Quel problème est soulevé par les deux actionnaires d'Apple ?

12 Montrez les coûts que peut engendrer une politique d'innovation qui ne prend pas en compte l'image et la responsabilité sociétale de l'entreprise dans l'environnement actuel.

C Les modalités d'une politique d'innovation

Contexte

La politique d'innovation d'Apple ne peut être efficace sans une surveillance constante de l'environnement : la veille technologique. À partir de cette veille, Apple met en place un effort considérable en recherche et développement. Dans un environnement où la concurrence entre les différents acteurs est féroce, Apple protège ensuite ses innovations de façon à ne pas être copiée. Cependant, pour assurer un avantage compétitif, la politique d'innovation d'Apple doit prendre en compte la qualité et l'éthique de son offre.

13 Apple investit des milliards de dollars en R&D

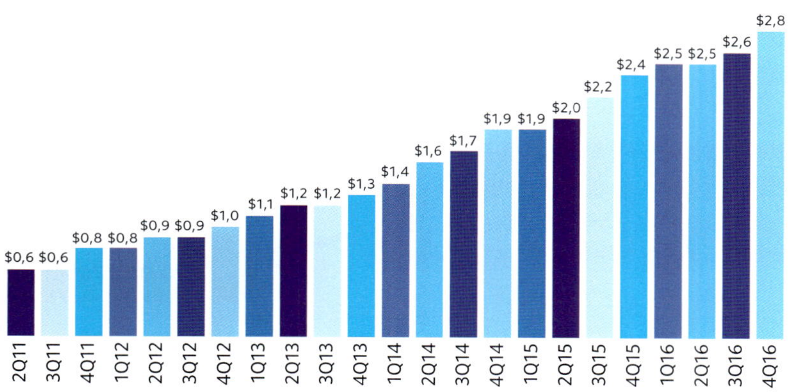

En 2016, Apple a dépensé 10,39 milliards de dollars en recherche et développement [afin] d'imaginer les produits de demain, que ce soit les futurs iPhone ou d'autres catégories de produits. [...] **En l'espace de cinq ans, la dépense pour la recherche et développement a ainsi grimpé de 367 %.** [...] Il y a la partie logicielle, la partie matérielle et plus encore qui nécessitent toujours plus de ressources pour ne pas se reposer sur ses lauriers et innover.

Jean-Baptiste A., www.iphoneaddict.fr, 1 février 2017

13 Montrez comment Apple mise sur sa R&D pour favoriser son innovation.

14 Violation de brevets : Apple gagne son procès contre Samsung

Après avoir multiplié les appels et les recours, les tentatives de Samsung semblent finalement êtres vaines, puisque la Cour suprême des États-Unis a condamné la firme à payer 120 millions de dollars. [...] En cause, une violation des brevets déposés par Apple, qui concernait par exemple la célèbre fonctionnalité « Glisser pour déverrouiller ». Samsung avait aussi été accusé d'avoir copié le *design* de l'iPhone : reprise des coins arrondis, bordure supérieure et pavé d'icônes. Puis, en 2012, Apple reprochait à la firme d'avoir violé six de ses brevets sur les sept déposés.

Louise Millon, www.presse-citron.net, 8 novembre 2017

14 Mettez en évidence l'importance de la protection juridique dans le processus d'innovation et montrez comment Apple a pu en bénéficier.

15 Une enquête pour « obsolescence programmée »

Le parquet de Paris a ouvert une enquête visant la marque à la pomme sur des soupçons d'« **obsolescence programmée** » de certains modèles d'iPhone de la firme américaine. [...] Cette enquête [...] vise également le chef de « tromperie ». Elle fait suite à la plainte de l'association Halte à l'obsolescence programmée (Hop) contre Apple France dans la foulée de l'aveu du géant américain qui avait admis ralentir volontairement ses anciens modèles de smartphones. [...] Dans sa plainte, Hop estime qu'Apple, à travers les mises à jour de ses iPhone, en réduit volontairement les performances et la durée de vie afin d'en accélérer le remplacement.

Source AFP, 8 janvier 2018

15 Présentez le problème de qualité et d'éthique que doit affronter Apple.

16 Montrez les conséquences pour Apple du non-respect de la qualité et de l'éthique dans le domaine juridique de l'obsolescence programmée.

Synthèse

L'entreprise doit cerner son environnement global. Elle peut utiliser l'outil PESTEL pour étudier les influences :

- politiques
- économiques
- sociologiques
- technologiques
- écologiques
- légales

Cette analyse permet de connaître et de :

- saisir les opportunités de l'environnement
- prévenir les menaces et si possible les transformer en opportunités

Pour s'insérer dans son environnement, l'entreprise doit s'efforcer d'innover au niveau :

- des produits
- des procédés
- de l'organisation
- du marketing

L'innovation permet de créer la croissance nécessaire au renforcement de la compétitivité ou d'un avantage concurrentiel sur son marché. Ses enjeux sont donc :

de renforcer les atouts de l'entreprise

- **l'avantage concurrentiel :** en se différenciant des concurrents
- **la compétitivité :** réduire les coûts, améliorer les performances
- **l'image :** l'innovation est valorisante, et peut permettre de se mettre au service de la RSE

en intégrant les contraintes de l'innovation

- le processus long, coûteux et risqué
- le risque d'être copié (nécessité de protéger l'innovation)
- la nécessité d'adapter la culture et la structure

Pour mener à bien une innovation en accord avec son environnement, l'entreprise doit respecter différentes modalités, notamment :

- mener une veille technologique
- assurer la recherche et le développement
- protéger ses innovations par des brevets
- mettre en œuvre une démarche qualité

Mots clés

Environnement • Macro-environnement • Innovation

Cas d'entreprise

Comment Michael Kors intègre-t-il la connaissance de son environnement dans sa prise de décision ?

ÉCONOMIE

- Repérer l'impact des politiques sur l'environnement de l'entreprise

DROIT

- Repérer les enjeux du droit de la concurrence et du droit de la propriété industrielle pour l'entreprise

MANAGEMENT

- Repérer les principaux éléments du macro-environnement de l'entreprise
- Analyser les évolutions de l'environnement et en identifier les conséquences sur la situation de l'entreprise

Contexte

Michael Kors est un styliste américain, créateur de la marque de prêt-à-porter qui porte son nom. L'entreprise a su se saisir des nouvelles tendances pour bâtir son succès et réaliser un chiffre d'affaires avec une progression passant d'environ 2,1 milliards de dollars pour l'exercice 2012-13 à plus de 4,3 milliards de dollars en 2016-17. Pour pérenniser son succès, Michael Kors continue à prendre des décisions en fonction des opportunités qu'offre son environnement.

1. **Présentez l'activité de Michael Kors et recherchez les différents éléments de l'environnement qui ont influencé les décisions prises par Michael Kors.**
2. **Montrez comment l'entreprise a su transformer les menaces de son environnement en opportunités.**
3. **Identifiez le rôle de l'innovation dans le succès de Michael Kors et dans ses décisions de rachat d'entreprise.**
4. **Comment l'entreprise respecte-t-elle les principes de régulation économique supranationale dans le cadre européen ?**
5. **Comment Michael Kors protège-t-il ses créations ? Quel est l'intérêt de protéger la propriété intellectuelle pour Michael Kors et pour l'économie dans son ensemble ?**
6. **Montrez l'influence du droit de la concurrence dans l'activité de Michael Kors.**

Annexe 1 Michael Kors, un créateur de mode soucieux de son environnement

[…] Michael Kors s'engage depuis longtemps dans des causes philanthropiques, combattant la faim depuis plus de 20 ans. […] En 2013, il a créé un partenariat avec le Programme alimentaire mondial des Nations unies (PAM) pour aider à combattre la faim dans le monde en concevant la montre « 100 Series ». Une partie des bénéfices obtenus de la vente de cette pièce unique permet au PAM de distribuer de la nourriture aux enfants à travers son programme de repas scolaires. […]

michaelkors.fr

Annexe 2 Conditions qui régissent l'utilisation du site Web michaelkors.fr

[…] À propos de nous

[…] Michael Kors (France) SAS [est une] société immatriculée au registre du commerce et des sociétés de Paris (RCS) […], dont le siège social est situé au 26 rue Laffitte, 75009 Paris, France. […] Notre capital social est de 18 520 000 euros. […]

Nos droits de propriété

[…] Nous […] détenons l'intégralité et l'exclusivité de tous les droits, titres de propriété […] de tout le contenu […], des codes, des données […] ainsi que les autres droits de propriété intellectuelle et droits protégés s'y rapportant. […]

Marques

Les marques, logos, marques de service et noms commerciaux affichés sur les sites ou faisant partie du contenu du site (y compris, notamment, Michael Kors, Michael Michael Kors et MK Michael Kors) sont des marques déposées et non déposées de la société […], qui ne peuvent pas être utilisées sans l'accord exprès du titulaire de la marque. […]

michaelkors.fr

Annexe 3 Les autorités togolaises engagées à protéger la propriété intellectuelle

[...] La douane togolaise a ouvert un conteneur de 12 mètres en provenance de Chine et y a découvert des milliers de paires de chaussures [...] contrefaites. [...]

Parmi les grandes marques putatives, on pouvait citer : [...] Michael Kors [...]. La saisie de chaussures de contrefaçon au Togo démontre l'engagement croissant des autorités à promouvoir et protéger la propriété intellectuelle. Ces actions sont dans l'intérêt de chaque pays, d'autant plus que les mesures de protection constituent un véritable coup de pouce à l'innovation et promeuvent la création, la diffusion et la gestion de l'information et de produits uniques, fruit de la créativité individuelle ou organisationnelle. En général, les gouvernements protègent la propriété intellectuelle à travers la mise en œuvre de mécanismes juridiques, tels que les droits d'auteur, et les secrets liés aux marques et aux brevets. De nos jours, les droits de propriété intellectuelle constituent la monnaie universelle de l'innovation de l'économie globale. [...] Une application stricte des droits de propriété intellectuelle protège les pays contre la contrefaçon et nourrit la créativité d'artistes et d'entrepreneurs qui sont des moteurs économiques de la croissance intérieure. [...]

www.togoactualite.com, 6 avril 2018

Annexe 4 Une toute nouvelle catégorie de montres connectées

« Pour moi, il est clair que faire fusionner design d'exception, style personnel et technologie innovante est le futur de la mode. Nous sommes très fiers de pouvoir présenter notre nouvelle génération de montres connectées tactiles et hybrides. »

Michael Kors

Annexe 5 Michael Kors face aux autorités de contrôle européennes

La marque de luxe américaine Michael Kors a pu acheter le chausseur de luxe britannique Jimmy Choo pour 896 millions de livres. La Commission européenne a évalué que l'acquisition envisagée ne soulèverait aucun problème de concurrence étant donné les positions de marché combinées modérées des sociétés.

Annexe 6 Ces marques qui disent non à la fourrure

Effet de mode ou réelle prise de conscience, la liste des créateurs et marques ayant banni la fourrure véritable de leurs collections s'allonge de plus en plus. Aujourd'hui, l'industrie de la mode prend davantage conscience de l'importance de la protection et du respect de l'environnement, et s'engage pour la cause animale. [...] **Un pas de plus vers une mode plus éthique.**

Dernier en date à dire adieu à la vraie fourrure : Michael Kors. Fin décembre, le styliste américain a expliqué son choix : « *Grâce aux avancées technologiques les plus récentes, nous sommes désormais en mesure de créer une esthétique luxueuse en utilisant de la fausse fourrure.* » Ces nouvelles techniques seront donc présentées [...] à l'occasion du prochain défilé de la griffe.

Six mois auparavant, une manifestation été organisée par des militants de la cause animale contre le créateur lors de son discours au Metropolitan Museum of Art de New York. Cette décision d'arrêter la fourrure s'applique également au chausseur Jimmy Choo, racheté quelques mois plus tôt par l'entreprise de mode américaine. [...]

Malvine Sevrin, www.marieclaire.fr, 2 janvier 2018

Cas d'entreprise

Air France, comment faire face à la concurrence déloyale ?

ÉCONOMIE

- Repérer l'impact des politiques sur l'environnement de l'entreprise

DROIT

- Repérer les enjeux du droit de la concurrence et du droit de la propriété industrielle pour l'entreprise

Contexte

Fondée en 1933, Air France fait partie du groupe privatisé Air France-KLM. Dès 2012, la compagnie a dû se réorganiser pour faire face à la concurrence des compagnies à bas coûts sur les lignes européennes. En novembre 2016, Jean-Marc Janaillac, président du groupe Air France-KLM, présente le plan « *Trust Together* » qui prévoit de lancer des lignes long courrier *low-cost*. Cependant, Air France continue à devoir faire face à une concurrence acharnée.

1. **Quel est le problème de concurrence auquel doit faire face Air France-KLM ?**
2. **Présentez les différents litiges juridiques qui concernent les compagnies concurrentes.**
3. **Montrez comment la régulation supranationale dans le cadre européen peut permettre de réguler la concurrence dans le secteur.**
4. **Mettez en évidence les limites de l'intervention de l'État dans un contexte d'internationalisation du secteur aérien.**

Annexe 1 Air France pris en étau entre les compagnies du Golfe et les *low-cost*

Depuis la fin des années 1990, les compagnies traditionnelles comme Air France-KLM voient leurs parts de marché sévèrement entamées par de nouveaux arrivants.

D'un côté, les compagnies *low-cost*, qui dominent […] le segment des court- et moyen-courriers. De l'autre, les compagnies du Golfe, telles Emirates ou Qatar Airways, qui prennent une place de plus en plus importante sur les long-courriers. Face à cette double concurrence, Air France-KLM se retrouve pris en étau. […]
« *Les compagnies* low-cost *jouent sur les droits fiscaux et sociaux pour réduire au mieux leur coûts* », indique Paul Chiambaretto, professeur de marketing et stratégie à Montpellier Business School. […] Le modèle *low-cost* vise en effet une économie drastique des coûts sur la plupart des domaines. Ryanair en est sûrement le meilleur exemple. Sur le plan fiscal, cette compagnie est domiciliée en Irlande où les taux d'imposition sont très favorables aux sociétés. Concernant les coûts de personnel, la justice française lui a reproché à plusieurs reprises d'avoir recours à du « travail dissimulé », en faisant travailler en France des salariés sous contrat irlandais. Rien que pour son activité à l'aéroport de Marseille, la compagnie irlandaise a été condamnée en appel en 2014 par la cour d'appel d'Aix-en-Provence à verser 8,1 millions d'euros de dommages et intérêts aux parties civiles, principalement aux organismes sociaux pour les cotisations chômage et de retraite. […] Dans une nouvelle affaire semblable, le parquet lui reproche un « *système frauduleux visant à affilier aux organismes sociaux ses personnels navigants exclusivement et artificiellement en Irlande, afin d'éluder le paiement des cotisations sociales en France* ».
[…] Cette concurrence, que certains jugent déloyale, pourrait pousser certaines compagnies classiques à adopter les mêmes pratiques que les *low-cost*. Si rien ne laisse entrevoir une telle tendance pour l'instant pour Air-France, […] SAS, la compagnie historique scandinave, semble d'ailleurs avoir cédé à cette tentation. Elle a annoncé en début d'année sa volonté d'obtenir une licence en Irlande, pour pouvoir bénéficier d'une fiscalité plus avantageuse.
[…] À côté de la pression exercée par les *low-cost*, s'est renforcée depuis quelques années, celle des compagnies du Golfe. Ces dernières, qui connaissent des taux de croissance très importants, sont perçues comme une menace sur les long-courriers. […]

Justine Delépine,
www.alternatives-economiques.fr,
7 mars 2017

Annexe 2 Air France multiplie les alliances face aux compagnies du Golfe

[...] Confronté aux trois compagnies du Golfe (Etihad, Emirates et Qatar Airways), qui siphonnent depuis des années sa clientèle long-courrier (la plus rentable), Air France tisse sa toile pour résister à cette concurrence acharnée.

La compagnie tricolore vient de créer un *joint-venture* avec Vietnam Airlines et en prépare deux autres avec Kenya Airways et l'indienne Jet Airways. Objectif ? Renforcer son maillage et muscler son offre de long-courrier grâce à des partenariats stratégiques avec des compagnies majeures tout autour du globe. Ces alliés sont choisis pour leur poids sur leur marché local et le potentiel de leur clientèle nationale sur les long-courriers. Les *joint-ventures*, dont la création est soumise aux approbations des autorités de la concurrence, sont bien plus efficaces que les accords de partage de codes (vols exploités en commun). « *Les compagnies ne sont plus rivales mais partenaires,* confie un dirigeant d'Air France-KLM. *Elles peuvent ainsi harmoniser leurs politiques commerciales et coordonner leurs vols, facilitant ainsi les correspondances des passagers pour des vols domestiques.* »

Ivan Letessier, www.lefigaro.fr, 10 octobre 2017

Annexe 3 Transport aérien : le Parlement européen s'attaque à la concurrence déloyale

Les compagnies aériennes extra-européennes risquent de voir leur droit à desservir l'Union européenne (UE) révoqué si elles s'engagent dans des **pratiques commerciales discriminatoires**, selon la première version d'un projet adopté [...] par la commission des Transports du Parlement européen.

Selon ce texte de loi, les pays membres et compagnies aériennes de l'UE pourraient porter plainte auprès de la Commission européenne s'ils s'estiment victimes de concurrence déloyale dans des pays ne faisant pas partie de l'UE ou s'ils jugent que des compagnies aériennes hors UE jouissent de subventions illicites. Également, les gouvernements européens pourraient imposer des « mesures compensatoires provisoires » à des compagnies de pays tiers avant même que ne soient connues les conclusions d'une éventuelle enquête, afin d'empêcher des dommages irréversibles.

> *La pression exercée par des transporteurs de pays tiers largement subventionnés est de plus en plus sensible ; elle peut saper une concurrence équitable sur le marché aux dépens des compagnies européennes* », a justifié Markus Pieper, le rapporteur du texte de loi. « *Les transporteurs aériens de la région du Golfe, de Turquie, de Chine et de Russie ont des liens forts avec l'État qui peuvent causer des distorsions de marché.*

Des compagnies traditionnelles telles qu'Air France-KLM et Lufthansa se plaignent depuis longtemps de la concurrence qu'elles jugent déloyale, en particulier des compagnies du Golfe [...], auxquelles elles reprochent de bénéficier d'aides publiques illégales. Les trois grandes compagnies du Golfe, qui rejettent en bloc ces accusations, sont confrontées à une opposition de même nature aux États-Unis, qui a conduit le Qatar à accepter de publier des informations

financières détaillées sur Qatar Airways à l'issue de discussions avec le gouvernement américain.

Le Parlement européen devra s'entendre avec les États membres sur une version définitive du texte avant qu'il prenne force de loi. Ce projet devrait donc être amendé au fil des discussions. [...] En effet, certains pays de l'UE n'y sont pas totalement favorables : les droits de dessertes faisant habituellement [l'objet] d'accords bilatéraux, ils craignent de perdre à leur tour leurs dessertes aériennes dans les pays visés.

> Des voyagistes, aussi, prennent la défense des compagnies du Golfe : « *Une fois de plus, la puissance publique se porte au secours des compagnies aériennes, mais la pression économique qui est exercée par celles-ci sur les agences de voyages n'est jamais évoquée. Nous sommes très contents de travailler avec des compagnies aériennes extra-européennes, car elles nous offrent des conditions commerciales souvent meilleures que nos compagnies nationales aux comportements monopolistiques,* commente Fabrice Dariot, patron de l'agence Bourse-des-vols.com.

Thierry Blancmont, www.air-journal.fr, 25 mars 2018

Cas d'entreprise

Jeff de Bruges innove-t-il en tenant compte du contexte économique et juridique ?

ÉCONOMIE
- Repérer l'impact des politiques sur l'environnement de l'entreprise

DROIT
- Repérer les enjeux du droit de la concurrence et du droit de la propriété industrielle pour l'entreprise

MANAGEMENT
- Analyser les évolutions de l'environnement et en identifier les conséquences sur la situation de l'entreprise

Contexte

Jeff de Bruges est une entreprise chocolatière créée en 1986 par Philippe Jambon. C'est à Bruges que tout a commencé, avec la première fabrique de chocolats de l'enseigne. La passion du fondateur pour la chanson « Jef » de Jacques Brel lui a inspiré le nom « Jeff de Bruges ».
Conscient que son succès passe par une offre toujours renouvelée, la marque veille au renouvellement constant de ses emballages et propose de nouvelles recettes en fonction des saisons. Cependant, cette innovation est conditionnée par les contraintes politiques et juridiques de son environnement.

1. **Présentez le concept et l'offre de Jeff de Bruges. L'entreprise contribue-t-elle à la création d'emploi dans le respect des règles éthiques ?**
2. **Identifiez le rôle de l'État pour réguler l'activité de Jeff de Bruges.**
3. **Montrez comment le droit régule les différentes activités de Jeff de Bruges.**
4. **Comment la propriété industrielle protège-t-elle les créations de l'entreprise ?**
5. **Repérez les principaux éléments du macro-environnement qui ont un impact sur l'activité de Jeff de Bruges. S'agit-il d'opportunités ou de contraintes ?**

Annexe 1 Une entreprise qui recrute dans le respect de la parité

[…] Si nos ateliers de fabrication sont établis en Belgique où près de 100 collaborateurs et maîtres-chocolatiers œuvrent chaque jour pour produire vos chocolats, le siège de Jeff de Bruges est situé en France, à Marne-La-Vallée. C'est là que 105 personnes imaginent les collections de demain, gèrent les approvisionnements et assurent une relation permanente avec plus de 510 boutiques à travers le monde. […]

Chez Jeff de Bruges, nous sommes attachés au respect de la parité, et ce à tous les niveaux de la hiérarchie. Ainsi, les femmes représentent 70 % des cadres et sont fortement impliquées [dans les] décisions stratégiques de l'entreprise. Nous donnons aussi la chance aux jeunes, qui peuvent accéder rapidement à des postes à responsabilité. Aujourd'hui, la moyenne d'âge de nos salariés s'établit à 32 ans.

www.jeff-de-bruges.com

Annexe 2 Des chocolats truffés de nanos ?

[…] Alors que l'ANSES vient de publier un avis confirmant le caractère cancérigène du dioxyde de titane, colorant contenant des nanoparticules, « Agir pour l'Environnement » vient d'identifier près d'une centaine de chocolats contenant cet additif dangereux.

[…] De très nombreux chocolats, y compris des chocolats de renom, contiennent en effet des additifs alimentaires, susceptibles d'être présents à l'échelle nanoparticulaire (milliardième de mètre, 10 000 fois plus petit qu'un grain de sel). […] « *Les signaux d'alerte sont suffisamment forts pour que le gouvernement décide d'interdire les nanoparticules dans l'alimentation, d'autant plus que les enfants sont en première ligne* », indique Magali Ringoot, coordinatrice des campagnes. Concernant le respect du Règlement européen INCO 1169/2011 sur l'étiquetage des nanos, […] il semble qu'il n'y ait toujours aucun produit alimentaire étiqueté « nano » en France ! […]

Agir pour l'environnement, communiqué ce presse, 14 avril 2017

Annexe 3 Des nanoparticules non mentionnées sur les étiquettes des aliments

La Direction générale de la concurrence, de la consommation et de la répression des fraudes (DGCCRF) a effectué des contrôle d'étiquetage pour vérifier que la mention « nano » figurait sur les produits contenant des nanoparticules.

[…] « ***Sur les 17 produits incriminés, un seul échantillon respectait le règlement européen sur l'information du consommateur, obligeant les industriels à apposer la mention " nano " sur l'étiquette*** », ajoute l'ONG.

« *Attendues depuis fin 2016, c'est la première fois que sont rendus publics des contrôles officiels sur la présence de nanoparticules dans l'alimentation.* » […] Huit ONG avaient adressé une lettre ouverte au gouvernement français, demandant la « *mise en place urgente de mesures de précaution* », avec notamment l'interdiction temporaire des nanoparticules présentes dans le colorant E171. […] Suite à ces alertes, le gouvernement avait indiqué que les contrôles de la présence de nanomatériaux dans les produits alimentaires allaient être renforcés. […]

www.ouest-france.fr, 14 novembre 2017

Annexe 4 Jeff de Bruges innove, en magasin comme sur la Toile

Pour ses 30 ans, le réseau de chocolateries s'offre un coup de jeune en adoptant un nouveau *concept store*. […] Au passage, l'enseigne se met à l'heure du numérique. […] Car, avec une notoriété globale parmi les plus hautes du marché – 89 % selon une enquête réalisée par TNS Sofres en janvier 2016 –, Jeff de Bruges se devait d'innover à nouveau afin de continuer de rivaliser avec les Leonidas, De Neuville et autres Chocolats Roland Réauté. […] Pour accompagner cette transformation, la marque s'apprête à lancer un tout nouveau programme de fidélité sur le Web, baptisé « le Jeff Club ». […] Les clients pourront […] donner leur avis sur tel ou tel produit, et tester en avant-première des produits. […]

Jennifer Matas, www.lesechosdelafranchise.com, 9 novembre 2016

Annexe 5 Objet de l'application

L'Application mobile *Jeff Club* […] est une application non marchande […] destinée à être utilisée sur le smartphone du client. […]

DROIT DE RÉTRACTATION

Les produits offerts ou bénéficiant de tarifs préférentiels dans le cadre du programme *Jeff Club* étant susceptibles de se détériorer, le délai de rétractation des articles L.121-20 et suivants du code de la consommation ne s'applique pas.

DONNÉES PERSONNELLES

Les données personnelles collectées dans le cadre du programme relationnel *Jeff Club* sont traitées par Jeff de Bruges […] dans le respect des dispositions légales relatives à la protection des données personnelles issues de la loi n°78-17 du 6 janvier 1978, dite « Informatique et Libertés » modifiée par la loi du 6 août 2004. […]

PROPRIÉTÉ INTELLECTUELLE

Application. L'application ainsi que tout logiciel utilisé nécessairement en relation avec celle-ci peuvent contenir des informations confidentielles ainsi que des données protégées par le droit de la propriété intellectuelle. Ainsi, sauf mention contraire, les droits de propriété intellectuelle sur les documents et toute donnée de toute nature contenus dans l'application et chacun des éléments composant l'application (images, illustrations, sons, textes, éléments graphiques, charte…), y compris les logiciels, bases de données et *newsletters* sont la propriété exclusive de Jeff de Bruges. […]

Marques. Il est rappelé que la société Jeff de Bruges Diffusion est propriétaire de la marque Jeff de Bruges et de ses logos. […]

www.jeff-de-bruges.com

Cas d'entreprise

Quel est le rôle de l'État dans la régulation économique du secteur des transports ?

ÉCONOMIE

- Identifier les principales politiques économiques et leurs outils
- Repérer l'impact des politiques sur l'environnement de l'entreprise

DROIT

- Repérer les enjeux du droit de la concurrence pour l'entreprise

Contexte

Le secteur des transports ferroviaire et aérien est en pleine mutation économique. En France, l'État est un acteur important du secteur en contrôlant, en particulier, la SNCF. La politique économique nationale doit tenir compte du contexte de l'Union européenne qui vise à ouvrir le plus largement possible le secteur des transports à la concurrence.

1. **Quel rôle joue l'État auprès de la SNCF ?**
2. **Quel est l'outil utilisé par l'État pour soutenir la SNCF ?**
3. **Quelle serait la conséquence d'un soutien financier de l'État sur la SNCF ?**
4. **Quel est l'impact de la libéralisation du train sur les compagnies européennes ?**
5. **Pourquoi cette libéralisation limite-t-elle l'intervention de l'État français ?**
6. **Pourquoi les grands projets d'infrastuctures relèvent-ils de la politique structurelle ?**
7. **Quelle est la finalité économique de l'accroissement de la mobilité des personnes ?**
8. **Comment l'État peut-il contribuer à améliorer la compétitivité d'Air France ?**
9. **Quel est l'enjeu du droit de la concurrence au niveau du transport routier ?**
10. **Quelle est la réponse juridique de l'UE pour réguler le transport routier ?**

Vidéo
Nathan live!
La Quotidienne, Trains : ouverture à la concurrence, quels changements ?

Annexe 1 Pourquoi l'Europe veut libéraliser le train ?

[...] Le Premier ministre [français] a annoncé [...] le calendrier de la réforme de la SNCF. L'objectif de cette réforme poussée par les institutions européennes : ouvrir le transport national de voyageurs à la concurrence.

Deutsche Bahn, Trenitalia, SNCF... Qu'elles soient publiques ou privées, les compagnies ferroviaires seront en compétition dans l'ensemble de l'UE à l'horizon 2020. [...]
Pour la Commission européenne, la concurrence, c'est l'efficacité. La commissaire aux Transports, Violeta Bulc, résume parfaitement cette position [...] : « *Jusqu'à maintenant, le secteur n'a pas vraiment été incité à répondre à la demande des consommateurs et, par conséquent, il a vu sa part de marché diminuer constamment. L'ouverture progressive du marché devrait améliorer les performances des services ferroviaires.* » [...]. L'ouverture à la concurrence n'est pas une fin en soi. Le vrai projet de la Commission, à terme, est de favoriser l'émergence d'un « *espace ferroviaire unique européen* » en uniformisant les normes de sécurité et les infrastructures propres à chacun des États-membres. Avec, pour horizon ultime, la multiplication des lignes grandes vitesse entre les métropoles européennes [pour] favoriser la mobilité et les échanges économiques au sein de l'UE. [...]

Gabrielle Trottmann, info.arte.tv, 26 février 2018

Annexe 2 La dette de la SNCF et le rôle de l'État

[...] Au premier semestre 2016, la dette du groupe a presque atteint les 50 milliards d'euros [...]. En parallèle des créances induites par de tels montants, cet endettement paralyse littéralement l'entreprise ferroviaire française qui se voit dans l'impossibilité de lancer de nouveaux projets commerciaux ou le renouvellement de son matériel. [...]. L'État, potentiel soutien financier du groupe, et qui s'était engagé [...] à reprendre tout ou partie de la dette de SNCF, ▸

▸ a finalement annoncé […] qu'il n'en ferait rien. Une importante partie de la dette a récemment résulté de la construction de nouvelles lignes grande vitesse commandées par l'État. […] La dette de SNCF Réseau a donc augmenté suite à ces chantiers commandés et voulus par l'État français. […]. Le rachat de tout ou partie de cette dette soulagerait les finances de SNCF lui permettant de relancer une politique d'investissement et de développement. […]

transport.sia-partners.com, 6 janvier 2017

Annexe 3 Des lignes à grande vitesse pour accroître la mobilité

[…] Le développement de la grande vitesse ferroviaire répond au besoin d'accroissement de la mobilité à longue distance tout en promouvant le mode de transport le plus sûr et le plus respectueux de l'environnement.

[…] Le Gouvernement a missionné la Commission « Mobilité 21 » […], pour préciser les conditions de mise en œuvre du schéma national des infrastructures de transport (SNIT). […] Le Gouvernement a retenu dans sa feuille de route [le] scénario qui prévoit le lancement d'ici 2030 de grands projets représentant un investissement de 30 milliards d'euros. Toutefois, les engagements pris sur l'ensemble des « grands projets » conduisent aujourd'hui à une impasse de 10 milliards d'euros pour le quinquennat. Ainsi […], le Président de la République a annoncé une « pause » dans ces grands projets d'infrastructure, afin de définir les voies permettant d'assurer la soutenabilité du financement des projets. […]

www.ecologique-solidaire.gouv.fr, 13 janvier 2017

Annexe 4 Après le rail, le mal-être du transport aérien sous la loupe de l'État

Les Assises nationales du transport aérien […] doivent permettre de faire émerger les idées, initiatives et propositions, en vue de la préparation d'une stratégie nationale du transport aérien.

Elles seront lancées par la ministre des Transports […], déjà en première ligne dans la tentative de réforme de la SNCF, et s'étaleront sur six mois […] à Paris et en région avec pour angle « *la performance collective* ». « *Le diagnostic du déclin du pavillon français est clairement établi* », commente le président de la Fédération nationale de l'aviation marchande Alain Battisti. […] Les professionnels attendent […] « *des mesures concrètes* » sur le plan fiscal et budgétaire, mais aussi une simplification dans les superpositions de règles nationales et européennes. […]

Le danger réside aussi au sein même de l'Union européenne où, selon les acteurs français, leurs concurrents bénéficient de conditions bien plus favorables. […]

« *Il y a un aspect fiscal très important* » […] [qui explique] les écarts en termes de taxes avec les pays voisins comme l'Angleterre, l'Allemagne, l'Espagne ou l'Italie. […]. « *Le différentiel annuel de charges d'Air France par rapport à ses concurrents européens est de plusieurs centaines de millions d'euros.* » […]

[Les professionnels] préconise[nt] aussi la mise en place d'un « *instrument de défense commerciale en Europe pour préserver les compagnies européennes de la concurrence déloyale de pays, comme ceux du Golfe, qui n'ont pas les mêmes règles que nous* ».

www.capital.fr, 20 mars 2018

Annexe 5 Transport routier : mobilisation contre la concurrence déloyale

[…] Comment mettre fin au clivage Est-Ouest en matière de transport routier européen ? […] les ministres des transports de neuf pays […] ont signé une « *alliance du routier* ».

Son objectif ? Lutter contre la concurrence déloyale entre les pays de l'Union. Sa recommandation ? Simplifier la mise en œuvre de la réglementation européenne par les opérateurs, rendre les contrôles plus efficaces, permettant à l'avenir de « *définir des positions communes* » en matière de politique du transport. […]

« *L'Europe ne se construit pas sur la loi de la jungle et le dumping social. Cela nourrit le populisme. Nous avons un marché européen et des règles.* » [a prévenu Alain Vidalies, le secrétaire d'État au transport] […]

Les fraudes sont fréquentes. En 2015, sur plus de 100 000 véhicules contrôlés en France, près de la moitié des infractions concernaient le non-respect de la réglementation sociale européenne, comme les temps de conduite et le repos des conducteurs.[…]

« *Il faut mettre fin aux distorsions* », insiste son homologue allemand, Alexander Dobrindt, et « *avoir une application uniforme des normes sociales européennes* ». Pour ce ministre, il faut en finir avec les malentendus. « *On nous a reproché le protectionnisme. Ce n'est pas fondé. Nous voulons que tous les salariés soient protégés des abus, que leurs droits soient respectés par les entrepreneurs.* » […]

Dominique Gallois, www.lemonde.fr, 1er février 2017

Entraînement

Comment est régulée l'activité d'Uber ?

ÉCONOMIE
- Présenter le fonctionnement des marchés sur lesquels intervient l'entreprise
- Repérer l'impact des politiques sur l'environnement de l'entreprise

DROIT
- Repérer les enjeux du droit de la concurrence et du droit de la propriété industrielle pour l'entreprise

MANAGEMENT
- Repérer les principaux éléments du macro-environnement de l'entreprise
- Analyser les évolutions de l'environnement et en identifier les conséquences sur la situation de l'entreprise

Contexte

La naissance du concept Uber

Uber, est une entreprise américaine qui développe et exploite des applications mobiles de mise en contact d'utilisateurs avec des conducteurs réalisant des services de transport. L'entreprise, fondée par Garett Camp, Travis Kalanick et Oscar Salazar en 2009 sous le nom de UberCab (« SuperTaxi »), est lancée à San Francisco en 2010. Le service permet de géolocaliser, *via* un smartphone, une tablette ou un ordinateur, le véhicule le plus proche de soi pour le réserver. Mais ce sont les chauffeurs qui détiennent l'autorisation de transport, qui s'assurent contre les dommages, qui possèdent le véhicule et qui supportent les coûts fixes liés à leur activité. Uber n'a d'ailleurs pas le statut d'opérateur de VTC, mais celui de centre d'appels.

Le paiement est fait automatiquement à la fin de chaque course par prélèvement bancaire, sans qu'il y ait un échange de monnaie entre conducteur et passager. Le tarif de la course est déterminé par un algorithme, qui prend en compte le type de service utilisé, et l'intensité de la demande de transports. Par exemple, en France, la nuit de la Saint-Sylvestre, les prix peuvent être multipliés par 10. Ces pratiques tarifaires ont provoqué de multiples polémiques. Par exemple, lors de la prise d'otages de Sydney, Uber avait augmenté ses tarifs par 4 en moyenne, pour les clients voulant s'éloigner de la zone de la prise d'otages. Face aux réactions scandalisées, l'entreprise a dû faire marche arrière.

Les chauffeurs sont payés à la course *via* le terminal de paiement de la plate-forme, qui se rémunère au passage en prélevant une commission. En effet, 80 % du tarif payé par le client sont redistribués au chauffeur, les 20 % restants revenant à Uber sous forme de commission. Le 8 décembre 2016, Uber décide unilatéralement d'augmenter sa commission qui passe de 20 % à 25 %, et concomitamment d'augmenter les tarifs appliqués à la clientèle de 8 %. Mécontents de cette politique tarifaire, les chauffeurs Uber entament un mouvement social accompagné de blocages des accès aux aéroports parisiens.

Le mode d'organisation d'Uber

Après les États-Unis, Uber a développé progressivement son service dans plusieurs villes. En France, en décembre 2011, Paris sera la première ville hors des États-Unis à accueillir le service. Uber France est créée en janvier 2012.La France devient le second marché d'Uber en Europe.

Très rapidement, Uber est apparu comme une entreprise qui exerce une activité commerciale régulière de vente de service comme s'il s'agissait d'une activité occasionnelle. Uber est devenu le symbole des entreprises de nouvelle génération qui fonctionnent avec très peu de salariés, malgré une forte intensité en travail.

Uber dénombre seulement 5 000 salariés dans le monde, dont 70 en France. Les chauffeurs utilisés pour les services de VTC sont quant à eux des indépendants, principalement des auto-entrepreneurs. Ils accèdent aux demandes des clients *via* l'application. Uber joue le rôle du donneur d'ordres et leur impose des conditions.

Pour se développer, Uber tente de se diversifier et de multiplier les offres, en proposant notamment des services de coursier et transport de colis, ou la livraison de repas à partir d'une liste de restaurants et de plats présélectionnés. Cependant, pour pérenniser son activité, Uber doit se restructurer en fonction des contraintes de son environnement économique et juridique actuel. Il doit repenser son mode de management.

Entraînement

Après avoir analysé le cas Uber et les annexes ci-dessous, vous vous appuierez sur vos connaissances personnelles ainsi que sur les documents annexés pour répondre aux questions que posent les dossiers économiques, juridiques et de management concernant la situation d'Uber.

Liste des annexes

Annexe 1 L'histoire du marché des VTC
Annexe 2 Les vrais chiffres du marché des VTC et des taxis en France
Annexe 3 Taxis-VTC : l'amélioration de la régulation du secteur
Annexe 4 Uber : innovation ou concurrence déloyale ?
Annexe 5 Uber : une innovation au service de la croissance ?

Annexe 6 Pour la justice européenne, Uber est un service de transports
Annexe 7 Un chauffeur VTC reconnu salarié d'une plateforme
Annexe 8 Qu'est-ce qu'un chauffeur Loti ?
Annexe 9 Uber, les nouveaux chauffeurs seront des VTC professionnels
Annexe 10 Faut-il créer un statut pour les travailleurs de plateformes ?
Annexe 11 VTC, Loti, Uber : ce que dit la loi Grandguillaume

Annexe 12 Uber et ses concurrents
Annexe 13 Non rentable, Uber se finance auprès des marchés financiers
Annexe 14 Taxify veut remplacer Uber à Paris en cassant les prix
Annexe 15 Daimler s'offre Chauffeur Privé pour concurrencer Uber
Annexe 16 Comment les taxis ont réagi à l'offensive d'Uber
Annexe 17 Uber : un nouveau PDG pour se refaire une réputation

Dossier 1 Le rôle de l'État dans la régulation de l'activité d'Uber (annexes 1 à 5)

En France, l'arrivée d'Uber à Paris s'inscrit dans un contexte de libéralisation du transport de personnes en France, puisqu'à partir du 22 juillet 2009 la réglementation permet l'exploitation de voitures de tourisme avec chauffeur. Mais l'arrivée d'Uber a fait émerger des rivalités entre les VTC et les taxis, obligeant le pouvoir législatif et le pouvoir exécutif à essayer d'encadrer l'activité d'Uber.
Le député Thomas Thévenoud a ainsi fait une proposition de loi pour réguler le marché et contrer Uber. Une longue bataille s'engage alors avec Uber.
En juillet 2016, le gouvernement français propose d'allouer un budget annuel de 100 millions d'euros pour racheter les licences des taxis français et compenser ainsi l'impact du succès des VTC et notamment d'Uber sur le marché des taxis.
La société Uber est critiquée pour son montage financier complexe, qui permet à la société californienne de ne pas payer ses impôts et taxes en France, tout comme Apple, Google, Amazon ou encore Yahoo.

1. **Présentez le fonctionnement de l'activité d'Uber.**
2. **Montrez les spécificités du marché sur lequel évolue Uber.**
3. **Présentez le rôle d'entreprises comme Uber dans la croissance économique.**
4. **Identifiez les décisions politiques ayant eu un impact sur Uber.**
5. **Mettez en évidence comment la régulation nationale et européenne a eu une influence sur l'activité d'Uber.**

Dossier 2 L'adaptation d'Uber à l'environnement juridique (annexes 6 à 11)

Le décret d'application de la loi Thévenoud paru le 30 décembre 2014 au *Journal Officiel* oblige les chauffeurs à avoir un certificat d'assurance pour le transport de personnes à titre onéreux et instaure une amende à l'encontre des conducteurs de véhicules à titre onéreux qui exercent leur activité sans avoir de carte professionnelle (ce qui s'applique aux chauffeurs UberPOP car ils ne sont ni taxi, ni VTC). Entrée en vigueur en 2018, la loi Grandguillaume consolide l'organisation du marché en mettant un point d'arrêt à l'expansion des chauffeurs qui roulent sous différents statuts. La Cour de justice de l'UE (CJUE) confirme que la France est en droit d'interdire UberPOP, un service de conducteurs particuliers occasionnels au volant de leur véhicule personnel (service arrêté en France depuis le 3 juillet 2015).

Le 17 mars 2016, Uber France est condamnée pour « *pratique commerciale trompeuse* » par le tribunal de Lille.

Partout dans le monde, Uber est accusé de concurrence déloyale, de travail dissimulé. On lui reproche d'enfreindre la réglementation sociale, fiscale et administrative en vigueur. Depuis sa création en 2009 jusqu'en 2016, Uber a fait l'objet de plus de 170 procès rien qu'aux États-Unis, et a été condamné à payer 161,9 millions de dollars dans le monde. En 2017, la Cour de justice de l'Union européenne a annoncé qu'Uber offrait un service de transport qui devrait être soumis aux réglementations imposées aux taxis.

Depuis une décision de la Commission européenne, en mai 2017, Uber est considérée comme une société de transport soumise aux exigences de licences et d'agréments.

6 **Présentez des décisions de justice qui ont un impact sur l'activité d'Uber.**

7 **Présentez la loi Grandguillaume.**

8 **Montrez quels ont été les objectifs qui ont guidé l'évolution du droit de la concurrence sur le marché des VTC.**

9 **Mettez en évidence les implications de cette évolution en matière de droit du travail.**

10 **Montrez les enjeux du droit de la concurrence pour l'entreprise Uber.**

Dossier 3 Une nécessaire réorganisation du management d'Uber (annexes 12 à 17)

En mai 2016, pour être conseillé sur des questions de régulation, de politiques publiques et d'image, Uber mène des recrutements qui posent des questions de conflit d'intérêts. L'entreprise recrute Neelie Kroes, une haute-fonctionnaire européenne, ancienne commissaire européenne à la concurrence, puis vice-présidente de la Commission européenne et commissaire européenne à la société numérique, donc chargée de réguler l'activité d'entreprises comme Uber.

Le numéro deux du groupe, Emil Michael, démissionne en juin 2017, accusé d'être en partie responsable de la culture d'entreprise agressive d'Uber. Il en sera de même pour le dirigeant et fondateur Travis Kalanick. Le 27 août 2017, le comité de direction d'Uber désigne Dara Khosrowshahi au poste de directeur général d'Uber, lui laissant la charge de relancer la société. Il lui faudra notamment redorer un blason terni tant auprès des utilisateurs que des investisseurs tout en redonnant confiance à des salariés ébranlés par la multiplication des polémiques entourant la société.

11 **Identifiez l'influence que peut avoir sur l'entreprise l'évolution du contexte politique, économique et juridique.**

12 **Repérez, selon la méthode de votre choix, les principaux éléments du macro-environnement pouvant influencer l'activité d'Uber à l'aide de l'ensemble des annexes de cette situation.**

13 **Identifiez leurs conséquences sur la situation de l'entreprise. Quels sont les éléments qui représentent une menace et ceux qui sont une opportunité pour Uber ?**

14 **Montrez les défis que doit affronter son nouveau dirigeant.**

15 **Montrez comment Uber doit se réorganiser pour prendre en compte les défis de son environnement.**

Annexe 1 L'histoire du marché des VTC

Le marché des transports avec chauffeur (VTC) a été une des grandes révolutions du marché du travail en général, et du marché des transports plus en particulier ces dernières années. Pour comprendre ce nouveau tournant (économique, social et de mode de vie), il faut bien évidemment tracer un petit bilan de l'histoire.

L'histoire du marché du transport de personnes avec chauffeur

En France entre la fin des années 1930 et les années 2010, le marché du transport des personnes avec chauffeur a été dominé par les taxis. Les taxis existent depuis le début du XXe siècle, mais en réalité c'est en 1939 qu'ils ont commencé à être régulés par un *numerus clausus* de licences afin de résoudre quelques problèmes dus à la forte augmentation du nombre de taxis qui circulaient. Les *numerus clausus* ont « aidé » à réduire le nombre de chauffeurs, mais également à réguler les prix. Cependant, cela a marqué le début du monopole. C'est alors le royaume des taxis qui a perduré de longues années, grosso modo des années 1940 à 2010. C'est aussi, en quelque sorte, une profession qui est restée figée pendant très longtemps : pas d'évolution, pas de changements.

L'apparition d'entreprises comme Uber

Mais tout a changé à partir de 2011… L'entreprise Uber, celle qui est à l'origine de cette révolution du marché du transport de personnes avec chauffeur, est arrivée en France en 2011. Les premières voitures VTC opèrent dans la ville de Paris, mais l'expansion se fait très rapidement : Lyon, Lille, Bordeaux, Toulouse… Même si Uber n'a pas été la seule entreprise de transport de voiture avec chauffeur à faire son apparition. D'autres se sont lancées, avec plus ou moins de succès : EasyTake, AlloCab, Chauffeur Privé, etc. En réalité, nombreuses ont été les entreprises qui ont vu le jour, tellement nombreuses qu'en très peu de temps le nombre de chauffeurs en France a augmenté de 13 000 (environ), autrement dit, le nombre de créations de ce type d'entreprises a augmenté de 85 %. Cela a représenté un vrai bouleversement dans le monde des taxis qui, jusqu'à présent, n'avaient pas eu trop de soucis à se faire.

[…] Une chose est certaine, l'ubérisation ne s'est pas faite sans beaucoup de controverses. […]

www.etudes-et-analyses.com, 3 juillet 2017

Annexe 2 Les vrais chiffres du marché des VTC et des taxis en France

**[…] Un peu plus de 30 000 VTC circulent actuellement en France. […]
Depuis […] la loi Grandguillaume, le marché des véhicules de tourisme avec chauffeur est en effet entré dans une nouvelle ère, celle de la consolidation.**

Fini l'expansion tout azimut, avec des chauffeurs qui roulent sous différents statuts, provoquant la colère des taxis. Exit notamment les Loti, ces capacitaires devant rouler avec au moins deux personnes dans le véhicule, souvent salariés d'entreprises de transports et qui sont venus grossir les rangs des applications dans une sorte de concurrence déloyale, déplorée à la fois par les titulaires des cartes professionnelles VTC, mais surtout par les artisans-taxis. […]

Mais alors que le marché du taxi est national, avec environ 60 000 licences sur tout le territoire, les VTC s'agglutinent essentiellement en Île-de-France, la région captant plus de 70 % du marché. Au 1er février 2018, le ministère des Transports enregistre ainsi, selon nos informations, « *25 959 exploitants VTC dont 19 031 en Île-de-France* ». Quant au nombre de chauffeurs déclarés, « *il était de 27 395 conducteurs dont 19 701 en Île-de-France* », au 31 décembre 2017.

À titre de comparaison, la préfecture de police de Paris recense « *17 924 taxis parisiens* », couvrant « *la zone de Paris intra-muros, ainsi que les départements de la petite couronne (92, 93, 94), le parc des expositions de Villepinte, les aéroports de Roissy et d'Orly* ». […]

Au regard de ces chiffres, le marché actuel du transport individuel s'élèvent donc à 37 625 véhicules en Île-de-France. […]

> ***Les VTC s'agglutinent essentiellement en Île-de-France, la région captant plus de 70 % du marché.***

Reste que depuis le début de l'année, les applications, Uber en tête, déplorent une baisse drastique du nombre de chauffeurs. Le géant américain affirmait début février avoir recensé « *environ 20 000 chauffeurs actifs sur l'application en France, soit une baisse de 25 % par rapport à décembre 2017* ». Même tendance chez ses principaux concurrents. […]

Alors que pour le grand public la concurrence fait rage entre les applications pour séduire les clients, en coulisses, ce sont plus que jamais les chauffeurs qui sont le nerf de la guerre du marché des VTC.

Sébastien Pommier, www.lexpress.fr, 18 février 2018

Annexe 3 Taxis-VTC : l'amélioration de la régulation du secteur

Elisabeth Borne a reçu [...] les organisations représentant les chauffeurs VTC, les taxis et les plates-formes. Au-delà de la mise en œuvre de la loi Grandguillaume, la ministre des Transports a annoncé la création d'une mission de réflexion sur la régulation du secteur chargée notamment de réfléchir sur la réglementation du temps de conduite et la mise en place d'une tarification minimale. [...]

Elisabeth Borne a invité les organisations professionnelles à faire part de leurs observations sur trois textes d'application de la loi Granguillaume. [...] Un arrêté porte sur le nombre et la composition du comité T3P (transport public particulier de personnes), instance d'information et de concertation, chargée de débattre sur les grands enjeux du secteur et de rendre un avis sur le rapport de l'observatoire national des T3P.

[...] Un décret vise à imposer aux centrales de réservation une obligation de déclaration de leur activité et pour l'ensemble des opérateurs de mise en relation – plates-formes et centrales de réservation – une obligation de vérifier auprès de chauffeurs qu'ils sont en règle. Un autre décret fera obligation à tout acteur du secteur du T3P de communiquer des informations à l'autorité administrative à des fins de contrôle et de statistique. « *Une régulation efficace du secteur suppose de se doter d'instruments adaptés en termes de remontées d'information. Avec ces décrets imposant des obligations très claires aux plates-formes, nous faisons progresser de façon concrète la régulation du secteur, en faisant peser une responsabilité non seulement sur les chauffeurs mais aussi désormais sur les plateformes* », a justifié la ministre.

Une régulation à améliorer

[...] Trois pistes seront étudiées : la régulation des acteurs (sur le modèle des licences ou agréments mis en œuvre dans d'autres pays), la réglementation du temps de conduite, la mise en place d'une tarification minimale.

Compte tenu des positions très divergentes exprimées par les acteurs sur ces questions, la ministre a décidé de lancer une mission de réflexion sur la régulation du secteur, composée des inspections des ministères des transports (CGEDD), de l'économie et du numérique (CGE), des affaires sociales (IGAS).

Cette mission sera chargée d'expertiser les positions de chacun des acteurs, de réaliser des études comparatives avec d'autres modèles de régulation à l'étranger, et de proposer des pistes au gouvernement. [...]

Florence Guernalec, mobilicites.elteg.net, 11 décembre 2017

Annexe 4 Uber : innovation ou concurrence déloyale ?

[...] Depuis son arrivée en France, Uber se pose en défenseur de l'innovation. L'entrée de la société sur le marché a bousculé une corporation des taxis qu'elle considère comme inadaptée et injustement protégée par la réglementation. Des arguments qui portent, au vu de la progression des tarifs des taxis, plus rapide que l'inflation, et de la faible évolution du nombre de licences ces dernières années, au détriment de la disponibilité du service pour les usagers. [...] Reste que la start-up, comme ses consœurs américaines AirBnb ou Booking, ne paye quasiment pas d'impôt sur les sociétés en France, *via* un système d'optimisation fiscale. Et que son modèle économique et social est très peu protecteur pour ses chauffeurs. Modèle qui a inspiré l'expression « ubérisation de l'économie ». [...] En France, le début du feuilleton remonte à 2008. À l'époque, le rapport de la Commission pour la libération de la croissance française, présidé par Jacques Attali, préconisait de libéraliser le secteur des taxis afin d'augmenter l'offre de transport dans les grandes agglomérations. Sous la pression desdits taxis, le gouvernement n'avait pas donné suite. [...] Le gouvernement avait finalement trouvé une parade avec la loi Novelli de juillet 2009 créant une nouvelle catégorie de transporteurs, les véhicules de tourisme avec chauffeur (VTC). Ceux-ci sont autorisés à fournir leurs prestations à condition d'avoir fait l'objet d'une réservation préalable. [...] Face à la grogne des taxis, la loi Thévenoud [...] adoptée en septembre 2014 [...] prévoyait notamment d'imposer un délai de quinze minutes entre la réservation et la prise en charge du client. Un dispositif finalement retoqué par le Conseil d'État. [...]

Romain Renier et Claire Alet,
www.alternatives-economiques.fr, 27 janvier 2016

Annexe 5 Uber : une innovation au service de la croissance ?

Cette étude intitulée « *Uber : une innovation au service de la croissance* » résulte des travaux d'Asterès, cabinet de conseil et d'analyse économique, suite à une demande et un financement de l'entreprise Uber France. [...]

L'application Uber a transfiguré le secteur des véhicules de transports avec chauffeur (VTC) en générant des gains de productivité considérables. En quatre ans, 10 000 emplois de chauffeurs affiliés à la plateforme ont été créés en Île-de-France. Une simplification administrative du marché des VTC pourrait permettre de créer plus de 100 000 emplois sur le territoire français. Le cas Uber symbolise l'innovation digitale : en bousculant un marché, une plateforme crée de l'emploi, génère des gains de productivité et invite les institutions à se renouveler. [...]

L'application développée par Uber a fait exploser la demande de VTC et donc l'emploi dans le secteur. En quatre ans en Île-de-France, l'entreprise a créé directement une soixantaine de postes (préposés principalement au marketing et à la communication) et indirectement 10 000 emplois de chauffeurs indépendants. [...]

L'application développée par Uber a fait exploser la demande de VTC et donc l'emploi dans le secteur.

www.uberisation.org

Annexe 6 Pour la justice européenne, Uber est un service de transports

[...] Le service de réservation de voitures avec chauffeur Uber relève [...] bien du « domaine des transports ». C'est du moins ce qu'a jugé [...] la Cour de justice de l'Union européenne (CJUE). Cela signifie que l'entreprise peut être soumise dans l'UE aux mêmes réglementations que celles imposées aux taxis. [...] La Cour, basée à Luxembourg, s'est penchée sur le service de mise en relation de particuliers avec des chauffeurs non professionnels proposé par Uber, à la suite d'une plainte. Celle-ci avait été déposée par une association de taxis barcelonaise en Espagne, nommée Elite Taxis. Elle s'estimait victime de « concurrence déloyale » de la part d'Uber, et demandait à ce que les chauffeurs non-professionnels du service UberPOP doivent acheter les licences et agréments comme les services de taxis de la ville de Barcelone. Son arrêt aura malgré tout une portée générale dans l'Union.

La société américaine Uber, qui a accumulé les conflits avec les autorités dans plusieurs pays européens, faisait valoir qu'elle était avant tout un service numérique, jouant le rôle d'intermédiaire entre particuliers et chauffeurs. Elle estimait de fait devoir relever principalement des règles en vigueur pour la libre prestation des services liés aux nouvelles technologies de l'information. Un argumentaire qui n'aura pas convaincu la Cour. [...] « *Le service fourni par Uber ne se résume pas à un service d'intermédiation* », a tranché la CJUE, estimant que le service numérique fourni par Uber fait « *partie intégrante d'un service global dont l'élément principal est un service de transport* ». Le fournisseur « crée » bel et bien « *une offre de services de transport urbain qu'il rend accessible notamment par des outils informatiques* ». Et il est donc « *possible d'imposer à Uber l'obligation de disposer d'une autorisation administrative préalable* », selon les règles relevant en la matière de chaque État membre. [...]

Le fournisseur « crée » bel et bien « *une offre de services de transport urbain qu'il rend accessible notamment par des outils informatiques* ».

www.lexpress.fr, 20 décembre 2017

Annexe 7 Un chauffeur VTC reconnu salarié d'une plateforme

[...] La cour d'appel de Paris a requalifié le partenariat entre un chauffeur VTC indépendant et la plateforme LeCab en salariat, une « *première* » en France selon l'avocat du chauffeur. Dans un arrêt [...] la cour d'appel de Paris relève que LeCab « *avait le pouvoir de donner des ordres et des directives (au chauffeur), d'en contrôler la bonne exécution par celui-ci, et de sanctionner ses éventuels manquements* », autant d'éléments définissant le salariat. C'est pourquoi le tribunal a décidé de requalifier le partenariat entre la plateforme et le chauffeur, en salariat. [...] Depuis plusieurs mois, des organisations de chauffeurs VTC pointent un « *lien de subordination* » entre les chauffeurs et les plateformes de mise en relation. [...] Mais [...] de précédentes tentatives en justice avaient échoué. Toutefois, il n'est pas certain que la décision fasse jurisprudence, car « *le lien de subordination s'apprécie au cas par cas* », nuance Me DeLagarde. [...]

www.lexpress.fr, 15 décembre 2017

Annexe 8 Qu'est-ce qu'un chauffeur Loti ?

[…] Ce statut est réservé aux chauffeurs professionnels qui transportent des groupes inférieurs à neuf personnes. La formation nécessaire […] est moins coûteuse et moins longue que celle des VTC […]. Une fois la formation terminée, le titulaire peut monter une société Loti, conduire un véhicule et même employer des chauffeurs qui, eux aussi, opéreront sous ce statut. Les plates-formes, dont l'américain Uber, leur ont […] ouvert l'usage de leur application. Mais la publication d'un décret fin 2014 a précisé les termes de cette loi en interdisant aux Loti de transporter moins de deux personnes.

www.lemonde.fr, 3 février 2016

Annexe 9 Uber, les nouveaux chauffeurs seront des VTC professionnels

[…] Uber souhaite accélérer leur transition. […] En quête d'un nouveau souffle, le géant du VTC, connu pour défier les lois locales et dépenser de lourdes sommes en frais de justice semble en effet vouloir jouer le rôle du bon élève cette fois-ci. C'est pourquoi […] la filiale française de la multinationale présente dans une cinquantaine de pays, ne recrute plus que des partenaires ayant la carte professionnelle de VTC ou étant inscrits à l'examen : […] « *Ces nouvelles dispositions sont le fruit d'un dialogue continu avec les partenaires Lotis. Elles s'inscrivent dans le cadre d'une démarche active de responsabilité et de transparence avec les partenaires chauffeurs qui utilisent l'application. La transition des chauffeurs Lotis vers le statut VTC est imminente. […] Nous nous sommes engagés à accompagner financièrement et opérationnellement tous ceux qui choisissent d'entreprendre les démarches et suivre la formation nécessaire à l'obtention du statut VTC.* » […] Pour Uber, le fait d'adopter cette nouvelle règle avec un peu d'avance lui permet surtout de se prémunir d'une grosse pénurie de chauffeurs, tant les démarches administratives relèvent du parcours du combattant. […]

Mounia Van de Casteele, www.latribune.fr, 24 mai 2017

Annexe 10 Faut-il créer un statut pour les travailleurs de plateformes ?

Les livreurs de repas d'une plateforme comme Deliveroo ne sont ni tout à fait des salariés, ni tout à fait des indépendants.

Une étude de la Dares* […] contredit l'idée selon laquelle il faut créer un troisième statut pour répondre aux nouveaux besoins de l'économie collaborative. Les plateformes, comme Uber, Airbnb ou les applications de livraison de repas comme Deliveroo, sont devenues des entreprises mondiales pourvoyeuses d'activité pour des millions de personnes dans le monde. Ces nouvelles pratiques sociales interrogent le droit du travail en faisant émerger un type de travailleur ni tout à fait salarié, ni tout à fait indépendant.

[…] Comme le précise l'étude, il possède des « *caractéristiques le rapprochant des indépendants: il est propriétaire de son outil de travail, libre de choisir ses horaires (...) et peut travailler avec plusieurs plateformes concurrentes.* » Pourtant, il n'est pas tout à fait indépendant puisqu'il dépend financièrement de la plateforme de mise en relation. […] Ce brouillage des frontières pousse certains à réclamer la création d'un troisième statut pour ces travailleurs. Une piste notamment explorée aux États-Unis où, comme l'explique la note de la Dares, deux économistes Alan Krueger et Seth Harris, militent pour la création d'une troisième voie. […]

Le lien de subordination en question

L'étude s'interroge donc sur l'opportunité de créer ce « troisième statut » en France et apporte de nombreux arguments s'y opposant. Tout d'abord, rappelle le texte, en France, le droit du travail est construit sur la relation de subordination entre l'employé et l'employeur. « *Il serait difficile de créer un nouveau statut auquel le critère de subordination ne pourrait être opposé, sans remettre fondamentalement en cause le statut de salarié et tout le droit du travail associé* », pointe l'auteure. […]

Une protection sociale qui évolue et s'individualise

Selon la Dares, en matière de protection sociale, il n'est pas nécessaire de créer un nouveau statut pour garantir une meilleure prise en charge aux indépendants. […] L'étude […] [préconise] une immatriculation systématique des travailleurs des plateformes comme auto-entrepreneurs notamment. […]

Tiphaine Thuilier, www.lexpress.fr, 24 août 2017

*Dares : services de statistiques et d'études du ministère du Travail

Annexe 11 VTC, Loti, Uber : ce que dit la loi Grandguillaume

[...] La loi n°2016-1920 du 29 décembre 2016 relative à la régulation, la responsabilisation et à la simplification dans le secteur du transport public particulier de personnes dite loi « Grandguillaume », a réformé l'activité de VTC. [...]

[Interdiction] [...] aux capacitaires Loti de proposer des courses dans des véhicules de moins de 10 places dans les agglomérations de plus de 100 000 habitants.

Les capacitaires Loti pourront toujours exercer leur activité de services occasionnels de transports publics collectifs dans des véhicules de moins de 10 places :

- [...] sur les territoires géographiques non situés dans le périmètre d'un PDU (plan de déplacements urbains), c'est-à-dire dans les agglomérations de moins de 100 000 habitants ;
- [...] pour des trajets reliant un point situé dans le périmètre d'un PDU et un point situé en dehors de ce PDU.

La loi poursuit plusieurs objectifs : pacifier les relations entre Taxis et VTC, réguler l'activité de transport public de personnes, conserver une offre Loti sur les territoires où les VTC sont absents, interdire aux capacitaires Loti l'utilisation de plateformes du type Uber.

Obligations de transmission de données par les plateformes

Les centrales de réservation devront communiquer à l'autorité administrative, à sa demande, toutes données nécessaires au contrôle du respect des dispositions législatives et réglementaires. [...]

Conséquences sur les contrats de travail

Les salariés de capacitaires (Loti) qui n'auront pas obtenu la carte professionnelle VTC (par examen ou équivalence) avant le 1er janvier 2018 pourraient être licenciés sur ce motif. Le nombre de salariés de Loti légers susceptibles d'être concernés par ces mesures de licenciement est estimé à 15 000. En outre, à compter du 1er janvier 2018 les entreprises ne pourront plus employer des conducteurs sans carte VTC pour proposer des services de transports particuliers de personnes. Les entreprises de transport Loti ont donc jusqu'au 1er janvier 2018 pour s'enregistrer au registre du VTC et salarier des chauffeurs possédant déjà une carte VTC. Les exploitants Loti qui souhaitent effectuer leur reconversion pour une activité VTC devront changer leur objet social.

Licenciements et risques de contentieux

De nouveaux contentieux jusqu'alors peu fréquents risquent de naître à la suite des mesures de licenciement qui devraient être mises en œuvre en 2018. Dans ce cadre, les salariés licenciés pourraient être amenés à formuler des demandes de rappels de salaires et de dommages et intérêts (respect du droit au repos, illicéité de la location de licence, location de véhicule, heures supplémentaires, heures d'attente, etc.). Les employeurs ayant pour pratique de ne rémunérer les heures réalisées qu'à la condition qu'un chiffre d'affaires préalablement fixé soit atteint seront davantage encore, exposés aux lourdes sanctions relatives au travail dissimulé. [...]

Marie-Laure Arbez-Nicolas, www.juritravail.com, 15 septembre 2017

Annexe 12 Uber face à la concurrence

Parts de marché des principales applications de services de transport en taxi et VTC

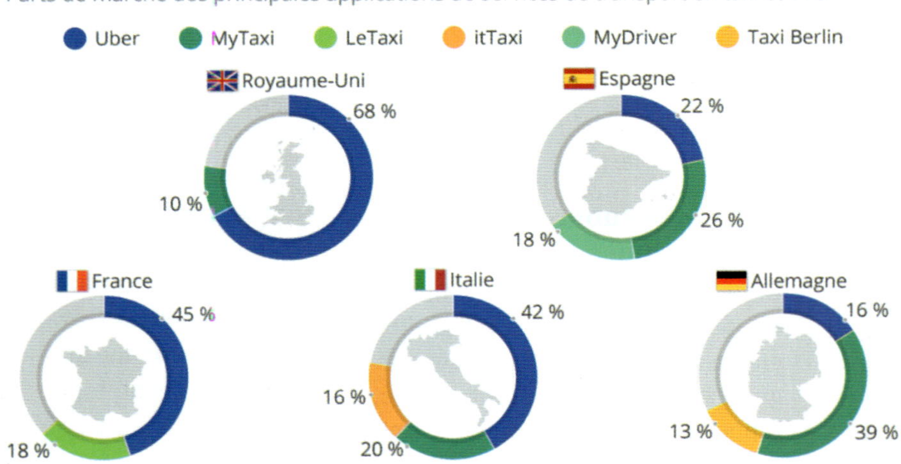

Les points de pourcentage restants jusqu'à 100 correspondent aux autres applications se partageant le marché.
Données arrondies du mois de juillet 2017.
Source : Dalia Research

statista

Pascaline Boittiaux, fr.statista.com et Dalia Research, 29 août 2017

Annexe 13 Non rentable, Uber se finance auprès des marchés financiers

[…] Les chauffeurs de VTC […] ont manifesté, après l'augmentation de la commission de Uber, passée de 20 à 25 %. […] Uber […] baisse les prix pour éliminer ses concurrents et augmente ses commissions. […] Certains chauffeurs souhaitent aujourd'hui devenir taxis […]. [Ceux-ci] ont vu leurs revenus s'effondrer, […] beaucoup gagnant à peine le SMIC, malgré leurs horaires de travail. […]

Quand on apprend que Uber a perdu 3 milliards de dollars en 2016, pour un chiffre d'affaires d'environ 5 milliards, la situation semble totalement ubuesque. Malheureusement, il y a bien une logique derrière ces chiffres. […] Les marchés financent l'opération Attila d'Uber, qui consiste à éliminer la concurrence pour acquérir une position monopolistique qui doit lui permettre, dans le futur, de monter les prix comme bon lui semble, tout en exigeant des commissions toujours plus juteuses. C'est ce qui explique que les marchés financent les pertes colossales de l'entreprise et qu'Uber n'ait pas de problème pour se financer. […]

Laurent Herblay, www.lefigaro.fr, 10 février 2017

Annexe 14 Taxify veut remplacer Uber à Paris en cassant les prix

5 000 chauffeurs de VTC parisiens sont déjà pré-inscrits pour Taxify, soit environ le tiers de la profession.

Conquérir jusqu'à un tiers du marché très disputé des VTC parisiens en un an, tel est l'objectif du nouveau venu Taxify qui, fort du soutien du colosse chinois Didi, courtise les chauffeurs et promet des prix réduits. En ligne de mire de Markus Villig, le très jeune (23 ans) PDG de cette entreprise estonienne qui revendique une présence dans 19 pays et trois millions de clients : la prééminence d'Uber sur les voitures de transport avec chauffeur dans la capitale.

> « Paris est essentiellement dominée par une société américaine […] où seuls les clients sont contents mais qui fait descendre les chauffeurs dans les rues. »

« *Paris est essentiellement dominée par une société américaine* ». […] Disant ne pas vouloir d'une plateforme « *où seuls les clients sont contents mais qui fait descendre les chauffeurs dans les rues* », M. Villig promet de ne prendre que 15 % de commission sur la course, contre 25 % pour Uber. Avec ce modèle, Taxify est rentable depuis l'année dernière, affirme son PDG, évoquant un chiffre d'affaires de l'ordre de plusieurs dizaines de millions d'euros mais restant discret sur ses bénéfices. […] Si les ambitions de Taxify peuvent être prises au sérieux, c'est parce que l'entreprise a reçu […] un investissement du géant chinois du VTC et du taxi, Didi Chuxing, à hauteur d'un peu moins de 20 %, selon M. Villig. L'entreprise, qui avait racheté l'an dernier les opérations d'Uber en Chine à l'issue d'une bataille longue et ruineuse, affirme contrôler aujourd'hui 90 % du marché des VTC dans son pays et a levé au printemps plus de cinq milliards de dollars, en faisant la start-up la mieux valorisée d'Asie. […]

www.challenges.fr, 5 octobre 2017

Annexe 15 Daimler s'offre Chauffeur Privé pour concurrencer Uber

Le constructeur automobile allemand Daimler rachète Chauffeur Privé, leader français des plateformes de réservation de VTC, afin de concurrencer l'américain Uber en Europe.

[…] L'opération permet à Daimler de poursuivre son développement dans les services de mobilité, une priorité affichée par le groupe. Elle donne par ailleurs à Chauffeur Privé les moyens technologiques et financiers d'envisager un essor international. […] Chauffeur Privé compte aujourd'hui plus de 1,5 million de clients et 18 000 chauffeurs. […] Daimler a été un des pionniers de l'auto-partage avec Car2go, lancée en 2008. […] Il a également développé Moovel, une application permettant de réserver en ligne différents modes de transport en Allemagne. Au total, les services de mobilité de Daimler revendiquent 17 millions de clients, dans plus de 100 villes à travers l'Europe, l'Amérique du Nord et la Chine. […]

Tous les grands constructeurs s'y mettent. Ainsi, Volkswagen a présenté fin 2016 sa marque de services de mobilité, Moia. Son rival français PSA, numéro deux en Europe, a développé sa marque Free2Move avec laquelle il tente de reprendre pied sur le marché américain. « *La mobilité en Europe n'en est qu'à ses débuts* », a souligné Yan Hascoët. « *C'est un secteur qui se consolide, cela nécessite d'avoir beaucoup de moyens financiers* », a-t-il ajouté. […]

www.lexpress.fr, 21 décembre 2017

Annexe 16 Comment les taxis ont réagi à l'offensive d'Uber

[...] L'activité des taxis repart à la hausse après des années difficiles, consécutives à l'implantation d'Uber puis l'éclosion d'autres sociétés de VTC. Cette concurrence inattendue a bousculé une profession plutôt conservatrice dans ses relations avec ses clients et devant l'évolution des technologies.

[...] Une vraie révolution : le taxi est tout à coup apparu comme « ringard » alors que dans le sillage d'Uber d'autres entreprises de VTC s'installaient aussi sur le marché. [...] Cette concurrence [...] aura été un aiguillon pour une profession qui n'était pas toujours attentive à la qualité du service client. Les deux grandes centrales de réservation G7 et Taxis bleus ont fini par passer à la contre-attaque et par adopter à la fois les mêmes technologies et les mêmes standards de qualité de leurs nouveaux concurrents. Cet effort commence à porter ses fruits puisque l'année 2017 a débuté sur une reprise de la croissance des courses. Première réponse des taxis, la montée en gamme des chauffeurs. « *Six mille d'entre eux ont décidé de porter un costume* », détaille Nicolas Rousselet, PDG du groupe Rousselet qui coiffe les taxis G7 et Taxis bleus à Paris. La deuxième amélioration a porté sur les tarifs. S'ils restent réglementés, il a été possible de mettre en place le plafonnement des approches (4 euros maximum au compteur quand on réserve votre taxi). L'instauration d'un prix forfaitaire entre Paris et ses deux aéroports a aussi permis d'en finir avec les mauvaises surprises tarifaires qui pouvaient altérer l'image de la profession. [...]

www.lefigaro.fr, 6 avril 2017

Annexe 17 Uber : un nouveau PDG pour se refaire une réputation

Au terme d'une compétition très disputée, c'est l'ex-patron d'Expedia, Dara Khosrowshahi, qui l'a emporté. Il devra restaurer l'image d'un service de VTC malmené par le management « no limit » de son fondateur Travis Kalanick.

Uber a beau accumuler les pertes (2,8 milliards de dollars l'an dernier) et les scandales, la succession de son fondateur Travis Kalanick [...] a donné lieu à une compétition féroce. [...] [Dara Khosrowshahi] en est sorti vainqueur devant Meg Whitman, PDG de Hewlett-Packard et anciennement de eBay, et Jeffrey R. Immelt, l'ancien patron de General Electric. [...] Cet Américain d'origine iranienne de 48 ans [...] a déclaré qu'il était très motivé par le fait de « *poursuivre l'histoire loin d'être inachevée d'une des marques les plus puissantes au monde* ». Parmi ses priorités, il a évoqué l'idée d'aider les employés d'Uber à « *être à nouveau fiers de leur entreprise* ». [...]

Cet ingénieur de formation [...] aura fort à faire pour restaurer l'image du leader mondial du transport urbain à la demande. Elle a été durablement abîmée par des scandales [...] qui ont fait exploser en vol le précédent PDG [...] et permis à la concurrence (Lyft aux États-Unis, Chauffeur Privé en France) de progresser sur un marché qu'Uber entendait monopoliser. Longtemps vanté comme le modèle absolu de la « *disruption* » *via* une technologie visant à faire table rase de l'ancienne économie en envoyant aux oubliettes de l'histoire la profession de chauffeur de taxi, Uber est aujourd'hui devenu synonyme de précarisation – l'entreprise est à l'origine du péjoratif substantif « ubérisation ». [...] Le groupe [...] peine à se trouver un modèle économique à la fois compatible avec les législations en vigueur dans le monde et susceptible d'assurer un socle minimum de droits et de protection sociale et juridique aux centaines de milliers de chauffeurs indépendants, qui trouvent des clients à transporter *via* l'application dans les 632 métropoles où elle est aujourd'hui présente. [...]

Christophe Alix, www.liberation.fr, 30 août 2017

12 Les facteurs et les choix de production

QUESTION **Comment les facteurs économiques déterminent-ils les choix de production ?**

COMPÉTENCE(S)
- Caractériser la structure de coût de l'entreprise
- Analyser l'influence de paramètres économiques (taux d'intérêt, coût des facteurs…) sur les décisions de l'entreprise
- Argumenter le choix de l'entreprise entre « faire » ou « faire faire »

SAVOIRS ASSOCIÉS
- Les facteurs de production (capital, travail matières premières, connaissances)
- Les gains de productivité et coûts de production
- La chaîne de valeur
- Les principes et finalités de l'impartition

Contexte

Le secteur de l'optique-lunetterie semble bien résister à la crise et possède une évolution propre. En atteste le nombre d'opticiens, qui ne cesse d'augmenter. […]

Contrairement aux opticiens, les fabricants français de lunettes, eux, ne profitent guère de ce mouvement. Et si les prévisions de production diffèrent selon les observateurs, un fait est certain : l'industrie de la lunetterie s'est fortement dégradée, et la structure de l'emploi a changé. […] De nombreux opérateurs ont choisi, au cours des dernières décennies, de s'approvisionner dans des pays à bas coûts, ou même de délocaliser une partie de leur appareil productif. En parallèle, les entreprises françaises ont dû « *faire un choix stratégique*, explique Jérôme Colin, le président des Lunetiers du Jura. *Celui de la qualité et du haut de gamme* ». […] Conséquence directe : la main-d'œuvre peu qualifiée a été réduite au profit des métiers du *design*, du marketing, et de la technique à forte valeur ajoutée. […]

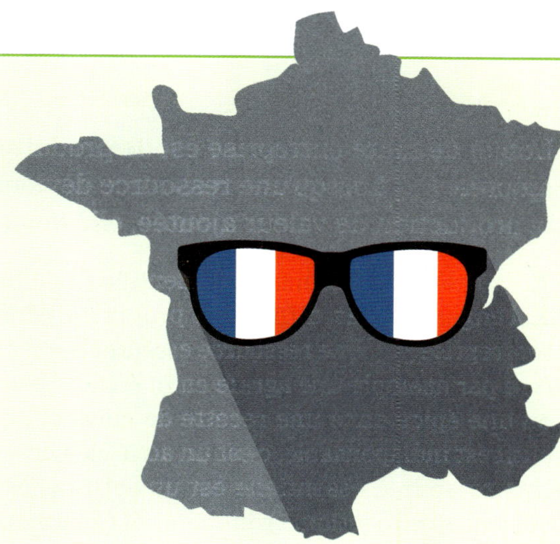

Restent aujourd'hui en France de petites entreprises spécialisées soit dans la création, soit dans les composants ou le traitement de surface. « *On espère que la qualité va nous sauver*, explique Daniel Arnaud, le PDG d'Oxibis (90 salariés). *Au bout de quinze ans, on peut dire qu'on a fait le bon choix. Nous sommes beaucoup plus protégés que ceux qui ont délocalisé leur production. Mais, c'est une remise en question permanente.* »

Anne-Sophie Boulard et Damien Dubuc, www.leparisien.fr, 20 septembre 2010

1 **À quel problème de concurrence sont confrontés les fabricants français de lunettes ?**

2 **Quelles sont les caractéristiques des emplois proposés par la filière de la lunetterie en France ?**

3 **Relevez le choix stratégique fait par les fabricants francais de lunettes.**

I Caractériser la structure de coûts de l'entreprise

Contexte

Un séminaire organisé l'été dernier par une organisation professionnelle de lunetiers a mis en évidence l'importance pour une entreprise de connaître sa structure de coûts.
Les tables rondes ont abordé les questions qui permettent d'identifier l'ensemble des coûts générés par le fonctionnement de l'entreprise. Les débats ont tourné autour des problèmes concrets plutôt que des chiffres. Les principales problématiques soulevées étaient les suivantes :
– Quels sont les différents postes d'achats ?
– Quelle est la nature, l'évolution et l'utilité de chacune des dépenses ?
– Quelles dépenses font partie des achats nécessaires à la production ?...

A Les facteurs de production

1 Identifier les ressources essentielles au lancement d'une entreprise

L'objet de toute entreprise est de produire et de vendre de la valeur ajoutée. […] Lorsqu'une ressource devient essentielle pour la production de valeur ajoutée, elle devient stratégique. […]

La ressource essentielle s'identifie la plupart du temps lorsque son absence engendre des difficultés propres à gêner considérablement l'activité de l'entreprise […]. Une ressource essentielle n'est pas systématiquement rare, ce peut être par exemple une agrafe en inox indispensable à un processus de production ou une épice dans une recette de cuisine. Lorsqu'un élément ou une machine-outil est indispensable, c'est un actif-clé nécessaire à la production de valeur. […] Une ressource essentielle est un actif nécessaire, […] matériel (équipements, véhicules de fonction…), immatériel (logiciels, brevets, contrat de partenariat…), […] [ou] humain (personnels qualifiés…). […]

Louis Cocusse, www.leblogdudirigeant.com

1 Quelles sont les caractéristiques d'une ressource considérée comme essentielle pour l'entreprise ?

2 Identifiez les quatre catégories de ressources essentielles.

2 Les lunettes, de vue ou de soleil, corrigent et améliorent notre vue, protègent des UV

[…] Mais comment de simples verres réalisent-ils autant de prouesses ?

« ***C'est tout le secret de notre métier*** », lâche Christophe Belin, directeur industriel du groupe Carl Zeiss Vision France. Dans l'usine de Fougères […], 3 500 verres sont fabriqués quotidiennement. Une production […] qui débute à partir d'un morceau de… plastique. « *Avant on utilisait du verre minéral, une matière optiquement très performante. Mais qui est aussi épaisse et très lourde […]* », explique l'expert. […] Pour attribuer la courbure souhaitée, qui permettra la correction de la vue, le polymère suit, à Fougères, tout un circuit numérique. […] « *L'usinage nous permet aujourd'hui, grâce à de nouvelles technologies,* ▸

de faire des verres progressifs adaptés au quotidien de chacun », explique le directeur industriel. […] Le produit se dirige ensuite dans la « salle blanche » de l'usine. Gantés, coiffés d'une charlotte, les salariés doivent […] éviter que la poussière n'entre en contact avec les verres, le temps d'appliquer un anti-rayures et un anti-reflets.

Charles Drouilly, www.ouest-france.fr, 6 octobre 2017

3 **Quelles matières premières sont utilisées dans la fabrication des verres de lunettes ?**

4 **Précisez le niveau de qualification des tâches accomplies par les ouvriers.**

B La combinaison productive

3 La combinaison des facteurs de production chez les fabricants de lunettes

La fabrication industrielle de lunettes nécessite de plus en plus l'utilisation de machines industrielles, aussi bien pour la production des verres que des montures. À l'inverse, des entreprises artisanales comme La maison Gouverneur Audigier, qui est la plus vieille lunetterie de France en activité, s'emploie à garder dans sa fabrication des techniques très anciennes dans lesquelles le rôle des ouvriers-artisans est essentiel. Ils travaillent ainsi en partie sur des machines d'époque, un patrimoine matériel rare qui permet une production de grande qualité mais en petite série.
Ainsi, chaque entreprise choisit d'associer une certaine quantité de travail et une certaine quantité de capital en fonction de la production qu'elle veut obtenir. Elle fait le choix d'une certaine combinaison productive en tenant compte également du coût de chacun des facteurs.

5 **Qu'est-ce qui caractérise la combinaison productive d'une entreprise artisanale ?**

6 **L'augmentation des salaires de ses ouvriers peut-elle conduire une entreprise à modifier sa combinaison productive ? Justifiez votre réponse.**

4 Le choix d'une combinaison productive

La Lunetterie du Jura a décidé de se lancer sur le marché de la lunette connectée, qui est en plein développement. La mise en place de cette nouvelle production nécessite la réalisation d'un nouvel atelier avec des machines à commandes numériques et l'embauche de techniciens spécialisés. L'entreprise a fait appel à cinq ingénieurs conseil en production, pour décider de la meilleure combinaison entre la main-d'œuvre et les machines, qui permettra de produire ce nouveau bien.

	Nombre de postes de techniciens	Nombre de machines utilisées
Combinaison A	5	5
Combinaison B	4	7
Combinaison C	5	6
Combinaison D	2	10
Combinaison E	3	10

Ces cinq combinaisons permettent de produire la même quantité de lunettes connectées sur une période identique. Le coût horaire moyen d'utilisation d'une machine est de 600 €. Le coût horaire moyen d'un technicien est de 34 €.

7 **Que pouvez-vous déduire de ce tableau sur l'utilisation conjointe du travail et du capital ?**

8 **Comment qualifiez-vous la combinaison productive de la proposition D ?**

9 **Indiquez les propositions qui ne présentent pas d'intérêt pour la Lunetterie du Jura, en justifiant votre réponse.**

10 **Évaluez le coût de chaque combinaison.**

11 **Quelle combinaison vous semble la plus profitable pour l'entreprise ?**

C Les coûts de production et la productivité

5 Produire a forcément un coût

Les coûts de production [...] sont les coûts nécessaires pour maintenir en production une usine, une ligne de production ou un équipement donné. Dans une entreprise en bonne santé, la différence entre les revenus (produit des ventes ou d'autres sources) et les coûts de production représente la marge brute. Cela veut dire que le devenir économique d'une entreprise est relié : aux revenus (par exemple produits vendus sur le marché et prix de vente obtenus) et aux coûts de production des produits vendus. Alors que les revenus, en particulier les produits des ventes, sont reliés au secteur commercial de l'entreprise, les coûts de production sont étroitement associés au secteur technique.

Organisation des Nations Unies pour l'alimentation et l'agriculture, www.fao.org

12 À quelle activité de l'entreprise les coûts de production correspondent-ils ?

6 Combien coûte vraiment la fabrication des Google Glass ?

Le cabinet IHS a calculé que le coût de l'ensemble des composants des Google Glass dépasse à peine les 150 dollars. Alors qu'elles sont vendues par Google 1 500 dollars [...]. L'ensemble des matériaux utilisés ne dépasse pas 132,47 dollars, auxquels s'ajoute un coût de fabrication de 20 dollars. Le composant le plus cher des Google Glass est le cadre en titane, estimé par IHS à 22 dollars. L'écran à cristaux liquides arrive juste derrière, à 20 dollars. En troisième position se trouve l'ensemble des accessoires (écouteurs, chargeur, câble USB...) pour 12,50 dollars. Au contraire, les circuits imprimés (4,10 dollars), la caméra (5,25 dollars) et les composants en plastique (6,65 dollars) constituent les éléments les moins onéreux des Google Glass [...].

Mais ce n'est pas parce que les Google Glass coûtent un peu plus de 150 dollars à la fabrication que les 1 350 dollars restants constituent la marge de Google.

En effet, l'estimation d'IHS ne tient pas compte des dépenses de Google en recherche et développement, pourtant nécessaires à la mise au point des Google Glass. **Le matériel n'est que la partie émergée – et « chiffrable » – des coûts de production d'un tel objet technologique.**

Géraldine Russell, www.lefigaro.fr, 15 mai 2014

13 Comment est calculé le coût de production des Google Glass ?

14 Expliquez l'écart entre le coût de production et le prix de vente des Google Glass.

7 Les lunettes 3D améliorent la productivité chez Volkswagen

Volkswagen est en train d'entrer dans une nouvelle ère. Le constructeur offre désormais des lunettes 3D intelligentes à ses salariés de l'usine de Wolfsburg, en Allemagne. Trente employés de différents secteurs les utilisent ainsi pour la préparation des commandes. Grâce à une caméra qui joue le rôle de scanner et de lecteur de codes-barres, ces lunettes « faciles à utiliser » localisent rapidement les pièces nécessaires à l'assemblage. « *Lorsqu'ils sont corrects, les codes-barres des pièces sorties du stock s'affichent en vert ; dans le cas contraire, ils s'affichent en rouge* », explique Volkswagen. Chaque ouvrier optimise également son temps de travail, limite les risques d'erreurs mais garde les deux mains libres pour effectuer sa tâche.

> *Le constructeur offre désormais des lunettes 3D intelligentes à ses salariés de l'usine de Wolfsburg, en Allemagne.*

www.acuite.fr, 25 novembre 2015

15 Quel est le caractère innovant des lunettes utilisées chez Volkswagen ?

16 Quels gains de productivité cette innovation permet-elle ?

II Analyser l'influence des paramètres économiques sur les décisions de l'entreprise

Contexte

Un nouveau site industriel de fabrication de lunettes ouvre dans le Jura le mois prochain. Il s'agira de la seule manufacture française à fabriquer des paires de lunettes complètes. Le coût de l'ensemble du projet est estimé à 4 Md€, avec des fonds propres et un emprunt de 1 Md€ qui permet aux investisseurs de profiter des faibles taux d'intérêt.
Produire en France pour un tel projet permet de réduire les coûts salariaux par rapport à la Suisse. Tout compris, on s'aligne sur l'Asie, à condition d'éviter le bas de gamme.

8 Alors… le prix des lunettes 100 % françaises ?

Le prix d'une paire de lunettes fabriquées en France […] commence autour de 50 euros et se situe dans la majorité des modèles entre 150 et 250 euros […], mais **peut-on parler de prix sans parler de qualité-prix ?** La lunette 100 % française reste dans sa tradition artisanale un produit d'une qualité incontestable !
Difficile alors de comparer une lunette issue du savoir-faire et de la fabrication française avec une lunette *low cost* en provenance de Chine ou de Corée du Sud. Ces dernières sont fabriquées de manière automatique, sans intervention humaine et avec des matériaux peu coûteux. Pour les produits à la fois imaginés et conçus en France, on est sur un travail tout à fait différent avec beaucoup plus de main-d'œuvre, ce qui explique et justifie certainement un coût légèrement plus élevé pour ces lunettes.
Pourtant, dans ce contexte, ce ne sont pas forcément les lunetiers de France qui réalisent le pourcentage de marge le plus élevé et peut-être est-ce aussi ici une bonne question à se poser…

www.choisir-ses-lunettes.com

1. **Comparez l'utilisation des facteurs de production entre la fabrication en France et en Asie.**
2. **Pourquoi apparaît-il impossible de décider de produire des lunettes *low cost* en France ?**

9 Les entreprises reprennent goût au crédit d'investissement

« ***Lorsqu'une entreprise veut investir, elle doit d'abord trouver un financement.*** »

Lorsqu'une entreprise veut investir, elle doit d'abord trouver un financement. Parce qu'elles n'ont pas toujours les ressources internes suffisantes, les entreprises font appel à des sources de financement externes. Parmi les solutions possibles, figure l'emprunt auprès d'une banque. Le remboursement de cet emprunt s'acompagne du versement, à la banque, d'un loyer qui dépend du taux d'intérêt du moment. L'intérêt est la somme qu'une entreprise paie à son créancier pour lui emprunter de l'argent. Le taux d'intérêt est le prix auquel les agents économiques s'endettent pour financer leurs activités économiques. Le niveau des taux d'intérêt influence le coût des crédits des banques à l'économie. Si les taux montent brusquement ou s'ils sont très élevés, la demande de crédits ralentit. Au contraire, s'ils baissent fortement ou s'ils sont très bas, cela incite les entreprises à avoir recours au crédit, à emprunter plus auprès de leur banque. En France, les entreprises, et en particulier les PME (petites et moyennes entreprises), se financent en majeure partie auprès des banques.

3. **Pourquoi une entreprise a-t-elle recours à l'emprunt bancaire ?**
4. **Quelle est la conséquence d'un niveau élevé des taux d'intérêt sur la décision d'investir ?**
5. **Quelle est la conséquence d'une baisse des taux d'intérêt sur la décision d'investir ?**

III Argumenter le choix de l'entreprise entre « faire » et « faire faire »

A Le choix de « faire »

Contexte

En une dizaine d'années, le groupe Orientis Gourmet est devenu incontournable sur le marché du thé avec sa marque de thé premium Kusmi Tea. En 2017, Orientis Gourmet a décidé de rapatrier son activité de mise en sachets du Maroc vers son usine près du Havre.

10 Orientis Gourmet investit 3 millions d'euros dans son usine havraise

Le groupe parisien Orientis Gourmet, à la tête des marques Kusmi Tea et Lov Organic, investit 3 millions d'euros dans son site de production de thé de Saint-Vigor-d'Ymonville près du Havre (Seine-Maritime) qui emploie 230 salariés.

Spécialisé dans le mélange, l'aromatisation, le conditionnement et la logistique, le site ajoute une corde à son arc avec la mise en sachets des feuilles de thé, une activité qu'il confiait jusqu'à présent au spécialiste marocain du secteur, installé à Marrakech (Maroc).

Le groupe Orientis Gourmet […] a investi 1,5 million d'euros en 2017 et investira le même montant en 2018 dans des lignes de production automatisées pour l'ensachage du thé. « *Ce sont des machines japonaises qui mettent les feuilles de thé dans le sachet et referment ensuite le sachet* », a expliqué à *l'Usine nouvelle* Arnaud Fleury, directeur général d'Orientis Gourmet, précisant que les sachets ne sont pas en papier mais en tissu végétal à base d'amidon de maïs. « *Au Maroc, le thé est ensaché puis cousu manuellement* », précise le dirigeant […].

C'est la possibilité d'automatiser la mise en sachets permettant de « *produire à coûts équivalents* » qui a décidé Orientis à relocaliser cette activité en France. Cette décision qui va réduire l'activité du sous-traitant marocain, va entraîner la création d'une trentaine d'emplois au Havre.

Claire Garnier, www.usinenouvelle.com, 21 novembre 2017

Vidéo

Challenges, Comment Kusmi Tea a transformé en 14 ans du thé en or

La stratégie d'intégration consiste pour une entreprise à réaliser ses activités en interne au lieu de les confier à un partenaire extérieur.

L'impartition, couramment appelée « externalisation », consiste à confier à un partenaire externe la réalisation d'une ou plusieurs activités qui n'appartiennent pas au cœur de métier de l'entreprise : il s'agit des activités à faible plus-value ou mal maîtrisées. L'externalisation permet ainsi à l'entreprise d'améliorer sa valeur ajoutée et d'être plus compétitive sur son marché.

1. Quelles sont les différentes activités réalisées sur le site de production près du Havre ?
2. Quelles différences y a-t-il entre la mise en sachets au Maroc et la mise en sachets dans l'usine française ?
3. Quelle est l'activité qui relève d'une stratégie d'intégration ?
4. Pourquoi le groupe Orientis a-t-il décidé de relocaliser cette activité dans son usine française ?

11 Utiliser un outil d'analyse : la chaîne de valeur de Porter

La chaîne de valeur est un outil d'analyse stratégique qui permet d'identifier les différentes activités de l'entreprise. Selon Michael Porter, la chaîne de valeur est composée d'une succession d'étapes qui conduisent au produit final. Chaque étape dans le processus de production permet d'ajouter de la valeur au produit et ainsi d'identifier les activités qui permettent à l'entreprise d'être plus compétitive sur son marché.

Porter distingue deux types d'activités :
– **les activités principales :** elles vont de la création du produit jusqu'à son acheminement vers le client ;
– **les activités de soutien :** elles viennent en support des activités de base (comptabilité, direction générale, finance, gestion des ressources humaines, achats et approvisionnements).

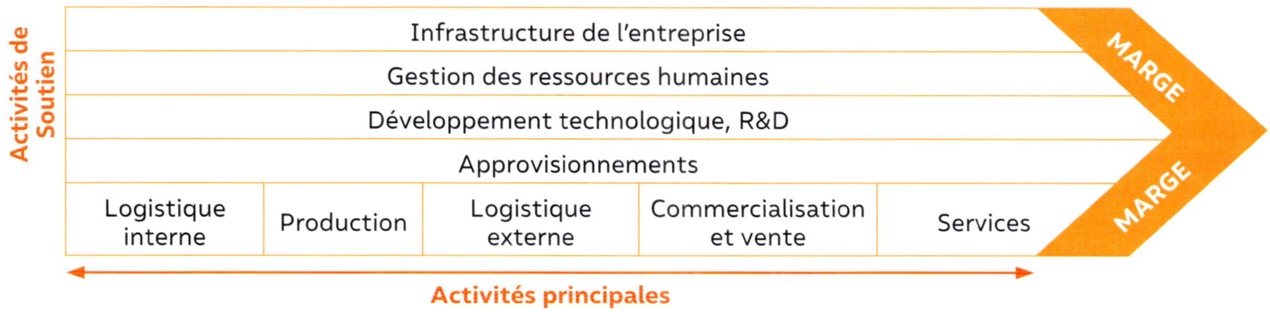

La chaîne de valeur (Michael Porter, 1980)

5 **Distinguez, au sens de Porter, les activités principales et les activités de soutien chez Orientis.**
6 **La mise en sachets relève-t-elle d'une activité principale ou d'une activité de soutien ?**
7 **Quelles sont, selon vous, les activités qui sont privilégiées dans une stratégie d'intégration ? dans une stragégie d'externalisation ?**

12 Le choix de l'intégration chez Orientis

Orientis a décidé de recentrer ses opérations sur la France pour plusieurs raisons : fiabiliser les flux et les approvisionnements, raccourcir le temps de transport et mieux optimiser ses stocks et ses coûts de transport.

La proximité permet aussi à l'entreprise de mieux gérer les problèmes éventuels liés à la non-qualité, aux risques politiques et aux passages en douane. L'entreprise peut ainsi réduire les contraintes opérationnelles et se concentrer sur sa stratégie commerciale.
En effet, auparavant, une fois arrivé d'Asie, le thé était traité et les mélanges préparés en France, avant un aller-retour à Marrakech pour être mis en sachets.
Le rapatriement de l'activité dans l'usine française permet à Orientis de centraliser sa production sur le territoire national.
Aujourd'hui, Orientis dispose ainsi d'un bâtiment de 5 000 m^2 où cohabitent tertiaire et production, et d'un site logistique de 6 000 m^2. Plus besoin de prestataires en charge du stockage et de la préparation des commandes.

D'après www.supplychainmagazine.fr

Leader de son segment en France devant Mariages Frères ou Dammann Frères, la marque veut aussi accentuer son côté production nationale.

D'ici un an, toute l'élaboration des sachets de thé à sa marque, dont la moitié sont encore produits au Maroc, sera rapatriée sur son site normand. Une image « *French Fab* », sur laquelle le dirigeant veut miser pour accélérer sa percée sur les marchés étrangers.

Olivia Détroyat, www.lefigaro.fr, 17 octobre 2017

8 **À quels risques était confrontée Orientis en externalisant son activité de mise en sachets ?**
9 **Montrez en quoi la stratégie choisie par Orientis permet d'améliorer sa chaîne de valeur au sens de Porter.**
10 **Quels sont les avantages générés par l'intégration de l'activité de mise en sachets ?**

B Le choix de « faire faire »

13 « Faire faire » en France

Au départ, les boîtes de thé étaient fabriquées en Chine, et les étiquettes collées par l'usine française. Le marketing d'Orientis a souhaité commercialiser des boîtes sérigraphiées, ce qui nécessitait plus de communication entre l'activité production et le service marketing. La relocalisation de la production en France a ainsi permis de fluidifier la communication entre les deux services. La fabrication des boîtes en Chine posait également des problèmes de qualité. Par exemple, pour remédier à un défaut de peinture, il fallait compter une dizaine de semaines, production et transport maritime compris. Cela pouvait risquer de retarder le lancement ou la distribution d'un produit saisonnier.
La relocalisation en France s'est précisée lors de la rencontre avec un fournisseur français spécialisé dans la fabrication de pots de peintures et d'aérosols, qui souhaitait élargir sa palette. Faire appel à ce fournisseur français permet de gagner en flexibilité et en réactivité et d'avoir une meilleure communication pour développer les produits. Le stockage peut également être assuré par le fournisseur qui effectue des livraisons hebdomadaires.

D'après www.supplychainmagazine.fr

11 **La fabrication des boîtes relève-t-elle d'une activité principale ou d'une activité de soutien ?**

12 **Pourquoi Orientis a-t-il choisi de relocaliser l'activité de fabrication des boîtes en France ?**

14 Kusmi Tea lance son réseau en franchise

L'enseigne ne compte plus seulement sur un développement en propre – qu'elle entend toutefois poursuivre en parallèle. À partir de cette année, le réseau opte en effet pour la franchise. [...] Le but de ce changement stratégique : affiner le maillage territorial en s'implantant dans des villes de taille moyenne « *où nous n'avons pas vocation à ouvrir en succursale* », poursuit le dirigeant. D'ici 2018, une cinquantaine de boutiques devraient voir le jour [...]. « *Nous recherchons des candidats qui travailleront eux-mêmes dans leur boutique* », souligne Claude Orebi. Des opérationnels, donc, capables de gérer une surface de vente d'une quarantaine de mètres carrés minimum. Avec Palais des Thés, Kusmi Tea est la seule enseigne spécialisée dans la distribution de thés à proposer un système de franchise en France.

Jennifer Matas, www.lesechosdelafranchise.com, 27 juillet 2015

15 La franchise Kusmi Tea s'installe à Perpignan

Kusmi Tea s'installe à Perpignan dans les Pyrénées-Orientales [...]. Le décor de cette boutique, d'une surface de 34 m², reprend les codes épurés et colorés de Kusmi, dont elle propose l'ensemble des gammes. Cette ouverture marque le treizième lancement d'un point de vente Kusmi Tea en franchise, qui a choisi de s'appuyer sur des partenaires affiliés afin d'étendre son maillage hexagonal. Kusmi Tea poursuit en parallèle son développement de boutiques en propre et l'expansion de son réseau à l'international. Celle-ci privilégie notamment l'Allemagne et les États-Unis où le *flagship* de la marque a ouvert en janvier 2017 au sein du nouveau *World Trade Center* à New York.

www.franchise-magazine.com, 24 juillet 2017

13 **Quelle forme d'externalisation Orientis a-t-il choisi de développer pour la distribution de son thé ?**

14 **Quels sont les avantages de cette forme d'externalisation, parallèlement à la distribution de boutiques en propre ?**

16 L'industrie du luxe externalise *via* la sous-traitance

Vuitton est, parmi les grands, la marque à avoir le plus recours à la sous-traitance, même si elle peut compter sur treize ateliers français en propre. « *Cela représente entre 40 à 60 % de sa production totale en maroquinerie* », indique une source interne à la direction industrielle de la marque [...].

« ***Elle offre une réelle flexibilité dans les processus de fabrication*** »,

rappelle Serge Carreira, professeur à Sciences-Po. La crise de 2008 a fait chuter les commandes de certaines grandes maisons. Pourtant, ni Chanel, ni Vuitton, ni Hermès n'ont eu à réduire les effectifs. Ce sont les sous-traitants qui ont servi d'amortisseur. [...]
Les donneurs d'ordre améliorent aussi leur rentabilité en confiant leur production à des tiers. [...] « *Les personnels sont bien payés, mais ils ne disposent pas des mêmes avantages que ceux qui appartiennent à un grand groupe – 13e mois, prime d'ancienneté, participation et intéressement* », rappelle Patrick Thélot, PDG de KS Groupe, société d'intérim pour la haute couture. Chez leurs sous-traitants, les marques de luxe sont un peu chez elles. Vuitton pèse pour 87 % du chiffre d'affaires des Ateliers d'Armançon (environ 100 millions d'euros de chiffre d'affaires). Une dépendance qui laisse peu de marge de négociations avec des donneurs d'ordre si puissants. Vuitton a ainsi obtenu la fermeture du site de Troyes (groupe Maroquinerie Thomas) pour défaut de sécurité à la suite de vols de sacs, entraînant le départ de 29 salariés.

Thiébault Dromard,
www.challenges.fr, 7 juin 2015

15 **Quelles sont les raisons qui conduisent les marques de luxe à faire appel à la sous-traitance ?**
16 **Quelles sont les contraintes de la sous-traitance pour le sous-traitant ?**

17 La croissance du groupe Fleurus stimulée par les grands du luxe

Être toujours à la pointe dans le domaine ultra-concurrentiel de la confection d'articles de luxe n'est pas une mince affaire. Le groupe Fleurus y parvient. Mieux, il progresse. [...] Sa société devrait passer la barre des 30 millions d'euros de chiffre d'affaires d'ici à fin 2017. [...] Son succès tient à la santé remarquable de l'industrie du luxe. Vuitton, Chanel ou Hermès, ces étendards de la mode française exportent leurs créations dans le monde entier pour de riches clients. Et surtout vers la Chine, nouvel eldorado pour les marques de prêt-à-porter. Sacs à main, accessoires en cuir, montres… L'accroissement de la demande est tel qu'il oblige les sous-traitants à réagir. Le groupe Fleurus ne fait pas exception.

[...] Pour répondre à la demande, le groupe crée des emplois. De 125 salariés en 2015, l'atelier sanflorain actuellement à 210 employés, doit atteindre le chiffre de 300 d'ici à 2019. « *Nous recrutons et formons en ce moment 35 personnes* ». Ces recrutements, en partenariat avec Pôle Emploi et les agences d'intérim, concernent des savoir-faire manuels spécifiques comme celui de piqueur ou de découpe du cuir.
[...] Constante, [Fleurus] a su se faire un nom dans le secteur très concurrentiel du luxe et acquérir la confiance de commanditaires qui ne transigent pas sur la qualité et la confidentialité.

www.lamontagne.fr, 31 octobre 2017

17 **Comment l'évolution de la demande dans l'industrie du luxe impacte-t-elle le sous-traitant Fleurus ?**
18 **Comment le groupe Fleurus répond-il aux exigences de ses donneurs d'ordre ?**

Synthèse

Caractériser la structure de coûts de l'entreprise

Les ressources en facteurs de production :
- travail
- capital
- matières premières
- connaissances

Le choix de la meilleure combinaison productive en tenant compte des :
- prix des facteurs
- disponibilités des facteurs

Analyser l'influence des paramètres économiques sur les décisions de l'entreprise
- Prise en compte du coût des salaires
- Choix du meilleur rapport qualité-prix
- Recherche de la productivité la plus élevée possible

Analyser l'influence des taux d'intérêt sur les décisions de l'entreprise
- La prise en compte du niveau des taux d'intérêt dans la décision d'investir
- La décision de financer des investissements dépend avant tout des perspectives économiques
- Le contexte de taux bas favorise le recours au crédit

Argumenter le choix de l'entreprise entre « faire » et « faire faire »

Le choix peut s'appuyer sur l'analyse de la chaîne de valeur au sens de Porter : distinguer activités principales et activités secondaires

Choisir de « faire » :
stratégie d'intégration

Choisir de « faire faire » :
stratégie d'externalisation (ou d'impartition), par exemple la franchise et la sous-traitance

Mots clés

Facteurs de production • Combinaison productive • Productivité • Taux d'intérêt • Chaîne de valeur • Stratégie d'intégration • Stratégie d'externalisation

13 Le choix d'une structure juridique pour l'entreprise

QUESTION **Comment choisir une structure juridique pour l'entreprise ?**

COMPÉTENCE(S)
- Justifier le choix d'une structure juridique d'entreprise adaptée à une situation donnée

SAVOIRS ASSOCIÉS
- Les facteurs de choix d'une structure juridique
- L'entreprise individuelle et les structure sociétales (SA, SAS, EURL/SARL)
- Les formes juridiques de l'économie sociale et solidaire (coopératives, mutuelles)

Contexte

SapéCommeJamais

Bissame et Guillaume, 22 ans, se sont rencontrés durant leurs études, point de départ d'une belle histoire d'amour et ... d'entrepreneuriat aussi !
Du talent, de l'envie, une certaine sensibilité au marketing ambiant et l'idée leur vient de floquer leurs tee-shirts et sweats pour femmes, d'une illustration et/ou de deux ou trois mots décalés et humoristiques (« *En couple avec mon canari* », « *Manger fait rétrécir mes fringues* », « *Un de perdu, 10 à mes pieds* », etc.). Sentant que leur offre peut séduire et voulant sortir de l'illégalité consistant à vendre – sans déclarer leurs revenus – de temps en temps sur le marché, ils veulent créer la start-up SapéCommeJamais.
En manque d'argent mais des projets plein la tête, le jeune couple s'interroge sur son avenir… juridique. Est-ce que l'on peut démarrer notre activité sans trop d'argent ? L'un de nous deux se lance-t-il seul ? On débute l'aventure à deux ? Avec d'autres ? Qu'est-ce qu'on risque ? Et si on se marie, quelles seront les répercussions sur nos biens ? Et si un jour l'un de nous tombe malade ? Et les impôts dans tout ça ? Et si ça marche ? Ou pas ? Et si on a des dettes ?

1 **Quel est l'intérêt pour Bissame et Guillaume de se poser autant de questions avant de créer leur entreprise ?**

2 **Citez des structures juridiques que vous connaissez.**

3 **En quoi peut-on dire que la structure juridique est le cadre légal de l'activité de tout entrepreneur ?**

4 **N'existe-t-il que des entreprises dont le mobile premier est le profit ?**

Application
Agence France Entrepreneur, Quelle structure juridique choisir ? Une application pour vous aider.

I Les critères de choix de l'entrepreneur pour sa structure juridique

Contexte

Julien vient d'hériter de vastes locaux. Il veut y proposer le concept des jeux d'évasion grandeur nature (Escape Game, « évadez-vous de la pièce »). Ce divertissement propose aux joueurs, enfermés à l'intérieur d'une salle à thème et auxquels sont fournis des indices, de tenter d'en sortir en moins de 60 minutes. Julien hésite entre créer une entreprise individuelle ou une société.

A Les objectifs patrimoniaux et humains

1 Avant tout, distinguer l'entreprise individuelle des sociétés

Marjorie

« *Passionnée par les parfums, j'ai créé ma petite entreprise, "SENT'heure" et j'en vis bien ! Seul problème : elle ne se distingue pas de moi, personne physique.* »

L'ORÉAL MAKEUP DESIGNER/PARIS

- Société anonyme au capital de 111 976 761 euros.
- Premier groupe cosmétique mondial.
- Des milliers d'actionnaires font confiance à cette « personne morale » distincte des associés.

Vidéo – Agence France Entrepreneur, Quel statut juridique choisir pour son entreprise ?

1 Sachant que dans les deux cas il y a activité économique – et qu'en économie on parle d'entreprises dans les deux cas –, dites ce qui distingue en droit, principalement l'entreprise individuelle d'une société.

2 Choisir l'entreprise individuelle en protégeant son patrimoine

Julien, pourquoi être tenté par l'entreprise individuelle (EI) ?

C'est plus simple à créer qu'une société ! Peu de formalités, peu de coûts, pas de capital social minimal à apporter… Je peux créer mon entreprise sur le net sans avoir besoin de rédiger des statuts. L'entreprise portera mon nom de créateur ou un nom commercial. Je serai le seul maître à bord ! C'est facile à gérer. Mais c'est risqué…

Car l'entreprise individuelle engage une responsabilité illimitée de l'entrepreneur ?

Oui, il n'existe pas de distinction entre l'entrepreneur et l'EI. Ce n'est pas une société, donc elle ne possède pas de patrimoine propre, pas de personnalité morale. En cas de difficultés financières, les créanciers peuvent donc exiger d'être payés en prélevant autant dans les biens privés que dans les professionnels ; ils sont confondus. On est entièrement responsable des dettes de l'entreprise ! Le législateur, conscient des problèmes posés à l'entrepreneur individuel, a, plusieurs fois, aménagé le principe de l'engagement sans limite de l'entrepreneur individuel, en permettant à l'entrepreneur de « protéger » les biens personnels des créanciers. La loi me permet donc de mettre à l'abri mes biens fonciers (on a un appartement et une petite maison à la campagne) en procédant à une déclaration d'insaisissabilité devant notaire. Mais je crois que je vais opter pour l'EIRL…

Adopter le statut d'entrepreneur individuel à responsabilité limitée (EIRL), c'est plus sûr ?

Oui, car à la différence de l'EI, le patrimoine personnel du chef d'entreprise n'est pas engagé. On parle de patrimoine professionnel, appelé patrimoine d'affectation, dédié à l'activité professionnelle, sans constituer de société, qui est la seule à pouvoir être saisie par les créanciers en cas de difficultés. On parle bien de responsabilité limitée même si ce n'est pas une société… ça atténue vraiment l'inconvénient majeur de l'entreprise individuelle.

2 Quel est l'avantage principal de l'EI ? Quel risque représente cette structure ?

3 Dites pourquoi le régime de l'EIRL peut permettre de faire échapper les biens personnels de l'entrepreneur aux poursuites des créanciers.

3 Choisir une société pour protéger son patrimoine

Gaëtan, gérant de la SARL BUS, exploitant trois salons de coiffure express.

En créant une société, j'ai donné naissance à une personne morale.
Contrairement à l'EI, en créant une société, l'entrepreneur donne naissance à une nouvelle personne, une « personne morale », avec un nom, un domicile (on parle de siège social), une nationalité… Une vraie personne avec des droits (par exemple passer des contrats, embaucher) et des obligations (comme payer des impôts). Mon patrimoine personnel est ainsi protégé. En cas de difficultés économiques, mes créanciers ne peuvent saisir que les biens de la société. La responsabilité est limitée au montant du capital.
On avait le choix entre les sociétés commerciales qui permettent aux associés de n'engager leur patrimoine qu'à hauteur de leurs apports : SA (société anonyme), SAS (société par actions simplifiée ou SASU, même structure mais unipersonnelle), SARL (société à reponsabilité limitée), ou l'EURL (entreprise unipersonnelle à responsabilité limitée). Cependant, les banquiers demandent généralement une garantie sur les biens personnels des associés pour l'octroi d'un prêt. Cette pratique amoindrit la portée du principe.
Distinguer le patrimoine de ma société de mes biens personnels a été un critère capital pour moi. Chacun des quatre associés a mis toutes ses économies dans la société, on voulait donc limiter notre responsabilité à nos apports. Pour ma part, j'ai fait un apport en numéraire en mettant 20 000 euros, mes associés ont fait un apport en nature avec le matériel et les fonds de commerce. En cas de difficultés, le risque est, au pire, de perdre ce que l'on a apporté à la société.

4 Quel est l'intérêt d'opter pour la constitution d'une société ?
5 Quel est l'intérêt de choisir parmi ces sociétés dans lesquelles la responsabilité des associés est limitée à leurs apports ?

Vidéo
Le Monde.fr, Quels sont les statuts juridiques pour une entreprise ?

4 Les moyens humains : entreprendre seul ou à plusieurs ?

« Nous avons un grand projet industriel qui nécessite des capitaux importants. Nous sommes 12 associés et cherchons aujourd'hui des investisseurs, peu importe s'ils ne se connaissent pas et dont la participation sera fondée sur les capitaux qu'ils auront investis dans l'entreprise. »

Financer un bâtiment par l'énergie photovoltaïque, c'est possible ! Voirsolaire, créée par 14 agriculteurs céréaliers et éleveurs ont choisi la souplesse de leur structure juridique pour fonctionner. Le groupe s'est construit sur la transparence. Les 14 associés ont appris à mieux se connaître et l'intérêt du groupe est devenu prépondérant à l'intérêt personnel.

Latifa et Max souhaitent créer une auto-école, dont l'objet sera donc l'enseignement de la conduite automobile. La société « AUTO-ÉCOLE EXPERT » existe donc maintenant avec un capital de 7 500 euros.

Tom, boulanger, veut entreprendre seul : *« Mon indépendance est sacrée et entreprendre seul me permet de disposer des pleins pouvoirs. Je peux prendre toutes les décisions sans formalisme particulier et le profit de mon activité sera uniquement pour moi. »*

Un entrepreneur peut opter pour une entreprise individuelle : une EIRL ou une EURL. À deux associés, on privilégiera une SARL ou une SAS. À plus de deux associés, on penchera pour la SAS qui laisse le plus de libertés aux associés pour déterminer les règles d'organisation et de fonctionnement de l'entreprise. En cas d'investissements plus lourds et un grand nombre d'associés, une SA est conseillée.

6 Quelle structure juridique pensez-vous que chacun de ces entrepreneurs a choisi ? Justifiez en précisant la raison de ce choix.

5 Les motivations matrimoniales

Les régimes matrimoniaux organisent les relations pécuniaires des époux mariés. En choisissant son régime matrimonial, le créateur cherche à se protéger contre les difficultés financières de son activité.

Le choix du régime matrimonial

• **[...] La communauté réduite aux acquêts**
C'est le régime le plus connu puisqu'il est adopté automatiquement si les époux n'ont pas fait précéder leur union d'un contrat. [...] Les biens et les dettes de chacun des époux sont ceux existants avant le mariage, les biens reçus par succession ou donation. [...] Les biens communs sont ceux acquis à l'aide des revenus des conjoints, que ces revenus proviennent de biens propres ou de biens communs ou du fruit du travail. [...] Chacun des époux reste responsable de ses dettes personnelles. Mais en cas de liquidation judiciaire d'un conjoint, les biens communs entrent dans la procédure. [...]

• **La séparation de biens**
Dans le régime de la séparation des biens, chaque époux conserve la propriété exclusive des biens qu'il possède au jour du mariage et de ceux qu'il va acquérir pendant la durée de la vie conjugale. Chaque époux n'est responsable que de ses propres dettes. [...]

www.comcom.fr

PACS : Le pacte civil de solidarité organise les relations pécuniaires entre personnes qui vivent ensemble sans être mariées. Chacun des partenaires reste propriétaire des biens qu'il acquiert pendant et après la conclusion du PACS, ce qui aboutit aux dispositions du régime de la séparation de biens.

Témoignage d'Andréa :
« *Ma famille ne doit courir aucun risque* »

En septembre 2018, Andréa Merlin a créé Cooool, une plateforme Internet de vente de vêtements scandinaves en coton bio pour femmes enceintes et enfants, qui permet ensuite de les revendre d'occasion. Soucieuse de protéger sa famille, elle a opté pour le statut de SAS unipersonnelle. « *J'ai veillé à ne pas mélanger le compte bancaire de l'entreprise et celui de la famille, qui ne doit courir aucun risque.* » Pour son mariage, Andréa a choisi le régime de la séparation de biens et ce, pour plusieurs raisons : chaque époux détient la propriété des biens acquis avant et pendant le mariage ; chacun est responsable de ses propres dettes uniquement. « *Je ne voulais pas du régime légal. En cas de difficultés économiques, les biens acquis pendant notre mariage sont communs et pourraient servir à rembourser les créanciers. Pas question !* »

7 **Quel est le régime matrimonial le plus adapté à la vie des affaires ? Justifiez votre réponse.**
8 **Justifiez les choix d'Andréa.**

B Les objectifs sociaux et fiscaux

6 Les motivations liées au régime social

Les régimes sociaux du dirigeant et des associés pour la protection des risques essentiels de la vie (maladie, maternité, retraite, prestations familiales), se différencient en fonction de la structure adoptée.

	Régime des indépendants (travailleurs non salariés (TNS))	Régime général des salariés
Dirigeants concernés	– entrepreneur individuel – associé unique, gérant ou non de l'EURL – gérant majoritaire de la SARL	Le gérant minoritaire d'une SARL et le directeur général d'une SA sont rattachés au régime général des salariés.
Avantages pour le dirigeant	Charges sociales globalement moins élevées que celles payées par un dirigeant assimilé salarié. Possibilité de souscrire une couverture complémentaire personnalisée.	Protection sociale identique à celle des salariés, plus complète que celle des TNS.

Cependant, désormais, les deux régimes tendent à s'aligner. Dans l'ensemble, le travailleur indépendant n'est pas moins bien protégé aujourd'hui que le salarié du régime général.

9 Un gérant de SARL est majoritaire s'il détient, avec son conjoint, des enfants encore mineurs et quel que soit le régime matrimonial, plus de 50 % du capital de la société.
Eva est à la tête d'une plateforme Internet de location d'objets entre particuliers.
Eva et Marc sont mariés et cogérants, disposant chacun de 20 % des parts sociales de leur entreprise ; en outre, Eva et les 2 enfants du couple possèdent chacun 5 % des parts de l'entreprise.
Déterminez leur régime social.

10 **La motivation sociale est-elle primordiale pour le choix d'une structure juridique ?**

7 Les motivations fiscales

Outlook | Nouveau | Envoyer | Répondre | Transférer | Enregistrer

De : **conseillerfiscal.com**
À : Eva

Madame,

Pour répondre à votre question sur le statut fiscal lié à votre choix de structure juridique, sachez que l'activité professionnelle génère des profits donnant lieu à des prélèvements fiscaux. Le choix se fait donc entre l'imposition de la personne *via* l'impôt sur le revenu (IR) ou celle de la structure juridique, *via* l'impôt sur les sociétés (IS). L'IR vise les bénéfices réalisés selon un barème progressif, dont la tranche supérieure est actuellement fixée à 40 % tandis que l'IS représente un prélèvement proportionnel, à hauteur de 33,33 % des bénéfices. Il n'existe donc pas d'arbitrage idéal entre ces deux options car chacun doit intégrer divers paramètres : profits attendus de l'entreprise, situation personnelle et familiale. Voici un schéma qui vous aidera à y voir plus clair.

Cordialement,

Votre conseiller fiscal

Forme de société	IR	IS
EI	X	
EIRL	X	Option sous certaines conditions
EURL	X	Option sous certaines conditions lorsque l'associé unique est une personne physique
SARL, SA, SAS	Option sous certaines conditions	X

11 **Que permet, d'un point de vue fiscal, l'adoption d'une structure sociétaire ?**

C Les moyens financiers et matériels

8 L'exemple de la SARL

Lorsqu'ils ont créé la SARL CARAMAIL, Amandine a apporté à la société 20 000 euros et sa voiture. Julien et Quentin ont apporté un brevet qu'ils mettent à la disposition de la société en vue de créer son capital social.*

Les apports en numéraire	Les apports en nature	Les apports en industrie
L'apport en numéraire est un apport en argent effectué par les associés en vue de créer le capital social de la société. L'apport en numéraire se fait au moment de la création de la société en créditant le compte bancaire de la société en cours de constitution. [...]	Les apports en nature sont des apports en matériels, clientèle, brevets, marques... Tout comme les apports en numéraire, ils viennent constituer le capital social d'une société. [...]	Un apport en industrie est un apport en « travail » fait par l'un des associés. *A contrario* des deux autres types d'apports, l'apport en industrie ne vient pas constituer le capital social de l'entreprise, mais donne la possibilité à l'associé d'obtenir des parts sociales ou des actions. [...]

www.my-business-plan.fr

***À quoi sert le capital social ?**

Le capital social d'une société correspond à la somme des apports réalisés par les associés au moment de la création. Il permet, notamment, de déterminer la part qu'a chaque associé dans la société. Il va également permettre de lancer l'activité de la société en finançant les premiers investissements et/ou son cycle d'exploitation. Mais si [on n'a] pas ou très peu d'investissements à faire, pourquoi ne pas fixer un capital social d'un euro ?

www.l-expert-comptable.com

Même s'il est légal de créer une SARL ou une SAS avec 1 euro, il n'est pas conseillé de le faire car cela n'est pas rassurant pour vos partenaires, et peut par conséquent porter préjudice à la société. En effet, le capital social témoigne de la solidité financière de la société. Pour les clients comme pour les fournisseurs, le capital social est une garantie.

En contrepartie de cet apport, tous ces associés ont reçu des parts sociales (on parle de parts sociales pour SARL/EURL et d'actions pour une SAS/SASU). Le montant – leurs apports – a déterminé la répartition des parts sociales et ainsi permis la répartition des pouvoirs entre associés.

Les apports permettent aussi d'attribuer une part des bénéfices et des droits de vote à un associé.
Le capital social a permis de financer les premiers investissements, mais aussi de rassurer les partenaires sur la solidité financière de la société.

12 En quoi consistent les différents apports de ces trois associés ? Quelle en est la nature dans chacun des cas ?

13 Que déterminent les apports matériels et financiers des associés ?

14 Si, à la création de leur SARL, l'un des associés avait apporté 15 000 euros en numéraire et l'autre un apport en industrie de 15 000 euros, le capital social de la société serait-il de 30 000 euros ou de 15 000 euros ? Le nombre de parts sociales détenues par les deux associés serait-il identique ?

II Le choix à partir d'autres critères

Contexte

Conditions pour devenir coursier avec Uber Eats
Livraisons en vélo : Avoir au moins 18 ans/Avoir une pièce d'identité valable dans l'Union européenne/Être auto-entrepreneur ou avoir votre entreprise
Lors de votre inscription, choisissez le véhicule « vélo ».
Prêt à vous lancer ? Inscrivez-vous dès maintenant et commencez à faire des livraisons !

Malgré ce qu'ils entendent sur les procès de livreurs auto-entrepreneurs, qui demandent à être considérés comme des salariés, Léa, salariée, et Victor, étudiant, sont tentés de créer leur auto-entreprise pour « *arrondir les fins de mois* ».

A Le choix de l'auto-entreprise

9 Auto-entrepreneur

[Être auto-entrepreneur (micro-entrepreneur depuis le 1er janvier 2018)] est indispensable si vous souhaitez devenir coursier à vélo.

Ce statut a l'avantage de vous offrir une grande souplesse et d'être votre propre patron. De plus, il permet de bénéficier d'un régime fiscal, juridique et social favorable. […] Le régime […] est ouvert à tous.

Régime du coursier à vélo [auto]-entrepreneur

[Ce] statut […] n'est pas une forme juridique, c'est un régime. La forme juridique officielle […] est celle de l'entreprise individuelle. Vous exercerez alors une activité en tant qu'exploitant individuel. En tant que coursier à vélo, vous effectuez de la prestation de service. Depuis le 1er janvier 2018, le plafonnement du chiffre d'affaires a été rehaussé. Désormais, vous ne devez donc pas dépasser le plafond de 70 000 euros HT de chiffre d'affaires par an*. D'un point de vue social, [vous bénéficiez], là aussi, de simplification. En effet, les cotisations et les contributions sociales se font en un paiement mensuel ou trimestriel. Depuis […] janvier 2018, le taux de cotisations sociales pour un coursier à vélo est de 22 % du chiffre d'affaires.

Quelles sont les démarches à effectuer ?

Le statut […] est facile d'accès et les démarches ont été très largement simplifiées pour que la création devienne rapide. Ainsi, l'intégralité de votre demande de statut peut se faire gratuitement et en ligne sur le site de l'État : guichet-entreprises.fr.

devenir-coursier.velo.com

*7 600 euros pour les activités de commerce

Je suis POUR

Kader : *« Actuellement auto-entrepreneur après avoir effectué une école de commerce et une école de graphisme, je me retrouve aujourd'hui, avec le contexte économique, dans l'incapacité de trouver un CDI malgré mes diplômes et mes années d'expérience. Le statut d'auto-entrepreneur me permet, du haut de mes 25 ans, de rester autonome financièrement. Je ne suis certes pas riche mais j'ai le mérite de me battre pour parvenir à conserver une autonomie financière. »*

Je suis CONTRE

Paul : *« J'ai été auto-entrepreneur et ce n'est pas mieux que d'être chômeur ! Je croyais avoir l'emploi que je désirais, le nouveau statut de chef d'entreprise et une nouvelle vie en toute indépendance… loin de toute subordination, tout patron, toute contrainte. Mais un auto-entrepreneur n'est pas un chef d'entreprise : absence de protection sociale (assurance-maladie, chômage, retraite), absence de congés payés, absence de Code du travail, pas d'horaires (je travaille sept jours sur sept pour m'en sortir). Bref, un jour freelance, le lendemain salarié déguisé, le reste du temps, chômeur entre deux missions. »*

Vidéo — Portail auto-entrepreneur, Comment devenir auto-entrepreneur ?

1 **Y a-t-il des différences entre l'entreprise individuelle et le statut d'auto-entrepreneur ?**

2 **Que permet ce statut ? Est-il ouvert à tous ? Quelles en sont les limites ?**

B Le choix en fonction de l'évolution de l'entreprise

10 La nécessité de faire évoluer la structure juridique

De l'EI à la forme sociétaire

Fred, menuisier, entrepreneur individuel : « *J'ai vraiment apprécié la simplicité de fonctionnement de ma petite entreprise, en en possédant la propriété exclusive. Mais aujourd'hui, je ne veux plus risquer d'être responsable de mes dettes professionnelles ni assumer seul toutes les décisions ! Je veux maintenant passer la "vitesse supérieure" et m'associer avec deux autres menuisiers en créant une société.* »

De l'EURL à la SARL

Joseph : « *Mon EURL était devenue un frein à ma croissance, car la limitation de la responsabilité rend difficile l'obtention de financement : les banques me demandent des garanties et des cautions personnelles. J'ai donc fait entrer trois personnes pour développer l'activité. Mais surtout, je voulais partager les responsabilités et aussi le pouvoir avec mes nouveaux associés.* »

À la tête de projets d'envergure

Ismaël, **Caroline** et **Sarah** : « *À ce stade de notre développement, on a d'énormes projets et notre choix doit s'orienter vers les sociétés qui permettent de rassembler des capitaux importants, donc ce sera soit la SA, soit la SAS. En effet, on a découvert que ces structures évolutives facilitent les partenariats et apportent de la crédibilité vis-à-vis des partenaires, qu'il s'agisse des banquiers, de nos clients, ou de nos fournisseurs.* »

La question de la succession

Lolita : « *Depuis que notre société existe, on a beaucoup évolué. On a acheté des locaux, on a emprunté à la banque. Et puis notre stratégie de croissance a évolué à l'international. Aujourd'hui, on a, pour la plupart, une famille, et on souhaite pérenniser notre beau travail et faciliter sa transmission. Certains veulent vendre leurs parts et d'autres songent à leur succession. Mon mari, qui dirige de son côté une entreprise individuelle, l'a transformée en société car il envisage de la vendre et veut pouvoir la transmettre facilement à nos enfants. De mon côté, ce sera encore plus simple, je vendrai le moment venu mes actions.* »

Le besoin de fonds importants

Julien est fondateur d'une start-up du web qui, face au succès considérable de son activité, veut vraiment grandir et a besoin de fonds importants : « *En tant qu'associé unique, j'avais démarré il y a longtemps en EURL. Puis j'ai trouvé des associés et on a évolué vers une SARL qui nous paraissait à l'époque mieux adaptée à un projet entrepreneurial, encore de faible envergure, en matière de développement, tandis que la SAS est plus appropriée pour un fort potentiel de croissance.*

Mais quelques années plus tard, on a cherché à réaliser une levée de fonds, c'est-à-dire obtenir des capitaux supplémentaires pour innover. On s'est transformés en SAS, car nos différents projets ont totalement séduit nombre d'investisseurs.

Contrairement à la SARL, qui est plafonnée à 100 associés, la SAS n'a pas un nombre maximal d'actionnaires et peut donc grandir sans se soucier d'une nécessaire transformation à venir. Ainsi, ce statut nous a permis d'adapter le fonctionnement de notre société à l'évolution de nos projets, notamment en facilitant l'entrée de nouveaux partenaires ou des investissements importants. »

3 **Relevez toutes les raisons qui nécessitent de faire évoluer une structure juridique vers une autre.**

4 **En quoi la transformation en structure sociétaire donnera-t-elle la possibilité de faire appel à des capitaux extérieurs et aussi de créer des alliances avec d'autres structures ?**

11 Toutes les formes de sociétés chez Station F

La SASU Station F à Paris 13e

C'est le plus grand incubateur de start-up au monde ; une aubaine pour les entrepreneurs réparti sur un campus de 34 000 mètres carrés. Cet incubateur a été créé par Xavier Niel, fondateur de Free, déjà mécène de l'école 42 à Paris, qui a acheté et rénové le bâtiment sur ses propres fonds. Il assume : « *c'est un usage peut-être moins idiot de mon argent que de le donner à mes enfants qui en feront des bêtises, probablement !* ». Il a pour ambition de faciliter la vie des entrepreneurs, favoriser leur croissance, et les accompagner grâce à des programmes d'incubation « maison ». Cette véritable fourmilière ambitionne d'accueillir jusqu'à un millier de start-up et 3 000 entrepreneurs.

Station F est une opportunité en or pour les entreprises françaises en quête de digitalisation. De nombreuses entreprises privées ont aussi décidé d'y installer leurs programmes autour des start-up. Ainsi, des services de la SA L'Oréal, de la SAS Ubisoft, pépite française du jeu vidéo, de la SAS géante du e-commerce vente-privee.com, ou encore la SA géante de l'aéronautique et de la défense Thales, y côtoient une EURL qui propose des soins et produits de beauté à base d'huile de chanvre, une SAS de rencontres entre étudiants et professionnels pour favoriser la réussite dans la recherche d'emploi ou stage de jeunes en manque de réseau, une SARL qui met en relation les extras avec les employeurs de l'hôtellerie et de la restauration, une pizzeria en EIRL, etc.

5 **Relevez toutes les structures juridiques cohabitant au sein de la Station F.**

6 **Quelle est celle qui domine en nombre ?**

7 **Rappelez la différence entre une EIRL et une EURL. Quel est l'intérêt d'évoluer de l'une à l'autre de ces structures ? Rappelez quelles sont toutes les possibilités pour entreprendre seul.**

12 La SAS/SASU, le statut idéal pour les start-up ?

Romain, Louis et Sofiane : « *La SAS, c'est vraiment simple pour s'adapter à tout et évoluer à notre rythme !* »

Absolument, et c'est très apprécié des start-up pour de nombreuses raisons, notamment pour la grande liberté qu'elle accorde aux jeunes entrepreneurs : pas de nombre maximal ni minimal d'associé exigé.

Un statut parfait pour lever des fonds

Romain « *La SAS est un statut apprécié par les investisseurs grâce à la flexibilité qu'elle accorde aux associés pour la gouvernance de la structure. Au final, la SAS est un statut très souple et qui est adapté aux futures levées de fonds, d'où son succès auprès des start-up ambitieuses. Au cours de la vie de la société, cette flexibilité nous permettra d'accueillir très facilement encore de nouveaux associés et ainsi d'encourager les levées de fonds ; on voit grand. Les actionnaires sont libres de définir aussi librement les fonctions de chacun et les organes de contrôle.* »

Un statut très flexible

Louis « *Nous sommes trois fondateurs et avons opté pour la SAS pour la flexibilité de ses statuts. Nous pouvons définir librement les modalités de prise de décisions collectives. En effet, le fonctionnement de la SAS est librement défini par les associés, tandis que la SARL est encadrée par la loi. Nous avons donc fixé nos propres règles en respectant bien sûr les lois encadrant ce statut, comme l'obligation de nommer un président…* »

Sofiane « *D'ailleurs, c'est moi. Par exemple, il nous a été possible de définir la manière dont les décisions sont prises mais aussi la fonction des dirigeants. C'est un atout pour les start-up dont les fondateurs aiment généralement, comme nous, être libres de fixer les règles et agir comme on le sent. Nos assemblées générales ont lieu par Skype, les convocations sont envoyées par mail.* »

8 **Pourquoi la structure de la SAS séduit-elle autant ?**

III Les formes juridiques de l'économie sociale et solidaire (coopératives, mutuelles)

Contexte

SapéCommeJamais : fin. Comme le dit une célèbre chanson, « *les histoires d'amour finissent mal en général* ». Guillaume et Bissame se sont séparés. Guillaume poursuit l'aventure tandis que Bissame, décidée à reprendre sa liberté, et très sensible à l'économie sociale et solidaire, cherche à rejoindre une entreprise qui n'a pas pour unique objectif le profit. Elle hésite entre coopérative et mutuelle, convaincue qu'il est possible d'entreprendre autrement.

A L'économie sociale et solidaire : entreprendre différemment

Vidéo
MAIF, Pour une société collaborative

13 L'économie sociale et solidaire, c'est quoi ?

L'économie sociale et solidaire (ESS), créée en 1980, est un ensemble d'entreprises organisées en coopératives, associations, mutuelles ou encore fondations, mais aussi des sociétés commerciales. Elle place l'homme au cœur de l'économie et du monde de l'entreprise, dont les activités suivent des principes de solidarité et d'utilité sociale. L'ESS n'est pas un secteur d'activité, mais une façon de faire et d'entreprendre basé sur les personnes, un fonctionnement démocratique (une personne = une voix) et une liberté d'adhésion (toute personne souhaitant participer et devenir sociétaire peut avoir des responsabilités dans l'ESS). [...] L'ESS permet aux salariés de s'impliquer dans leur structure, garantissant une redistribution équitable des bénéfices. Les profits sont reversés au développement de l'activité de l'entreprise, car il n'y a pas d'actionnaires à rémunérer. [Les activités sont fondées sur un principe de solidarité et d'utilité sociale. Le profit individuel est proscrit et les résultats sont réinvestis. Les ressources financières sont généralement en partie publiques.]

www.unidivers.fr

14 Les sociétés commerciales d'utilité sociale

[...] Rêvez-vous qu'un jour l'ESS finisse par remplacer l'économie « classique » ?

Non, pas obligatoirement. Il y a de la place pour les deux et il ne faut pas les opposer. Simplement, il faut qu'on trouve tout aussi normal de rémunérer l'investissement humain que l'investissement en capital. En cela, la loi ESS de 2014* nous a beaucoup aidés à faire reconnaître l'économie sociale et solidaire. [...] C'est une économie qui ne délocalise pas. Elle est donc bénéfique aussi aux autres entreprises. Car quand on maintient de l'activité et des emplois dans un territoire, tout le monde y gagne.

Angélique Pineau, www.essentiel-sante-magazine.fr, 23 octobre 2017

* [...] Les sociétés commerciales peuvent aussi faire partie de l'économie sociale et solidaire à condition de respecter certains critères : le but poursuivi doit être autre que le seul partage des bénéfices ; la gouvernance doit être démocratique avec la participation des associés, des salariés et des éventuelles autres parties prenantes ; les bénéfices de l'entreprise doivent prioritairement être utilisés pour le maintien ou le développement de l'activité. [...]

www.economie.gouv.fr

15 Scop (sociétés coopératives ouvrières de production) : les salariés aux manettes

[...] Dans ces entreprises, le pouvoir est entre les mains des salariés.

> « ***Nous souhaitions rester maîtres de notre activité, sans pour autant nous cantonner au modèle de l'entreprise individuelle : un patron qui tient les rênes et ramasse seul les bénéfices. [...]*** »

Une société commerciale aménagée

Une Scop est en fait une entreprise commerciale classique – une [...] SARL dans le cas d'Echopaille [construction de bâtiments en bois et paille, appartenant aux salariés], mais il peut aussi s'agir d'une [...] SA ou d'une [...] SAS – dont les associés majoritaires sont des salariés. Ils détiennent au moins 51 % du capital et 65 % des droits de vote. Aucune décision ne peut leur être imposée par un « actionnaire » extérieur. [...]

Aurélia Descamps, www.essentiel-sante-magazine.fr, 22 septembre 2016

1. **Identifiez les finalités des entreprises de l'économie sociale et solidaire.**
2. **Relevez les formes juridiques qu'elles peuvent prendre.**

B Les coopératives

Vidéo
Coop.fr, C'est quoi une coopérative ?

16 Le crédit coopératif

Être sociétaire, c'est un choix

Plus de 37 000 personnes morales de l'économie sociale et solidaire, groupements d'entreprises, coopératives, PME, PMI, associations, mutuelles, sont aujourd'hui sociétaires du Crédit Coopératif.

Et **38 300 personnes physiques clientes** ont choisi d'être associées du Crédit Coopératif.

Ce n'est pas un hasard, c'est un choix, celui d'une banque performante qui cultive ses spécificités.

credit-cooperatif.coop

FAIRE ENTENDRE SA VOIX

En devenant sociétaire du Crédit Coopératif, vous devenez plus qu'un client : un coopérateur. Vous devenez acteur de votre banque, notamment en participant aux décisions et en dialoguant avec ses représentants.

« UNE PERSONNE UNE VOIX »

C'est le principe fondateur de la vie coopérative : quel que soit le nombre de parts souscrites, la voix d'un sociétaire a le même poids. À condition de participer, en étant présent à l'assemblée générale ou par correspondance. [De plus, les bénéfices ne sont pas distribués mais réinvestis dans la coopérative.] [...]

tousbanquiers.credit-cooperatif.coop

3. **Relevez les spécificités des coopératives.**
4. **Pourquoi parle-t-on « *d'entreprises pour un monde meilleur* » ?**

C Les mutuelles

Vidéo
Viva Magazine, Une mutuelle, comment ça marche ?

17 La Mutuelle des Motards

La Mutuelle des Motards [428 salariés] n'a pas d'actionnaires à rémunérer : elle appartient à ses sociétaires. Individuellement assurés et collectivement assureurs, ils sont directement concernés par les activités et les orientations de l'entreprise. C'est donc à eux de faire en sorte qu'elle réponde à leurs besoins aux meilleures conditions, et sur eux que repose la responsabilité de son développement, *via* l'élection parmi eux des membres du Conseil d'administration. [...] Contrairement aux sociétés capitalistiques, le système de représentation ne dépend pas du poids financier des actionnaires. Il repose sur le principe démocratique « un homme, une voix ».

www.mutuelledesmotards.fr

À la souscription de votre premier contrat d'assurance Mutuelle des Motards, vous devenez sociétaire si préalablement vous vous êtes acquitté du droit d'adhésion. La Mutuelle s'engage pour les jeunes conducteurs : pas de discrimination. Que vous soyez novice ou non, les conditions de souscription sont les mêmes pour tous les conducteurs de deux-roues souhaitant s'assurer à la Mutuelle. Être une entreprise responsable sociale et solidaire implique une stratégie de développement de la Mutuelle qui fait la part belle aux « jeunes » (18-28 ans).

5. **Quel est le principe de fonctionnement d'une mutuelle ? Pourquoi peut-on parler d'un fonctionnement démocratique ?**
6. **En quoi se distingue-t-elle d'une société commerciale ? Quels en sont les points communs ?**

Synthèse

Les structures juridiques

	Entreprise unipersonnelle à responsabilité limitée (EURL)	Société à responsabilité limitée (SARL)	Société anonyme (SA)	Société par actions simplifiée (SAS) Société par actions simplifiée unipersonnelle (SASU)
Associé(s)	Une personne physique ou morale	2 à 100 personnes physiques ou morales	Au minimum 2 personnes physiques ou morales (7 pour les sociétés cotées en bourse)	Au minimum une personne physique ou morale
Dirigeant(s)	Un ou plusieurs gérants (personnes physiques)	Un ou plusieurs gérants (personnes physiques)	Un conseil d'administration de 3 à 18 membres, avec un président désigné parmi eux	Un président (personne physique ou morale), obligation d'un représentant légal
Capital social	Libre	Libre	Au minimum 37 000 euros	Libre
Régime social du/des dirigeant(s)	Travailleur non salarié (associé unique) ou assimilé-salarié (plusieurs associés)	Travailleur non salarié (gérant majoritaire), assimilé-salarié (gérant égalitaire ou minoritaire)	Assimilé-salarié (président du conseil d'administration)	Assimilé-salarié (président)
Imposition des bénéfices	Impôt sur le revenu (personne physique – possibilité d'impôt sur les sociétés), impôt sur les sociétés (personne morale)	Impôt sur les sociétés dans la plupart des cas	Impôt sur les sociétés dans la plupart des cas	Impôt sur les sociétés dans la plupart des cas

Le choix de la structure juridique en fonction des objectifs et des moyens de l'entrepreneur

- des motivations patrimoniales (responsabilité illimitée ou limitée), humaines (seul ou à plusieurs), matrimoniales
- des objectifs sociaux (régime des indépendants, travailleurs non salariés)
- des motivations fiscales (impôts sur le revenu/sur les sociétés)
- des moyens financiers et matériels

Le choix à partir d'autres critères

- le choix de l'auto-entrepreneur
- le choix en fonction de l'évolution de l'entreprise

Grandir, partager les responsabilités et le pouvoir, trouver des financements, assurer la pérennité de la structure

Le choix des formes juridiques de l'économie sociale et solidaire

- Objectif : valorisation de l'être humain au dessus du capital
- Modes de gestion et décisions démocratiques et participatives
- Pas de profit personnel et réinvestissement des bénéfices

Mots clés

EI • EIRL • SARL • EURL • SA • SAS • SASU • ESS • Coopérative • Mutuelle

14 La responsabilité de l'entreprise

QUESTION **Quelles réponses apporte le droit face aux risques auxquels s'expose l'entreprise ?**

COMPÉTENCE(S)
- Caractériser le risque d'une situation donnée
- Identifier la nature juridique de la responsabilité d'une entreprise dans une situation donnée
- Analyser une situation juridique d'entreprise mettant en œuvre la responsabilité civile contractuelle ou extracontractuelle

SAVOIRS ASSOCIÉS
- Les types de risques
- L'inexécution du contrat
- Responsabilités civile et pénale
- Les principes de la responsabilité civile contractuelle et extracontractuelle

Contexte

Bébés malades, alerte sanitaire, retraits successifs de lait contaminé, vente interdite dans les grandes surfaces, responsabilité du groupe Lactalis... le risque sanitaire en question !

Lactalis pense que des travaux dans une de ses usines peuvent être à l'origine de la contamination liée à la salmonelle. La direction réalise de nombreuses analyses pour trouver le « *fait générateur* », le nettoyage et les investigations n'ayant finalement rien donné. La production et la distribution du lait ont donc repris et les dirigeants prétendent n'avoir vu réapparaître les problèmes qu'avec la découverte des cas de bébés malades.
L'Institut Pasteur vient d'établir que la contamination par les salmonelles aurait été présente dans l'usine depuis plus de dix ans. C'est ce qui est confirmé par l'aveu du PDG de Lactalis dont l'association des familles de victimes réclame aujourd'hui la démission, estimant que sa responsabilité est engagée. Depuis la découverte de l'épidémie, 12 millions de boîtes de lait infantile ont été retirées des rayons par les grandes surfaces, mais très, trop tardivement… Les responsabilités pourraient être nombreuses.

1 **À quels problèmes est confrontée la société Lactalis ?**

2 **De quoi le groupe Lactalis pourrait-il être tenu responsable ?**

I Caractériser les différents types de risques

A La diversité des risques

1 Risques et dommages… la liste est longue

LE RISQUE est un événement ou la probabilité d'un fait susceptible de causer des dommages aux personnes et/ou aux biens.

• Depuis des mois, des salariées de l'entreprise Carnot se plaignaient à leur directeur des agissements d'un cadre, dénonçant « *des gestes obscènes, des frottements, des attouchements* ». Reconnues victimes de harcèlement sexuel, elles ont obtenu de l'employeur réparation de préjudices distincts découlant, d'une part, des faits de harcèlement sexuel et, d'autre part, du manquement à son obligation de sécurité.

• À la suite d'une mauvaise manipulation, un salarié a eu deux doigts écrasés par une machine. Il aurait appuyé sur le mauvais bouton. L'employeur est condamné pour cet accident du travail, le salarié n'ayant pas reçu de formation suffisante pour manipuler la machine.

• Après des « *signalements de clients* » et un contrôle interne de qualité, la société Whirlpool constate que la poignée de certaines bouilloires peut « *devenir lâche ou se séparer du corps de l'appareil, entraînant un risque de blessure* ». Plus de 310 000 bouilloires potentiellement dangereuses sont rappelées par Whirlpool, dont 16 700 en France. Un site web permet aux clients de vérifier leur numéro de série. La marque s'est engagée à remplacer gratuitement les produits défectueux.

• Un chirurgien marseillais avait oublié cinq compresses et un gant chirurgical dans le ventre d'une patiente qui a saisi le président du tribunal de grande instance suite à de violentes douleurs au ventre dès son réveil postopératoire. Aucun comptage des compresses n'avait été effectué après l'intervention, malgré la procédure prévue. Un expert a évalué les fautes et les préjudices subis.

• Rencontrant de graves difficultés économiques, le groupe Make France vient d'être placé en situation de redressement judiciaire, ce qui pourrait mettre financièrement en danger ses différents fournisseurs. Le président du tribunal de commerce, saisi de cette affaire, évalue le risque de difficultés en cascade pour ces petits fournisseurs menacés de voir leurs créances impayées.

1 Quel est le point commun à toutes ces affaires ?
2 Distinguez les risques individuels et les risques collectifs.
3 Identifiez les risques liés au travail et ceux liés à l'activité de l'entreprise.
4 Recherchez d'autres exemples de risques dans l'actualité.
5 Expliquez pourquoi les entreprises doivent anticiper les risques liés à leur activité.

2 Lactalis entre prévention et précaution

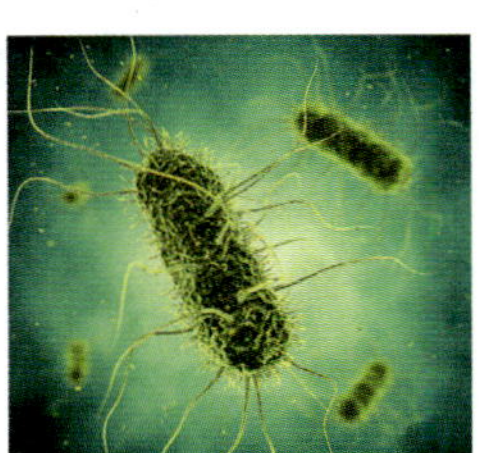

L'affaire du lait contaminé fait débat pour les salmonelles retrouvées dans l'usine de fabrication, mais aussi pour le retard pris par l'entreprise à reconnaître publiquement le problème et faire retirer les boîtes dans tous les lieux de vente. Le groupe n'aurait-il pas dû, en l'absence de certitudes scientifiques, adopter plus rapidement des mesures « effectives et proportionnées » ?

Le **principe de prévention** consiste à anticiper les risques afin d'en éviter la réalisation. De son côté, le **principe de précaution** est le principe juridique selon lequel des mesures sont imposées pour éviter les dangers qu'une situation peut faire naître pour les personnes, la faune, la flore et plus généralement l'environnement. À la différence du principe de prévention, qui conduit à adopter des mesures efficaces face à un risque connu, le principe de précaution, introduit dès 2005 dans notre Constitution, est mis en œuvre en cas d'incertitude scientifique : le risque est inconnu.

6 En vertu de quel principe le groupe Lactalis aurait-il dû prendre des mesures rapides de retrait du lait contaminé ? Justifiez votre réponse.

B L'évolution du droit face aux risques

3 Il était une fois la responsabilité… De la faute au risque

Affaire Teffaine

Un mécanicien est mort suite à l'explosion de la chaudière du remorqueur dont il s'occupait.

Affaire Jand'heur

La jeune Lise Jand'heur a été renversée et blessée par un camion de la société Les Galeries belfortaises.

De la faute (responsabilité subjective)…

À l'origine, la responsabilité était toujours le résultat d'une responsabilité subjective, c'est-à-dire liée à la faute de la personne responsable. La société du Code civil de 1804 était traditionnelle. Or, les accidents, multipliés avec l'industrialisation, ne pouvaient pas toujours donner lieu à la mise en cause d'une personne fautive. Par exemple, un employeur pouvait s'exonérer de sa responsabilité s'il parvenait à prouver qu'aucune faute de sa part n'était à l'origine de l'utilisation d'une chose dangereuse par la victime. Même si cette preuve était difficile à établir, le simple fait de devoir la rapporter risquait de pénaliser les victimes.

… au risque (responsabilité objective)

En 1896, la Cour de cassation juge que le propriétaire du remorqueur est considéré comme responsable de la mort du mécanicien lors de l'explosion inexpliquée de la chaudière (on parle de présomption de responsabilité), sans que l'on ait à rechercher la moindre faute chez lui. Cette jurisprudence a ouvert la voie à l'essor de la responsabilité du fait des choses : la victime a droit à réparation, peu importent les agissements à l'origine du dommage.

Les parties en présence sont la victime de l'accident et la société responsable de la personne ayant la garde du véhicule (le chauffeur). Le litige porte sur la volonté de la victime de mettre en cause la responsabilité du chauffeur, alors qu'aucune faute ne peut être établie à son encontre. La Cour de cassation, en 1930, estime que l'origine de la responsabilité est dans la garde de la chose qui a causé le dommage, indépendamment de tout vice de la chose et de toute faute dans l'utilisation de la chose. L'intérêt des victimes prime. Cet arrêt ouvre la voie de l'objectivisation de la responsabilité sans faute avec la réparation des préjudices accidentels survenus sans que le gardien n'ait eu d'intention malveillante, ni même qu'il ait fait preuve d'imprudence.

7 Retracez les grandes étapes de l'analyse juridique de la responsabilité.

8 Dites comment et pourquoi on est passés d'une responsabilité pour faute à une responsabilité sans faute.

4 Aujourd'hui coexistent les cas de responsabilité avec faute et sans faute

Bien que l'enquête n'ait pas permis de déterminer les circonstances exactes de l'accident, le tribunal a retenu la responsabilité de l'enseigne de bricolage suite au décès d'un enfant ayant reçu sur lui des étagères en kit lors de son passage dans les rayons du magasin.

Malgré l'intervention d'un expert pour authentifier l'œuvre, l'un des tableaux vendus par une maison de vente aux enchères était faux. C'est la responsabilité de la maison de vente qui est engagée, dès lors qu'elle ne s'est pas assurée que toutes les investigations nécessaires ont bien été menées.

Le tribunal juge que le suicide d'un salarié est « *dû à la faute inexcusable* » de l'employeur qui n'a pas pris les mesures nécessaires pour le préserver du danger auquel il était exposé en raison de la pénibilité et de la dégradation de ses conditions de travail.

Un salarié demande des dommages et intérêts pour exécution déloyale de son contrat de travail. L'employeur a reconnu qu'il cumulait à lui seul deux postes, ayant entraîné sa dépression et sa longue maladie.

9 Identifiez les cas où l'entreprise est responsable pour faute et celle où elle l'est sans faute. Justifiez votre réponse.

10 Donnez des exemples de responsabilité avec et sans faute qui pourraient incomber à Lactalis.

II Identifier la nature juridique de la responsabilité de l'entreprise

Contexte

Lactalis est poursuivie pour « *blessures involontaires* », « *mise en danger de la vie d'autrui* », « *tromperie aggravée par le danger pour la santé humaine* » et « *inexécution d'une procédure de retrait ou de rappel d'un produit* » préjudiciable à la santé. Les peines peuvent aller jusqu'à sept ans d'emprisonnement et une amende de 750 000 euros si le délit a eu pour conséquence de rendre l'utilisation du produit dangereuse pour la santé. Des familles ont de leur côté saisi la justice afin d'être dédommagées du préjudice subi.

5 Droit civil et droit pénal

Droit civil	Droit pénal
Entre qui et qui ?	
Entre deux personnes privées	Entre la société (représentée par le ministère public) et une personne privée
Pourquoi ?	
Arbitrer un conflit de droit opposant des intérêts privés (ex. : contrats litigieux)	Punir les agissements répréhensibles aux yeux de la loi (infractions : contraventions, délits, crimes)
Devant quels tribunaux ?	
Suivant la nature et l'importance du litige (tribunal d'instance, tribunal de grande instance, conseil des prud'hommes, etc.)	Tribunal de police (contraventions), tribunal correctionnel (délits), cour d'assises (crimes)
Avec quelles sanctions selon le type de responsabilité ?	
Responsabilité civile : condamnation à des dommages et intérêts en réparation des préjudices subis (préjudice économique, matériel, affectif, écologique, esthétique, etc.)	**Responsabilité pénale :** condamnations à des amendes (versées au Trésor public) et/ou à des peines de prison en réparation du préjudice causé à la société

6 Dommages et intérêts et amendes

La responsabilité civile du pétrolier a été retenue par la justice, qui a reconnu également sa culpabilité pénale…

La Cour de cassation a confirmé mardi la condamnation pénale de Total […] pour la « *pollution maritime* » provoquée sur les côtes bretonnes par le naufrage du pétrolier Erika en 1999. [Elle] a de plus déclaré […] que Total était également civilement responsable de la catastrophe, ce qui valide les dommages et intérêts déjà payés par le groupe. « *Total est bien le responsable naturel* » de la catastrophe [et a été] condamné à 375 000 euros d'amende. […]

Total condamné à réparer les conséquences du dommage : près de 200 millions d'euros pour les parties civiles

[…] Les parties civiles (État, collectivités locales, associations de protection de l'environnement) avaient obtenu 200,6 millions d'euros de dommages et intérêts, dont environ 13 millions au titre de leur « *préjudice écologique* ».

www.20minutes.fr, 25 septembre 2012

1. Quels sont les faits et la nature des peines prononcées dans l'affaire Erika ?
2. Comparez les peines prononcées au titre des responsabilités civile et pénale.
3. À qui sont versées les amendes ? Les dommages et intérêts ? Pour quel type de préjudice ?
4. Pourquoi peut-on dire que la justice peut avoir, selon les cas, un rôle répressif et un rôle compensatoire ?
5. Expliquez le(s) type(s) de responsabilité pouvant être engagée(s) par Lactalis et pourquoi.

III Analyser les situations mettant en œuvre la responsabilité civile de l'entreprise

Contexte

Lactalis n'exclut pas que des bébés aient consommé du lait contaminé entre 2005 et 2017, puisque la salmonelle Agona « *responsable des problèmes* » est la même que celle de 2005... L'Association des familles victimes du lait contaminé aux salmonelles a fait part de sa volonté d'engager la responsabilité civile de Lactalis.

A Les principes de la responsabilité civile

7 Cinq fans de Michael Jackson indemnisés après sa mort

1 euro. C'est le montant auquel Conrad Murray, l'ancien docteur de Michael Jackson, a été condamné par la justice française.

Le motif ? Le « préjudice affectif » subi par cinq fans [français], membres d'une association, qui l'ont attaqué après que la justice américaine l'ait elle-même reconnu coupable d'homicide volontaire sur le Roi de la pop.

Que retenir de cette décision ? [...] Si le cas est inédit en France, ce n'est pas pour autant une incongruité judiciaire ! [...]

L'importance du préalable américain

Nous disposons donc d'une décision qui a jugé de manière claire et définitive la responsabilité pénale du docteur Conrad Murray dans la mort de Michael Jackson.

Le siège social de l'association « Michael Jackson Community » est en France. Et, comme toute association de fans qui se respecte, elle doit avoir inscrit dans ses statuts la défense des intérêts des membres-fans de la star décédée, la préservation de l'image de l'idole, etc. Dès lors, en tant qu'entité juridique propre regroupant près de 2 000 personnes – lesquelles ont souffert et souffrent encore de la disparition évidemment trop prématurée du chanteur, certificats médicaux et traitements à l'appui – l'association a pu mobiliser le droit commun de la responsabilité civile.

L'article 1240 du Code civil précise : « *Tout fait quelconque de l'homme, qui cause à autrui un dommage, oblige celui par la faute duquel il est arrivé à le réparer.* »

Trois conditions cumulatives doivent être réunies pour que les tribunaux condamnent sur le fondement de cet article :

1. L'existence d'un fait dommageable : ici, la mort de Michael Jacskon ;

2. L'existence d'un préjudice : ici, la souffrance justifiée par des certificats médicaux présentés par l'avocat de l'association ;

3. L'existence d'un lien de causalité entre ce fait dommageable et le préjudice subi : ici, il ne fait aucun doute... Au moins dans la tête des groupies.

Et qui est le fautif ? Les juridictions américaines y ont répondu clairement : le docteur Conrad Murray. Même si – pénalement – l'homicide est involontaire, la faute civile existe bien et permet de demander réparation du préjudice subi. [...] Mais alors, pourquoi une juridiction française peut-elle statuer sur un tel cas ? Certes l'auteur de la faute est américain, mais si les conséquences dommageables de cette faute ont lieu en France, sur des ressortissants français [...], alors les tribunaux français sont compétents. Ils peuvent réparer un préjudice subi sur leur territoire, même si l'élément générateur a lieu outre-Atlantique.

Nicolas Rebbot, www.nouvelobs.com, 11 février 2014

1. **Précisez les faits en expliquant en quoi les trois conditions cumulatives nécessaires pour établir la responsabilité civile sont réunies dans cette affaire.**
2. **Relevez la nature du préjudice qui a été réparé.**
3. **Sachant qu'il existe deux cas de responsabilité civile : la contractuelle (s'il y a un contrat entre les parties), et l'extracontractuelle (quand il n'y en a pas), identifiez celle qui a permis cette condamnation pour les fans.**
4. **Dans le cas de Lactalis, expliquez quels seront les trois éléments à réunir par les familles d'enfants malades pour obtenir réparation du préjudice subi.**

B La responsabilité civile contractuelle

8 Le cas de l'inexécution du contrat

La cour d'appel de Versailles a condamné une société de maintenance informatique pour avoir manqué à ses obligations contractuelles en ne donnant pas les moyens à l'entreprise cliente d'éviter le piratage de communications téléphoniques dont elle a été victime. En effet, **l'installation téléphonique n'avait pas été valablement protégée puisqu'elle comportait depuis toujours le mot de passe par défaut « 0000 » et non un code personnalisé.**

La société de maintenance est jugée responsable, alors même que le contrat prévoyait que l'intervention de ce prestataire se limitait exclusivement à la correction d'incidents, soit la remise en état de bon fonctionnement du matériel, à l'exclusion des autres dommages.

Mais la cour a relevé que le contrat de maintenance prévoyait une mission générale d'assistance du client en matière de télécommunications ainsi qu'une visite préventive annuelle. Or, la société victime n'avait jamais été informée de la nécessité de mettre à jour ses logiciels, ni de changer ses mots de passe, ni des évolutions techniques de ses installations. Faute d'avoir informé complètement son client, la société de maintenance est condamnée à lui verser, à titre d'indemnités, 24 000 euros, correspondant à la somme due à l'opérateur téléphonique pour les appels piratés, et la somme de 5 000 euros en réparation des préjudices moraux, financiers et de réputation auprès de la cliente.

5 **En quoi peut-on parler de contrat dans cette affaire, puis de son inexécution ?**

6 **Relevez le fait générateur (inexécution ou mauvaise exécution du contrat), le dommage et le lien de causalité ayant permis à la cour d'appel de retenir la responsabilité civile contractuelle de l'entreprise d'informatique.**

7 **Précisez les préjudices subis par la société cliente qui doivent être réparés.**

9 La faute contractuelle

Un retraité naïf

Il avait passé un contrat avec sa banque pour disposer d'un compte en ligne. C'est alors qu'il vend son appartement et que son notaire lui vire le produit de la vente sur son compte. En attendant de donner les clés au nouvel acquéreur, le vieux monsieur met son appartement à disposition d'un homme qui se révèle être un escroc et intercepte des courriers de la banque, en utilisant le service de banque en ligne souscrit par le retraité dont il vide le compte. L'escroc est condamné par le tribunal correctionnel à deux ans de prison ferme et le retraité met en demeure sa banque pour se voir rembourser les sommes détournées. Les tribunaux ont estimé en effet que la banque avait manqué de vigilance, et retiennent sa responsabilité après la disparition des économies sur le compte courant du malheureux client. La banque a été condamnée à lui verser 125 000 euros, compte tenu de sa faute dans l'exécution de ce contrat.

Une banque fautive

La banque estime n'avoir commis aucune faute. Ses services en ligne reposent sur deux procédés d'identification distincts ainsi que deux canaux : l'utilisateur doit entrer un code confidentiel puis, au moment de l'opération, il reçoit sur son téléphone portable un autre code. Le seul fautif serait donc le retraité qui a installé un inconnu à son domicile en lui laissant l'accès à l'intégralité de ses documents et codes personnels, ainsi qu'à sa boîte à lettres. Les juges ont relevé qu'en réalité, il a suffi à l'escroc de fournir son propre numéro de téléphone pour déjouer les mesures de sécurité. La faute de la banque, selon les magistrats, est de n'avoir pas enregistré, au moment de la souscription du contrat, le numéro de téléphone du titulaire du compte, ou de ne pas lui avoir remis un code confidentiel provisoire. « *La banque a exposé son client à un risque élevé d'utilisation frauduleuse du service souscrit, commettant par là même une faute contractuelle* ».

8 **Quels sont les faits et la nature des peines prononcées dans ce cas de figure ?**

9 **Pourquoi peut-on parler d'une faute contractuelle ?**

10 **Précisez si les trois conditions de mise en œuvre de la responsabilité civile sont réunies dans cette affaire.**

10 Obligation de moyens ou de résultat ?

1er cas Dans le domaine sportif, la jurisprudence retient que les clubs et moniteurs ne sont tenus que d'une obligation de moyens en ce qui concerne la sécurité des adhérents dans la pratique de leur activité. Les adhérents passent un contrat avec le club, mais l'activité sportive implique un certain risque qu'ils ont accepté et doivent donc supporter. Pour la Cour de cassation, le participant a un rôle actif au cours de l'activité en cause et ne peut donc engager la responsabilité contractuelle de l'organisateur que s'il rapporte la preuve de sa faute.

La cliente d'un club avait été heurtée par un pratiquant qui venait de tomber du mur d'escalade. Elle venait de descendre, et malgré l'interdiction de se tenir au sol sous un grimpeur, elle était demeurée à proximité de la paroi. Or, le règlement intérieur de la salle précisait de « *ne pas se tenir sous une personne qui grimpe* ». L'accident est bien la conséquence de la faute d'imprudence de la victime. L'obligation de sécurité pesant sur l'exploitant de la salle d'escalade est une obligation de moyens car l'escalade implique un rôle actif des participants.

2e cas La Cour de cassation a jugé que l'obligation de l'organisateur d'une activité de saut à l'élastique est une obligation de résultat, puisque le participant n'a pas de rôle actif et ne contribue pas à sa sécurité par son comportement. Il a seulement le pouvoir de décider de sauter ou non sans pouvoir prendre d'autre initiative. Dans la mesure où il n'a aucun moyen de se prémunir du danger, le participant ne peut assurer sa propre sécurité.

11 **Quels sont les faits dans les deux cas présentés ?**

12 **Quel est l'objet du contrat ?**

13 **Qu'est-ce qui caractérise l'obligation de moyens ?**

14 **Dans quel cas y a-t-il obligation de résultat ?**

C La responsabilité civile extracontractuelle

11 Les multiples facettes de la responsabilité extracontractuelle

Article 1240 du Code civil
Tout fait quelconque de l'homme, qui cause à autrui un dommage, oblige celui par la faute duquel il est arrivé à le réparer.

Article 1241 du Code civil
Chacun est responsable du dommage qu'il a causé non seulement par son fait, mais encore par sa négligence ou par son imprudence.

Article 1242 du Code civil
On est responsable non seulement du dommage que l'on cause par son propre fait, mais encore de celui qui est causé par le fait des personnes dont on doit répondre, ou des choses que l'on a sous sa garde.

> Le tribunal de grande instance de Marseille a condamné l'employeur d'un salarié ayant mis en ligne un site Internet satirique, pour avoir mis à sa disposition les moyens techniques nécessaires à la mise en ligne du site en question. Le tribunal a considéré que la faute du salarié a été commise dans le cadre de ses fonctions.

> Au rayon fruits et légumes, Mme Z. glisse sur une flaque d'huile non nettoyée et se fracture l'épaule. Les dispositions du Code civil ont permis la mise en cause de la responsabilité de la grande surface sans avoir à prouver que l'exploitant avait commis une faute. C'est la présomption de responsabilité à l'encontre de celui qui a sous sa garde une chose ayant provoqué un dommage.

> La responsabilité civile de M. Xu est engagée puisqu'il n'a pas tenu de comptabilité régulière. En effet, une faute de gestion, même commise par négligence ou omission, une violation des statuts, peut engager la responsabilité personnelle des dirigeants, tant vis-à-vis des tiers que des salariés et des actionnaires.

15 **Sachant que l'on peut engager sa responsabilité extracontractuelle, de son fait personnel, du fait de la chose que l'on a sous sa garde ou du fait d'autrui, dites à quel cas de figure se rattache chacune de ces affaires.**

16 **Relevez dans chaque cas le fait dommageable, le préjudice et le lien de causalité.**

Synthèse

Les risques auxquels sont confrontées les entreprises sont nombreux et sont liés

- à l'industrialisation (ex. : explosion de machines) et à la fabrication de nouveaux produits (ex. : produits chimiques)
- aux conditions de travail (ex. : maladies professionnelles, accidents du travail, problèmes psychosociaux : stress, harcèlement)
- aux produits commercialisés (ex. : produits défectueux, produits dangereux)
- à l'environnement en cas d'activité polluante (ex. : catastrophes écologiques causées par des navires affrétés par des entreprises négligentes)

Le droit apporte des réponses face aux divers risques auxquels s'expose l'entreprise

- en ayant fait évoluer la responsabilité pour faute (responsabilité subjective) à la responsabilité sans faute (responsabilité objective)
- en ayant instauré
  - **la responsabilité civile** pour réparer les préjudices des victimes
  - **la responsabilité pénale** pour sanctionner les comportements contraires à la loi pénale

L'entreprise peut être déclarée responsable

- **en cas de contrat mal ou inexécuté (responsabilité contractuelle)** à prouver de façon différente selon que l'entreprise est tenue à une obligation de moyens (le créancier doit prouver la faute) ou de résultat (la faute est présumée dès qu'il y a inexécution)
- **en cas d'agissements (responsabilité extracontractuelle)**
  - faute personnelle (ex. : négligence d'un dirigeant)
  - fait d'une chose dont on a la garde (ex. : l'entreprise est responsable des véhicules utilisés par les salariés)
  - fait d'autrui (ex. : l'employeur est responsable de la négligence d'un salarié dans le cadre de ses fonctions)

Le droit prévoit la réparation des dommages causés, engageant la responsabilité contractuelle ou extracontractuelle dès lors qu'il y a

- un fait dommageable (ex. : un contrat inexécuté, une machine qui explose)
- un dommage (ex. : une pollution causée dans une rivière, des blessures pour un salarié)
- un lien de causalité entre le fait dommageable et le dommage

Des dommages divers sont réparés (ex. : corporel, matériel, d'agrément)

Mots clés

Responsabilité subjective • Responsabilité objective • Responsabilité contractuelle • Responsabilité extracontractuelle • Dommage

15 L'organisation de l'activité de l'entreprise

QUESTION **Comment l'entreprise organise-t-elle ses ressources ?**

COMPÉTENCE(S)
- Caractériser les styles de management
- Identifier le type de structure, les mécanismes de coordination et de contrôle au sein de l'entreprise

SAVOIRS ASSOCIÉS
- Les styles de management
- Les mécanismes de coordination et de contrôle
- Les différents niveaux de management
- La responsabilité éthique, sociale, sociétale et environnementale

Contexte

La success-story d'AXA doit beaucoup à ces trois hommes : trois générations, trois styles de management, trois époques.

Claude Bébéar est devenu le patron en 1975. « *J'ai toujours été convaincu qu'une entreprise devait être une équipe, je l'ai appris dans mon Sud-Ouest natal en jouant au rugby. Tout le monde doit être au courant de ce que l'on veut faire* ». Il a façonné une forte culture d'entreprise. « *Un jour, on s'est dit : on va emmener nos collaborateurs dans le désert. Quand on est paumé, on a l'esprit qui s'ouvre !* ». Lorsqu'il quitte ses fonctions en 2000, le groupe, rebaptisé AXA en 1985, est le leader mondial de l'assurance.

En 2000, c'est Henri de Castries, Bayonnais d'origine, qui prend la direction pour seize ans. Diplômé d'HEC et de l'ENA, il y a notamment côtoyé François Hollande. Avec lui, AXA a poursuivi sa croissance à l'international.

Aujourd'hui, le groupe est entre les mains de Thomas Buberl. Il y est entré en 2006, à l'occasion du rachat de l'assureur Winterthur pour lequel il travaillait. De nationalité allemande, diplômé de la prestigieuse université de Saint-Gall en Suisse, il a lancé un programme ambitieux de transformation et de simplification. Le nouveau site d'Axa à Isneauville lui plaît : « *Contrairement à nos bureaux parisiens, ce lieu représente la transformation, l'agilité, l'ouverture et le travail collaboratif* ».

Claude Bébéar, le fondateur, 82 ans, Henri de Castries, 63 ans, son successeur, et Thomas Buberl, 44 ans, le successeur de son successeur.

1 **Qui sont les trois dirigeants qui se sont succédé à la tête d'AXA ?**

2 **Quelle était leur culture d'origine ? Comment a-t-elle imprégné leur action chez AXA ?**

3 **Montrez qu'il s'agit de « *trois générations, trois styles de management, trois époques.* »**

I Caractériser les styles de management

Contexte

Brillant élève, Claude Bébéar, fils d'instituteur, entre à l'École polytechnique en 1955. En 1975, il prend la tête des Anciennes Mutuelles, qu'il transforme, consolide, pour fonder AXA. Après lui, les managers doivent imposer leur style pour adapter son empire mondial à de nouveaux défis.

1 Claude Bébéar : le patriarche qui tire toutes les ficelles

[À son arrivée en 1975, il] doit faire face à un long mouvement de grève. Sa légende veut que l'importance qu'il attache au côté social de l'entreprise date de cette époque. [...] En 1982 [...], il profite des difficultés du secteur pour absorber le premier assureur français, Drouot. D'autres rachats suivront et mèneront, en 1985, à la naissance [d'AXA]. [...] Si la décennie 80 était celle de la consolidation en France, la suivante sera placée sous le signe de l'international.

www.zonebourse.com

Ce chasseur a su se forger l'image du chrétien-social [...] très convenable. [...] Il pratique la semaine de quatre jours pour montrer l'exemple, multiplie les accords sociaux (financement des cartes syndicales par l'entreprise...). Au contact, il paraît presque modeste, ce que dément vite la visite de son siège parisien, un magnifique hôtel avenue Matignon orné de marbres gris. [...] [Pour en revenir à son parcours] Peu à peu, il tisse un solide réseau d'amitiés au sein du patronat. [...] OPA contre OPA. [...] Il réorganise entièrement l'empilement de sociétés qui lui tient lieu de groupe. Il motive ses troupes par des stages dans le Ténéré.

Renaud Lecadre et Pascal Riche, www.liberation.fr, 13 novembre 1996

Si la puissance d'un patron se mesure à la crainte qu'il inspire, [...] Bébéar [...] n'a plus rien à prouver. [...] « *Personne ne vous parlera, ils ont trop peur de se faire virer.* » [...] Son sourire [est] chaleureux, [...] mais ne dites pas à « CB » [...] qu'il est devenu le parrain des affaires, le *godfather*, comme l'écrit le *Wall Street Journal*.

Corinne Lhaik et Bruno Abescat, www.lexpress.fr, 26 août 1999

1. **Relevez les traits de personnalité de Claude Bébéar.**
2. **Comment a-t-il créé AXA ?**
3. **Comment son style de management a-t-il permis de faire évoluer AXA ?**

2 Henri de Castries : la stabilité, l'excellence à la française au service de l'efficacité

Inspecteur des finances, fin négociateur, il a su mettre à l'abri son « royaume ».

Alors que Bébéar recherchait le contact avec les gens, Henri de Castries, bien que très poli avec son entourage, conserve toujours une réserve. Il a appris à être proche de ses collaborateurs et à créer des rapports de confiance et des contacts étroits avec ses subordonnés. Pour continuer à développer l'entreprise et succéder à Bébéar, qui avait su faire d'AXA un des géants mondiaux de l'assurance, de Castries travaille sans relâche. Il doit gagner la confiance des financiers internationaux. Compétitif à l'extrême, il est brillant, parle aussi bien l'anglais que l'allemand, et a su se faire une place de choix à Wall Street, comme à Londres ou à Francfort. Ce descendant d'une des plus grandes familles de France a su être reconnu des investisseurs internationaux et s'imposer à la place de Bébéar. Il n'a pas hésité à prendre des décisions, parfois même à révoquer de façon brutale des collaborateurs. Cependant, il reconnaît le travail de ses équipes et les consulte, les encourage. Il dit que « *nul ne peut réussir sans embarquer l'adhésion des collaborateurs. Le manager n'est plus le sachant. Sa responsabilité n'est plus de dominer mais d'éclairer* ».

4. **Présentez la personnalité et le style d'Henri de Castries.**
5. **Quels défis a-t-il rencontrés ? Comment son style a-t-il permis de faire évoluer AXA ?**

3 Thomas Buberl favorise la collaboration, la proximité

Successeur inattendu d'Henri de Castries, [...] le nouveau patron n'a que 43 jeunes années et est de nationalité allemande. [...] « *Je ne veux pas être le challenger d'Henri.* ». [...] L'avenir sera... collaboratif. « *J'ai la certitude que les Gafa (Google, Apple, Facebook, Amazon) seront entrés dans le monde de l'assurance au cours des cinq prochaines années*, pronostique-t-il. [...] *Je pense donc que nous devons y aller ensemble. Mon souhait est que ces concurrents potentiels deviennent nos partenaires de demain. Si je peux les aider, ils peuvent nous aider aussi.* » [...] Pour la concrétisation, il veut s'appuyer sur ce qu'il décrit comme une « *communauté de partenaires* » dont il ne serait que le « *partenaire senior* ». Dès son arrivée, il a ainsi doublé le comité exécutif d'un groupe transversal constitué de 40 dirigeants, considérés comme les personnes clés pour dérouler la nouvelle stratégie d'AXA. [...]

Grégoire Pinson, www.challenges.fr, 8 janvier 2017

Thomas Buberl parle [sans hésiter] de sa logistique familiale (sur l'aide précieuse de ses parents pour s'occuper de ses enfants). [...] [Il] peut permettre de tourner la page des années Castries – archétype de l'excellence à la française [...].

Jean-Philippe Lacour et Laurent Thévenin, Les Echos, 18 mai 2016

Thomas Buberl est bardé de diplômes (décrochés en Allemagne, en Grande-Bretagne et en Suisse).

AXA travaille avec les start-up

Nous nous appuyons sur l'AXA Lab [...], qui a investi dans 26 start-up [...]. Une petite cellule planche aujourd'hui sur la santé et le bonheur au travail... [...] [L'équipe] se structure [...] comme une start-up autonome, en partenariat avec AXA.

Gilles Wybo, www.strategies.fr, 20 juillet 2017

6 Présentez la personnalité et le style de Thomas Buberl.

7 Qu'est-ce qui le différencie de ses deux prédécesseurs ? Quels défis rencontre-t-il ?

8 Comment compte-t-il sur son style de management pour les relever ?

4 Les facteurs qui influencent les styles de management

Le style de management (la manière d'exercer le pouvoir et d'établir les relations avec les subordonnés) dépend de facteurs comme : la personnalité du dirigeant, la structure, la taille de l'entreprise, l'attitude des subordonnés, l'environnement de l'entreprise...

Rensis Likert identifie quatre styles de management du dirigeant :

AUTORITAIRE	PATERNALISTE	CONSULTATIF	PARTICIPATIF
Fondé sur la crainte et le respect des ordres reçus. Rapports distants sans aucune initiative des subordonnés, objectifs imposés par la hiérarchie. Communication très faible, descendante.	Bienveillance, contacts étroits mais autorité incontestée. Peu d'initiative, objectifs imposés par la hiérarchie après une information sommaire. Souci du bien-être des salariés mais confiance limitée.	Contacts étroits, rapports de confiance avec les subordonnés. Décisions au sommet mais les échelons subalternes sont consultés. Encourage le travail en équipe. Récompenses, relations de confiance.	Proximité, participation des salariés à la gestion. Décentralisée dans les groupes de travail. Objectifs définis après négociation avec le groupe. Communication constante.

9 À quel type de management peut-on rattacher chacun des trois managers d'AXA ?

10 Comment la personnalité et l'histoire de l'entreprise ont-elles influencé le style de management de chacun ?

11 Quelles ont été les conséquences pour AXA d'avoir une succession de trois types de management différents ?

II Identifier le type de structure

Contexte

Airbus a été créé en 2000 sous le nom d'European Aeronautic Defence and Space Company (EADS), à partir de la concentration de la quasi-totalité des constructeurs aéronautiques français, allemands et espagnols. EADS évolue et devient Airbus Group. Sa structure, héritée d'EADS, n'est plus adaptée aux défis de la concurrence actuelle et doit évoluer.

5 Airbus, un groupe européen aéronautique et spatial

Avec plus de 130 000 salariés, Airbus est l'un des leaders mondiaux du secteur.

Ses activités regroupent la construction d'avions de ligne, d'hélicoptères et d'avions militaires. Depuis sa création en 2000, le groupe s'est structuré à partir de cinq divisions indépendantes. Sa structure reflète toujours l'histoire de sa construction. La direction reste bicéphale avec deux pôles (civil et défense). Chaque division étant indépendante, il y a cinq centres de décision séparés et puissants qui se comportent en baronnies. Le carnet de commandes est plein sur dix ans, mais la subsistance de puissantes divisions indépendantes crée une confusion autour des marques. Les patrons experts à fort leadership qui sont à leur tête reproduisent l'ordre établi, ce qui n'est pas propice à l'innovation. Les coûts ne sont pas rationalisés car chaque division a gardé ses propres fonctions support (finances, ressources humaines, communication, services juridiques). « *Entreprise complexe et lourde, issue de fusions successives, nous aspirons à devenir une entreprise normale. Des verrous bureaucratiques se sont constitués au fil du temps, par accumulation de niveaux successifs. Nous devons rendre notre organisation plus agile* », dit le DRH, Thierry Baril.

1 Présentez les étapes de création du groupe Airbus et montrez quelle est sa position sur son marché.
2 À quels blocages Airbus doit-il faire face ? Avec quelles conséquences ?

6 L'organigramme d'Airbus Group avant le changement de structure

EADS — AIRBUS GROUP

Direction bicéphale :
- 2000 : Philippe Camus et Rainer Hertrich
- 2005 : Tom Enders et Noël Forgeard
- 2006 : Tom Enders et Louis Gallois

PÔLE CIVIL	PÔLE DÉFENSE			
Airbus	Military Transport Aircraft	Aeronautics	Space	Defence & Civil Systems
Finances / RH / Communication / Services juridiques...	Finances / RH / Communication / Services juridiques...	Finances / RH / Communication / Services juridiques...	Finances / RH / Communication / Services juridiques...	Finances / RH / Communication / Services juridiques...
1 2 3 4 5 6 7	1 2 3 4 5 6 7	1 2 3 4 5 6 7	1 2 3 4 5 6 7	1 2 3 4 5 6 7

7 niveaux hiérarchiques

3 Comment est dirigé Airbus Group jusqu'en 2017 ? Quels sont ses deux pôles ?
4 Comment est organisée chacune des divisions ?
5 Montrez que cet organigramme met en évidence l'histoire de la structuration des activités d'Airbus.

7 Nouvelle structure fin 2017 : le nom Airbus pour tous

Pour faciliter la prise de décision, Airbus a adopté une nouvelle structure simplifiée.

L'objectif a été de rationaliser les coûts, d'augmenter la collaboration et les synergies entre les divisions. Une première phase avait consisté il y a cinq ans à passer de sept à cinq niveaux hiérarchiques. Fin 2017, la restructuration d'ensemble a permis de fusionner les cinq divisions en une seule autour de trois activités : les avions commerciaux, les hélicoptères et la défense aérospatiale. La direction est désormais entre les mains d'une seule personne : Tom Enders, qui donne une orientation globale à l'entreprise. Les fonctions support (finances, RH, communication, services juridiques) ont été intégrées en une seule entité pour l'ensemble de la structure. Cela se traduit par exemple par des responsables commerciaux capables de défendre aussi bien les intérêts d'Airbus « avions commerciaux » que ceux d'Airbus « *Defence and Space* » sur les marchés étrangers. Cette collaboration devrait permettre de développer un avion plus rapidement, en étant plus efficace, plus flexible et plus performant.

La recherche de simplification ne devrait pas s'arrêter là

Airbus considère que son organisation avec cinq niveaux hiérarchiques est encore trop verticale. Elle cherche à aplatir davantage sa structure pour travailler de façon à favoriser l'autonomie, la responsabilisation, la coopération. Pour préparer cette nouvelle réorganisation à venir, Airbus mène des expériences sur certains de ses sites.

6 Quelles sont les évolutions mises en place dans la nouvelle structure d'Airbus ?

7 Quel est l'intérêt pour l'activité de l'ensemble de l'entreprise ?

8 Une start-up interne à Saint-Nazaire anticipe une nouvelle réorganisation

Cette unité de 600 salariés […] teste le concept d'entreprise libérée. À l'intérieur du site, plusieurs « mini-usines » de 60 à 80 personnes ont été constituées […].

> « *Ces mini-usines dans l'usine, qui fonctionnent en autonomie avec davantage de concertation et moins de cadrage, ont permis de supprimer un niveau hiérarchique sur trois* »

développe Thierry Baril. Les premiers résultats sont encourageants : une hausse de productivité de 30 % et un absentéisme divisé par deux. Moins de middle management, moins de process, mais davantage de technologies (réalité augmentée, lunettes 3D,), c'est le concept d'usine du futur sur lequel planche ce site. […]

Valérie Landrieu, Les Echos, 17 octobre 2016

8 Présentez l'expérience de start-up interne mise en place par Airbus.

9 Comment cette expérience peut-elle contribuer à continuer à faire évoluer la structure d'Airbus vers encore plus de souplesse et d'adaptabilité ?

9 2017 : nouvelle structure pour Airbus et trois activités fédérées

AIRBUS

Direction unifiée :

- Tom Enders dirige seul Airbus
- Un seul nom, Airbus, avec 3 activités dans une seule entreprise.
- La nouvelle structure est soutenue par des équipes entièrement intégrées dans les fonctions support.

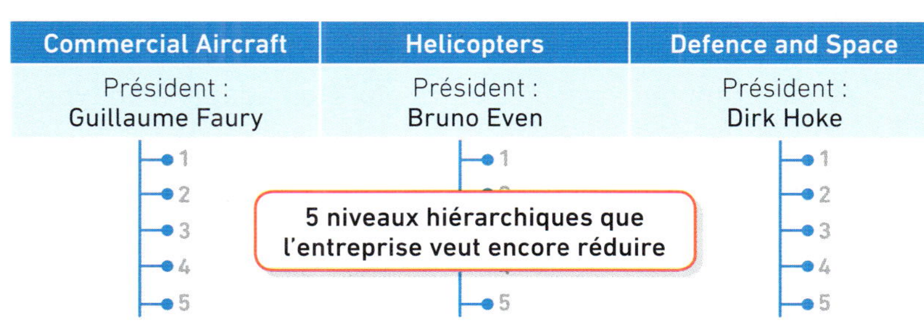

10 Présentez l'évolution de l'organigramme au niveau du nombre de pôles.

11 Que sont devenues les différentes divisions avec leurs fonctions support ?

12 Comment ce nouvel organigramme montre-t-il les évolutions de la structure d'Airbus ?

III Identifier les mécanismes de coordination au sein de l'entreprise

Contexte

L'usine Renault de Flins vit une révolution : elle produit des Clio et des Zoe, mais aussi des Micra pour le groupe japonais Nissan. C'est un événement car jamais Renault n'avait fabriqué en France une voiture conçue au Japon, d'autant plus que la Micra était jusque-là produite en Inde. Mais pour réussir ce pari, il a fallu organiser le travail avec une coordination et des standards très précis. Cependant, d'autres expérimentations montrent que ce type de coordination n'est pas transposable dans tous les domaines d'activité de Renault.

10 À Flins, la standardisation du travail assure la réussite

Sur la ligne d'assemblage, d'immenses bras articulés soulèvent sans relâche des côtés de véhicule pour venir les poser sur les bas de caisse.

Partout dans l'usine, des petits chariots autonomes se croisent, suivant scrupuleusement de longues lignes blanches peintes au sol. Sur la ligne d'assemblage, d'immenses bras articulés soulèvent sans relâche des côtés de véhicule pour venir les poser sur les bas de caisse, où ils seront ensuite fixés. Un peu plus loin, des opérateurs concentrés vissent, clipsent, ajustent les pièces les unes aux autres : moteurs, arbres de transmission, tableaux de bord… […] Même si les deux constructeurs, alliés depuis 1999, sont censés travailler depuis plusieurs années selon des standards communs de production, un tel transfert n'avait vraiment rien d'évident. […] Un an plus tard, le pari est gagné. […]

Sur la même ligne d'assemblage se succèdent des chariots bleu turquoise, rose et bleu roi, respectivement dédiés à la Micra, à la Clio et à la Zoe. […] Une installation largement standardisée. « *Nous en avons profité pour importer à Flins des briques technologiques, qui devront à terme être communes à toutes les usines de l'Alliance Renault-Nissan* », explique Thierry Charvet, directeur de la performance industrielle de l'alliance. […] Une partie de la réduction des coûts provient de cette standardisation. […]

Anne Feitz, Les Echos, 16 décembre 2017

1. **Pourquoi est-il nécessaire d'organiser le travail ?**
2. **Présentez les méthodes d'organisation du travail dans l'usine de Flins.**
3. **Quels sont les objectifs qui justifient l'adoption de ce type d'organisation ?**

11 Différents mécanismes de coordination d'une structure

Henry Mintzberg a présenté plusieurs mécanismes de coordination des ressources dans une structure en montrant que chacun d'entre eux était adapté à un type d'entreprise ou de travail en particulier.

Standardisation des procédés
- Des règles formalisent les façons de faire.
- Le suivi des protocoles et procédures garantit la coordination entre tous.

Standardisation des résultats
- Résultats précisés à l'avance et standardisation des objectifs.
- Adaptée pour des entreprises de grande taille multidivisionnelle.

4. **Qualifiez, selon la typologie de Mintzberg, les mécanismes de coordination de l'usine de Flins.**
5. **Pourquoi sont-ils adaptés à cette structure ?**

12 Au Technocentre, la coordination du travail favorise l'autonomie

Quelques secrets de fabrication du démonstrateur du véhicule autonome de niveau 4 Symbioz de Renault. Un projet né dans un nouvel espace de création du Technocentre, le « Garage », en mode open innovation.

[…] Une fois le design de base choisi, à l'issue d'un concours interne, […] l'équipe « démonstrateur » a entamé son travail. Un noyau dur d'une vingtaine de personnes a façonné le démonstrateur pendant les deux années suivantes, sous l'égide du « laboratoire collaboratif d'innovation » (une structure créée par Renault en 2009), avec l'aide d'experts internes, de partenaires et prestataires extérieurs. […]

Une conception en mode start-up

Le [démonstrateur] est né au Technocentre de Guyancourt (78) […], dans un nouvel espace hybride, baptisé le « Garage ». « *Quand on devient responsable d'un projet, une des premières tâches est de créer un "plateau projet", une zone de bureaux où les membres de l'équipe s'installent.* […] *On a transformé un ancien atelier inutilisé.* […] *Tous les intervenants du projet sont venus travailler ici. Et quand on avait besoin de trancher une question,* […] *on avait la maquette tout près et il était possible de passer directement à la pratique pour y confronter nos idées. D'une certaine façon, on a fait rentrer le monde des fablabs et des start-up dans l'entreprise* ».

Sylvain Arnulf, www.usine-digitale.fr, 14 décembre 2017

6 Présentez les méthodes d'organisation du travail dans le « Garage » du Technocentre de Renault.
7 À quel type d'activité cette organisation s'applique-t-elle ?

13 Une coordination qui permet d'intégrer les partenaires

Un projet « open ». Ce n'est pas la seule méthode de travail issue des start-up que Renault a adoptée pour ce projet. L'équipe Symbioz a décidé d'intégrer des partenaires extérieurs très en amont de la conception du véhicule. « *Pour ce projet, on voulait associer les meilleurs de l'industrie à des acteurs d'autres mondes* », explique Gaspar Gascon Abellan, directeur de l'ingénierie produit du groupe Renault. […] Au Garage, des binômes se sont formés entre experts Renault et des partenaires extérieurs comme LG, Ubisoft et IAV. Alors que l'industrie automobile cultive le secret et la segmentation des projets, le partage d'informations et l'ouverture étaient de mise dès l'origine. « *On a bousculé les règles habituelles de l'industrie.* » […]

Une conception rapide. Moins de deux ans se sont écoulés entre les premières esquisses du projet et le roulage d'une première version simplifiée du véhicule. […] « *Il y a eu un grand travail de collaboration entre le design et les équipes techniques* […] », rapporte Bernard Pierre, en charge du design extérieur du véhicule.

Sylvain Arnulf, www.usine-digitale.fr, 14 décembre 2017

8 Quels types d'acteurs la coordination du travail du Technocentre permet-elle d'associer ?
9 Comment ce type de coordination permet-il de travailler en mode start-up ?
10 Quels sont les objectifs qui justifient l'adoption de ce type d'organisation ?

14 Différents mécanismes de coordination (Mintzberg)

Ajustement mutuel

- Interactions peu formalisées entre opérateurs. La coordination est faite « d'arrangements ».
- Adapté quand la complexité de la coordination et le nombre d'acteurs sont faibles.

Supervision directe

- Fait intervenir un acteur dont le rôle est de prendre en charge la coordination entre opérateurs.
- Adaptée lorsque la complexité augmente.

11 Qualifiez, selon la typologie de Mintzberg, les mécanismes de coordination du Technocentre.
12 Pourquoi sont-ils adaptés à cette structure ?

IV Identifier les mécanismes de contrôle au sein de l'entreprise

Contexte

Pour manager sa structure, Renault se fixe des objectifs stratégiques et opérationnels dans tous les domaines d'activités, mais aussi de responsabilité, comme la RSE. Afin de garantir l'efficience de son management, le groupe met en œuvre systématiquement un contrôle en comparant les objectifs aux résultats obtenus. Il peut ainsi rectifier le tir ou prévoir de nouvelles actions qui pourront renforcer ses succès.

15 Les profits de Renault à leur plus haut

Le constructeur a rempli ses objectifs pour 2016

« Une très bonne année pour Renault »

C'est ainsi que Carlos Ghosn a qualifié les résultats annuels [...]. Le groupe a publié une performance d'ensemble en nette progression, dépassant les objectifs de son plan stratégique « *Drive The Change* » présenté en 2011. Le chiffre d'affaires s'établit à 51,24 milliards d'euros – contre un objectif de 50 milliards –, la marge opérationnelle à 6,4 % (contre 5 % attendus). [...]

Côté commercial, le groupe a également dépassé son vieil objectif de 3 millions de véhicules vendus (3,18 millions en 2016), grâce au renouvellement de sa gamme en Europe (Megane, Scenic, Espace, Talisman, Kadjar...) et à ses bonnes performances dans certains marchés internationaux (Iran, Inde...). [...]

Le groupe continue de serrer ses coûts – montée en puissance de l'accord de compétitivité, usines de plus en plus chargées grâce au renouvellement des gammes, synergies avec Nissan – et sur sa performance commerciale, notamment en Europe, où la marque Renault [...] a bénéficié de la jeunesse de sa gamme. [...]

Quel sera le prochain cap stratégique du constructeur ? Le nouveau plan présenté [...] pour une durée de six

ans [...] prévoit un chiffre d'affaires de 70 milliards d'euros, soit une croissance de 40 % en six ans, et une marge opérationnelle de 7 % à la fin du plan. Il devrait également poursuivre la diversification de la gamme (notamment dans l'électrique et dans les modèles à très bas coûts), des débouchés géographiques, et accélérer les partages industriels avec Nissan, voire avec Mitsubishi, passé sous contrôle de Nissan l'an dernier.

Maxime Amiot, Les Echos, 10 février 2017

1 Quels sont les objectifs que s'est fixés Renault au niveau financier et commercial ?

2 Quels sont les résultats obtenus ? Pourquoi Renault doit-il mener un contrôle qui permette de comparer les objectifs aux résultats obtenus ?

3 Présentez les actions mises en place par Renault suite à ces contrôles.

16 Contrôler selon le management et le mode de coordination

Le management consiste à :

- **Diriger** (fixer des objectifs et choisir les façons de les atteindre)
- **Mobiliser** (mettre en œuvre des ressources humaines, financières et matérielles de manière optimale)
- **Contrôler** (vérifier si les objectifs ont été atteints)

Les modes de contrôle dépendent du style de direction et du mode de coordination :

- **Si le style de management est autoritaire ou même paternaliste** les contrôles omniprésents seront basés sur des procédures précises, privilégiant l'autorité et la supervision directe au sommet.
- **Si le style de management est consultatif ou participatif** les contrôles consisteront davantage à comparer les objectifs aux résultats obtenus. (fixer des objectifs et choisir les façons de les atteindre)

4 Quelle méthode a été mise en place par Renault pour contrôler ses résultats ?

5 À quel type de management fait référence cette méthode de contrôle ?

17 Renault contrôle ses objectifs de RSE

Objectif atteint pour Renault : -10% sur l'empreinte carbone

Renault réaffirme son succès et son engagement concernant la lutte contre le réchauffement climatique. En effet, en 3 ans, Renault atteint son objectif et réduit son empreinte carbone de 10 % mais conserve aussi sa place de leader européen sur les émissions de CO_2.

group.renault.com

Renault a confirmé ce lundi son ambition de réduire de 25 % son empreinte carbone d'ici 2022. Cet objectif s'inscrit dans le cadre du nouveau plan stratégique du constructeur automobile, baptisé « *Drive the Future* », qui vise à consolider son leadership en matière de mobilité durable, « *grâce à des véhicules électriques, connectés et autonomes, accessibles au plus grand nombre et à des process efficients fondés sur l'économie circulaire* ». Renault a fait cette annonce à l'occasion du One Summit Planet [...].

www.zonebourse.com, 11 décembre 2017

6 Quel est l'objectif de Renault en matière d'empreinte carbone ?
7 Quels ont été les résultats obtenus ?
8 Présentez les actions mises en place jusqu'à 2022 par Renault suite à ces contrôles.

18 Un contrôle en fonction des objectifs de la structure

Le contrôle permet d'envisager des mesures correctives ou un nouveau plan d'action en fonction des écarts entre les objectifs qui avaient été fixés et les résultats obtenus.

Les objectifs contrôlés peuvent être extrêmement divers et peuvent concerner :

Les aspects sociétaux	Tous les niveaux hiérarchiques	
	Le contrôle du management stratégique	**Le contrôle du management opérationnel**
Le contrôle sociétal sous tous ses aspects (social, sociétal, et environnemental) pour s'assurer du comportement responsable en matière de RSE.	Contrôle des décisions stratégiques prises à long terme qui relèvent de la direction de l'entreprise pour assurer le développement et la pérennité de l'entreprise	Contrôle des décisions opérationnelles à plus court terme qui relèvent de la hiérarchie intermédiaire dans les domaines de la gestion courante pour assurer l'optimisation des ressources afin d'atteindre les objectifs fixés

9 Caractérisez les objectifs que s'est fixés Renault.
10 S'agit-il d'un objectif stratégique ou opérationnel ?
11 Quel est l'intérêt pour Renault de mener un contrôle qui permette de comparer les objectifs aux résultats obtenus dans ses différents domaines d'activités ?

Synthèse

Pour orienter l'organisation de ses ressources l'entreprise, peut adopter un style de management

- autoritaire
- consultatif
- paternaliste
- participatif

La structure adoptée par l'entreprise va

- déterminer comment sont organisées les ressources nécessaires pour mener à bien l'ensemble des activités
- évoluer en fonction des nouveaux besoins en ressources nécessaires pour suivre les évolutions de l'entreprise tout au long de son histoire

En fonction du type de management et de la structure, l'entreprise va adopter des mécanismes de coordination de ses ressources

- Standardisation des procédés
- Standardisation des résultats
- Ajustement mutuel
- Supervision directe

Pour s'assurer que la structure est efficiente, l'entreprise met en place des mécanismes de contrôle des ressources

Pour chaque ressource : comparaison des objectifs fixés avec les résultats obtenus et calcul des écarts

- **Si les résultats sont positifs :** valorisation plus importante des ressources
- **Si les résultats sont négatifs :** réorganisation des ressources et remédiation

Mots clés

Style de management • Structure • Mécanismes de coordination • Mécanismes de contrôle

16 L'organisation des ressources de l'entreprise

QUESTION **Comment l'entreprise organise-t-elle ses ressources ?**

COMPÉTENCE(S)
- Repérer le rôle des différentes parties prenantes et des contre-pouvoirs
- Repérer les ressources et les compétences au sein de l'entreprise
- Distinguer les différents processus de l'entreprise

SAVOIRS ASSOCIÉS
- Les ressources tangibles et intangibles
- Les compétences
- Les processus de l'entreprise
- La responsabilité éthique, sociale, sociétale et environnementale
- Les effets d'expérience

Contexte

« À 80 ans, Armor-Lux n'a jamais été aussi jeune »

[En 1938, Walter Hubacher, Suisse d'origine alémanique de 31 ans, crée la Bonneterie d'Armor à Quimper. Son idée est de créer et produire des sous-vêtements de grande qualité sous la marque Armor-Lux.]
À la veille de célébrer les 80 ans de la société, Jean-Guy Le Floch, le PDG, retrace les moments forts de son histoire. [...] Entretien :

Dans quelles conditions avez-vous appris, en 1993, qu'Armor-Lux était à vendre ?

Un banquier m'a prévenu. [...] Cette reprise nous a valu quelques insomnies à moi et Michel Guéguen, mon associé. Nous étions deux quadras venant de chez Bolloré. Moi directeur général, Michel, directeur recherche et développement. Et nous découvrons une société sans colonne vertébrale, à la stratégie perdante. Walter Hubacher, le fondateur, était âgé à l'époque [...]. Armor-Lux avait deux atouts majeurs : sa marque, un véritable bijou, et les opératrices de confection. [...]

Comment avez-vous relancé Armor-Lux ?

Michel a compris que, pour les nouveaux marchés, il fallait aussi produire à l'étranger. [...] De mon côté, j'ai pris contact avec la Dapo,

la centrale d'achats de la Poste, installée à Morlaix. En 1995, nous avons fabriqué des polos et des tricots pour eux. Jusqu'au jour où ils me disent, en 2001, que tout cela allait s'arrêter. La Poste allait externaliser l'ensemble de ses commandes. En un mois, nous avons réussi à présenter un dossier et répondre à l'appel d'offres. Notre proposition a été retenue. [...]

Jean-Pierre Le Carrou, www.ouest-france.fr, 31 décembre 2017

Vidéo
Ouestentreprises, Armor-Lux Quimper

1 **Identifiez les points forts et les points faibles de l'entreprise lors de son rachat en 1993.**

2 **Quelles étaient les compétences dont disposaient les deux repreneurs d'Armor-Lux ?**

3 **Comment ces compétences, associées à celles du personnel d'Armor-Lux, ont-elles permis de relancer Armor-Lux ?**

I Repérer les ressources et les compétences au sein de l'entreprise

A Repérer les ressources de l'entreprise

Contexte

Lors du rachat d'Armor-Lux, Jean-Guy Le Floch a très vite compris que les ressources de l'entreprise étaient le fondement de son succès. Aussi, de façon à pouvoir s'imposer sur un marché très concurrentiel, il a fallu continuer à les développer.

1 Des clients séduits par les moyens de production d'Armor-Lux

Armor-Lux est basée depuis 1938 à Quimper. La société compte deux sites de production dans cette ville et une autre usine de tricotage à Troyes.

Une nouvelle usine de production et de logistique est mise en service sur les hauteurs de Quimper (à Kerdroniou) en 2004.

Clients	Date	Personnels habillables
La Poste	2004, 2009, 2015	110 000
SNCF	2005 2014	11 000 31 000
Mairie de Paris	2009	15 000
Carrefour	2013	13 000
GeoPost	2014	40 000

1 **Identifiez les ressources qui permettent à Armor-Lux d'assurer son activité.**

2 **Quels clients ces moyens ont-ils permis de conquérir ?**

2 La réputation d'une marque reconnue

[...] Armor-Lux a construit sa réputation sur la qualité de ses produits. [...] Pour garantir un fort grade de qualité des articles commercialisés sous la marque, Armor-Lux dispose à Quimper d'un Service Qualité composé aujourd'hui d'une vingtaine de personnes et d'un laboratoire d'analyses indépendant. [En 1982, Armor-Lux poursuit son développement et lance un réseau de boutiques.]

www.armorlux.com

3 **Identifiez les éléments qui ont contribué au succès d'Armor-Lux.**

4 **Quels éléments ont permis de construire la réputation de la marque ?**

3 Les ressources : l'ensemble des moyens nécessaires à l'activité

Les ressources peuvent être classées en :

Ressources tangibles

Actifs observables et matériels qui peuvent être :
- **physiques** (machines, usines...)
- **financiers** (sources de financement : capacité d'autofinancement, endettement...)
- **humains** (personnel)

Ressources intangibles

Actifs immatériels qui peuvent concerner des ressources technologiques, la marque, la réputation de l'entreprise, la qualification, les compétences et l'expérience des ressources humaines.

5 **Montrez ce qui différencie les ressources tangibles des ressources intangibles.**

6 **Classez les ressources présentées dans les documents 1 et 2 en fonction de leur caractère tangible et intangible. Justifiez votre réponse.**

B Acquérir des compétences professionnelles individuelles

Contexte

Pour développer son avantage concurrentiel, Armor-Lux a su valoriser les compétences professionnelles individuelles de ses salariés, c'est-à-dire leur savoir, savoir-faire ou savoir-être.

4 Armor-Lux : des compétences individuelles pour se démarquer

[...] Son patron, Jean-Guy Le Floch, a repris l'entreprise avec Michel Guéguen en 1993. [...]

Comment tirez-vous votre épingle du jeu par rapport à la concurrence ?

Grâce à la qualité de nos produits. [...] Nous avons mis en place un laboratoire sophistiqué qui assure au client son intégrité physique, en lui épargnant les molécules toxiques qui entrent dans la composition de certaines teintures. Nous misons aussi sur l'image de marque : nos stylistes ont pour mission de rester dans l'univers de la mer. Et nous innovons en permanence : nos ingénieurs ont passé un an et demi à trouver le tricot qui plaît tant aux agents de la SNCF. Chaque année, nous sortons une vingtaine de nouvelles mailles, les plus raffinées possible. Cela fonctionne très bien aux États-Unis, où les consommateurs sont las de ces vêtements banals venus du fin fond de l'Asie. [...]

Rozenn Le Saint, www.capital.fr, 14 août 2017

7 **Identifiez les compétences qui font le succès d'Armor-Lux.**

8 **Comment les compétences individuelles des salariés permettent-elles à l'entreprise de faire face à la forte concurrence du marché textile ?**

5 E-commerce : Armor-Lux recrute des compétences individuelles

[...] Déjà présente sur les sites spécialisés ou généralistes, l'entreprise bretonne défend sa marque sur un site développé en interne.

[...] Thomas Guéguen, 33 ans, responsable du commerce en ligne chez Armor-Lux depuis 2014, balaie les idées reçues. « *Il ne suffit pas d'ouvrir un site pour voir du jour au lendemain les commandes affluer* », explique-t-il. [...] « *Cet été, nous avons recruté quatre spécialistes du commerce en ligne* [...]. Ils ont entre 30 et 40 ans, et ont acquis une solide expérience. Jérémie Delanoë travaillait pour Kalidea qui vend de la billetterie pour les comités d'entreprise. Il va seconder Thomas Guéguen sur le marché français. Marion de Berthier a fait ses preuves à la SNCF, où elle suivait la relation clients pour IdTGV. Sa mission : observer les préférences des clients afin de proposer des offres en fonction de l'âge, du sexe, des goûts vestimentaires. « *Cela demande un travail très précis. Mais c'est essentiel* », commente Thomas Guéguen. Autre recrue, Charlotte Cordi a œuvré chez Yves Rocher dans le domaine du webdesign et de la photo. Pauline Markwitz, elle, a fait ses premières armes à La Redoute pour développer les marchés exports sur le Net. Elle transfère cette compétence à Quimper d'où elle développe le très prometteur marché allemand : 10 % des ventes sur Internet. Un site allemand (*armorlux.de*) a été développé pour cette clientèle. « *Schnell, ein Mantel!* » (Vite, un manteau !) interpelle la première page du site. Une salariée allemande, basée à Quimper, veille sur cette version. [...]

Jean-Pierre Le Carrou, www.ouest-france.fr, 31 octobre 2017

9 **À quel nouveau défi doit faire face Armor-Lux ?**

10 **Retrouvez les compétences nouvelles qu'Armor-Lux doit intégrer dans son entreprise pour y faire face.**

C Favoriser l'émergence de compétences collectives

Contexte

Pour développer et conserver les compétences, Armor-Lux a mis en place des méthodes pour transférer les compétences individuelles en compétences collectives.

6 Armor-Lux favorise les synergies lors du travail d'équipe

Vidéo
France 3 Iroise, Armor-Lux forme lui-même ses futures couturières

Le défi majeur d'Armor-Lux est le départ en retraite prévu des ouvrières embauchées dans les années 1980, qui emporteront avec elle leur savoir-faire. Pour pallier cela, l'entreprise lance en 2012 puis en 2018 une nouvelle vague de formation. Ce dispositif, soutenu par Pôle emploi et d'un coût de 400 000 euros, a pour objectif de conserver ce savoir-faire « *made in France* » basé à Quimper.

Chaque année, une vingtaine d'apprenties couturières intégreront Armor-Lux. On recherche en particulier des ouvrières de confection car dans un atelier, elles ont des compétences essentielles. Elles savent travailler vite et bien. Leurs coutures ont une qualité irréprochable. Elles font preuve d'adaptation pour suivre la production qui peut changer deux fois par jour. Les apprenties qui parviennent à acquérir les compétences liées au métier sont ensuite recrutées et intégrées aux équipes de couturières expérimentées, qui vont parachever leur formation et leur transmettre leur savoir-faire.
Cette méthode permet à Armor-Lux de favoriser des synergies, des complémentarités dans les équipes. En travaillant ensemble, les plus jeunes vont apporter leur dynamisme, une plus grande aptitude à adopter de nouvelles technologies, alors que les plus âgées vont leur transférer des connaissances, les petites astuces qui font le métier. Lors de la prise de poste dans l'usine aux côtés d'ouvrières expérimentées, le courant passe bien entre les générations. Armor-Lux développe ainsi un savoir-faire particulier et devient de plus en plus performant.

11 Quelles sont les compétences professionnelles individuelles des ouvrières ?

12 À quel problème est confronté Armor-Lux ?

13 Quel est l'intérêt de faire travailler en commun les apprenties et les couturières expérimentées ? Montrez comment l'entreprise s'efforce de conserver leurs compétences.

7 De la compétence individuelle vers la compétence collective

Le travail en équipe de différents salariés – chacune ayant des compétences individuelles particulières – est source de synergies et de dynamiques. Les compétences collectives se créent à travers les échanges permanents entre les membres d'une équipe de travail. La compétence collective est considérée comme une résultante, « *elle émerge* » de « *l'agir ensemble* ». Elle est favorisée par les différentes interactions entre les individus. L'entreprise doit donc mettre en place un apprentissage organisationnel pour transformer les compétences individuelles en compétences collectives. Cette création de compétences collectives est essentielle pour augmenter le savoir-faire et conserver les compétences dans l'entreprise, notamment en cas de départ d'un salarié.

14 Comment se créent les compétences collectives ?

15 La méthode mise en place par Armor-Lux dans le document 6 permet-elle de créer des compétences collectives ? Justifiez votre réponse.

D Profiter des effets d'expérience

Contexte

L'année 2018 est celle du 80e anniversaire d'Armor-Lux. À travers ces années de production, l'entreprise a pu développer de nombreuses compétences collectives et accumuler de l'expérience. Elle a ainsi acquis un savoir-faire unique, favorisant son avantage concurrentiel.

8 Armor-Lux a une expérience qui lui confère un savoir-faire unique

[Très impliquée dans la défense d'un savoir-faire unique, Armor-Lux parvient à se développer dans un contexte d'hyper-concurrence mondialisée ; peu d'entreprises textiles françaises peuvent en dire autant.]

[…] Le groupe renouvelle ses collections deux fois par an et crée chaque année plus de 1 500 nouveaux modèles. […] Les prototypes sont réalisés dans les ateliers d'Armor-Lux grâce au savoir-faire d'opératrices de confection qualifiées, ayant plus de vingt ans d'expérience dans le métier du textile. […] Armor-Lux défend […] un savoir-faire d'exception dans la fabrication de vêtements de qualité. […] Le savoir-faire industriel de l'entreprise a été reconnu par le ministère de l'Économie, de l'Industrie et de l'Emploi en 2010. Armor-Lux est en effet labellisée Entreprise du Patrimoine Vivant (EPV), marque de reconnaissance mise en place pour distinguer les entreprises françaises aux savoir-faire artisanaux et industriels d'excellence. Le label EPV a été renouvelé en 2015 pour cinq ans. […]

Dossier de presse d'Armor-Lux, janvier 2017

16 **Quelle est l'importance de l'expérience d'Armor-Lux ?**
17 **Comment son expérience a-t-elle contribué à développer un savoir-faire unique ?**
18 **Quels avantages accordent à Armor-Lux ce savoir-faire ?**

9 Des compétences collectives qui favorisent l'effet d'expérience

Chaque fois que la production cumulée d'un produit double, on observe une baisse de son coût unitaire d'un pourcentage constant. Le pourcentage de diminution du coût unitaire du produit est variable en fonction du secteur. Par exemple, ce pourcentage est d'environ 5 % pour l'agroalimentaire, 8 % pour le textile, 10 % pour l'automobile et 40 % pour les microprocesseurs. Ce phénomène est appelé l'effet d'expérience. Il est dû à l'amélioration de l'apprentissage et de la maîtrise de savoir-faire techniques et organisationnels au fur et à mesure que la production augmente. Le développement de compétences collectives acquises lors des apprentissages organisationnels favorise les effets d'expérience, sur lesquels l'entreprise appuie son avantage concurrentiel.

Résultats économiques d'Armor-Lux : chiffre d'affaires (en millions d'euros)

1993	2000	2010	2017	Objectif 2020
19	41,1	75	95	120

L'entreprise bretonne Armor-Lux résiste et contre la concurrence venue d'Asie.

19 **Qu'est-ce qui explique l'effet d'expérience ? Qu'apporte-t-il à l'entreprise ?**
20 **Pourquoi le développement des compétences collectives favorise-t-il l'effet d'expérience ?**
21 **Quelle diminution du coût unitaire l'effet d'expérience peut-il apporter à Armor-Lux ?**
22 **Montrez comment l'expérience permet de consolider l'avantage concurrentiel d'Armor-Lux.**

II Organiser les ressources dans des processus

Contexte

Les managers d'Armor-Lux ont dû agencer l'ensemble de leurs ressources dans des processus productifs et organisationnels, c'est-à-dire dans des ensembles d'activités corrélées ou interactives permettant de transformer des éléments d'entrée (des achats de matière, par exemple) en éléments de sortie (des produits, par exemple). Armor-Lux mobilise ainsi efficacement ses ressources dans le respect de ses clients et de ses salariés : qualité, cohésion sociale, innovation et éthique.

10 Un processus de fabrication intégrée du fil au produit fini

Un processus de production est un système organisé d'activités permettant la transformation des achats de matières premières en produits commercialisables. Les dirigeants d'Armor-Lux ont décidé d'avoir l'un des derniers outils de production de textile français intégré verticalement* autour de deux sites.

À partir de l'achat des matières premières	**Les matières sont transformées en produits commercialisables**		**De façon à être distribués aux clients** dans les boutiques Armor-Lux et à partir des sites de e-commerce.
	Le site de Quimper assure les activités de teinture, de tricotage et de contrôle.	Le site de Kerdroniou assure les activités de coupe, de confection et de logistique.	

* On regroupe dans une même entreprise, et sous une seule autorité, les divers stades de production et distribution concernant un type de produits ou services donnés aux différents stades de la chaîne de valeur.

1 Qu'est-ce qu'un processus de production ? Que permet-il de faire à partir de l'achat des matières premières ? Qualifiez le processus de production d'Armor-Lux.

11 Les achats entrant dans le processus de production

L'organisation du processus de production permet de déterminer comment vont être agencées les différentes ressources de production (équipements, entrepôts de stockage, système de manutention, organisation des travailleurs…) dans le but d'obtenir un meilleur rendement global de l'appareil productif. Pour les achats de matières premières utilisées dans son processus de production, Armor-Lux a été une des premières marques engagées dans la fabrication d'articles en coton équitable labellisé Max Havelaar. Cet engagement date de 2005. Son objectif est de s'approvisionner exclusivement en coton biologique et équitable pour répondre à ses besoins annuels d'achat de matières premières (400 tonnes de fil) pour assurer sa production.

2 Quelle décision a pris Armor-Lux concernant l'achat des matières premières entrant dans son processus de production ? Montrez comment cela contribue à véhiculer les valeurs de l'entreprise.

12 L'organisation des activités de tricotage, teinture et contrôle

[…] [Le site de Quimper] regroupe les ateliers de tricotage et de teinture ainsi que le laboratoire d'analyses.

Armor-Lux possède 85 métiers à tricoter […] qui lui [permettent] de produire en grande quantité les principaux types de tricots […] utiles à la réalisation des vêtements et sous-vêtements en coton. L'entreprise Armor-Lux dispose également de son propre atelier de teinture pour teindre des petites ou des grandes quantités de tricots. […] Les tricots produits par l'atelier de teinture sont labellisés Oeko-Tex® Standard 100 ce qui garantit l'absence dans les tricots de substances pouvant porter atteinte à la santé des utilisateurs. Ce savoir-faire industriel a été reconnu par le ministère de l'Économie, de l'Industrie et de l'Emploi en 2010. […] Tous les produits sont contrôlés à chaque étape. […] Armor-Lux dispose de son propre laboratoire d'analyses qui réalise plus de 10 000 tests physiques et chimiques par an.

www.armor-lux.com

3 **Quelles ressources sont mises en œuvre dans les activités de tricotage, teinture et contrôle ?**

4 **Quelles décisions Armor-Lux a prises pour les organiser ?**

5 **Montrez comment ces processus permettent d'assurer aux clients la qualité et le respect des valeurs que véhiculent les produits Armor-Lux.**

13 L'organisation des activités de coupe, logistique et vente

[…] Le second [site industriel], inauguré en 2004, dans la zone de Kerdroniou, regroupe les activités de coupe […], confection, le centre logistique, les bureaux et la vente directe avec un magasin de 1 500 m^2.

[…] Armor-Lux dispose à Quimper d'un centre logistique qui s'étend sur trois niveaux et 11 000 m^2. Il dispose de multiples possibilités de stockage pour répondre aux exigences de ses clients […]. Armor-Lux distribue à partir de ses plateformes logistiques de Quimper plus de 5 000 000 de pièces/an. Le savoir-faire logistique va de la livraison de colis individuels à domicile jusqu'aux livraisons en masse de collections complètes de prêt-à-porter.

www.armor-lux.com

[La commercialisation en complément du magasin de vente directe]

[…] Armor-Lux détient son propre réseau de distribution composé d'environ 60 boutiques […] dont le concept associe la vente d'articles textiles avec des produits régionaux de qualité. Aujourd'hui l'entreprise poursuit son développement à l'international notamment en Europe, aux États-Unis et au Japon. Armor-Lux dispose également d'un site e-commerce dont les ventes progressent régulièrement chaque année. […]

www.bpifrance.fr, 7 octobre 2016

6 **Quelles ressources sont mises en œuvre dans les activités de coupe, logistique et distribution ?**

7 **Quelles décisions Armor-Lux a prises pour les organiser ?**

8 **Montrez comment ces processus permettent d'assurer aux clients la qualité et le respect des valeurs que véhiculent les produits Armor-Lux.**

14 La mise en place de processus productifs et organisationnels

Une des tâches importantes du management est d'organiser les ressources, c'est-à-dire d'agencer l'ensemble des moyens dont elle dispose, qu'elle contrôle et qu'elle peut engager dans des processus productifs et organisationnels pour offrir des biens adaptés aux besoins des clients.

La norme AFNOR FD X 50-176, d'août 2017, recense trois types de processus dans l'entreprise.

Les processus productifs	Les processus de support	Les processus de pilotage
assurant la réalisation du bien ou du service correspondant au cœur de métier de l'entreprise.	permettant la gestion des ressources (processus organisationnels).	assurant la prise de décision (processus décisionnels).
Exemple : Concernent les activités d'acquisition de matières, de production, jusqu'à la prise de commande, puis la livraison des produits et services pour les clients.	Exemple : Concernent les activités de mise à disposition en interne des ressources nécessaires à la réalisation des processus opérationnels : achats de fournitures, RH, comptabilité, etc.	Exemple : Concernent les activités d'élaboration des informations internes permettant le pilotage opérationnel et le pilotage stratégique de l'activité.

9 **Montrez l'intérêt de la mise en place de processus pour gérer les ressources d'une entreprise.**

10 **Identifiez et qualifiez les différents types de processus d'Armor-Lux présentés dans les annexes 10 à 13.**

III Prendre en compte les facteurs de contingences influençant l'organisation des ressources

A L'influence des parties prenantes

Contexte

Les processus définis par Armor-Lux contribuent à sa performance, et font intervenir différents acteurs (clients, salariés, fournisseurs…). Pour organiser ses activités, le management d'Armor-Lux a dû faire des choix qui étaient parfois en contradiction avec les intérêts de certaines parties prenantes. Selon le degré de contribution aux processus de l'entreprise ou de leur degré de dépendance, ces parties prenantes ont agi en contre-pouvoirs quand leurs intérêts ont été menacés ou ont subi les décisions d'Armor-Lux.

15 Le rôle déterminant des salariés

[…] Les deux repreneurs, Jean-Guy Le Floch et Michel Guéguen, […] tous deux enfants du sud du Finistère, tiennent coûte que coûte à maintenir l'outil industriel à Quimper.

[…] Pourquoi s'accrocher au made in France ?

« *Connaissance du métier, réactivité, flexibilité, image* »,

énumère Michel Guéguen. Mais cela ne suffit pas pour rivaliser avec les coûts de main-d'œuvre imbattables des pays émergents. La « minute » de confection au Maghreb revient à 15 centimes d'euros quand elle coûte 50 centimes en France. Il faut donc trouver autre chose pour continuer à faire tourner les usines. Mais quoi ? […] Les vêtements d'image, destinés aux professionnels. […] « *On savait faire, l'usine était largement équipée* », raconte Jean-Guy Le Floch. Le métier des couturières fait merveille. Elles excellent dans l'art de coudre les différentes parties de vêtements, brodent les logos avec une précision telle que 20 000 points sont parfois nécessaires. Cette première expérience réussie permet de pêcher un beaucoup plus gros poisson : en 2002, la Poste décide d'externaliser l'habillement de 130 000 agents. Malgré un appel d'offres très disputé, Armor-Lux remporte le marché, plus de 10 millions d'euros. […] Aujourd'hui, Armor-Lux est devenu un véritable spécialiste du vêtement d'image et en tire 40 % de son chiffre d'affaires. […] Pour rester dans la course, les deux Bretons ont quand même dû faire un petit accroc au contrat moral, en délocalisant partiellement la production. Pour les uniformes de la SNCF, la confection, l'assemblage de la maille et la broderie des logos sont réalisés en France. Mais le reste est fait au Maghreb et en Inde. « *Un mal nécessaire* », soupire Jean-Guy Le Floch, et qui permet à Armor-Lux de dégager un résultat net de 3 millions d'euros sur ses 100 millions de chiffre d'affaires. […]

www.capital.fr, 23 février 2015

1. Quelles sont les valeurs d'Armor-Lux qui ont influencé la décision de produire en France ?
2. Pourquoi le rôle des salariés a-t-il été déterminant dans la décision de produire en France ?
3. Présentez la nouvelle décision de production prise par Armor-Lux.
4. Comment peut-elle menacer les intérêts des salariés français et leur relation de force avec Armor-Lux ?

16 Une influence des clients professionnels grandissante

[...] Armor-Lux continuera à habiller les 120 000 postiers français jusqu'en 2021.

La Poste vient de renouveler son contrat avec l'entreprise de prêt-à-porter bretonne pour la période 2017-2021. [...] La marque proposera un catalogue de 43 références

> *« avec un nouveau style d'esprit sportswear alliant modernité, sobriété et confort, répondant aux différents aléas climatiques rencontrés par les postiers. »*

[...] Armor-Lux [...] a précisé que le contrat portait sur « *plusieurs millions d'euros* ». [...]

www.20minutes.fr, 24 novembre 2015

5 **Quelle décision a été prise par Armor-Lux pour développer ses ventes ? Quel pouvoir ont désormais acquis les clients professionnels ?**

6 **Montrez les influences positives et négatives de cette partie prenante.**

7 **Montrez pourquoi les clients professionnels ont la capacité d'agir en contre-pouvoirs quand leurs intérêts ont été menacés.**

[2013 : fin du contrat avec la Police nationale]

[...] Une quarantaine de contrats en CDD ne seront pas reconduits, selon le groupe Armor-Lux, après le non-renouvellement du marché, qui représente 20 millions d'euros (hors taxes) sur cinq ans. [...] Le marché des uniformes de la Police a été remporté par un consortium mené par une filiale de GDF Suez, Ineo Support Global, avec deux entreprises de textile spécialisées dans la confection d'uniformes, La Calaisienne et Balsan, dont les usines sont installées dans le Pas-de-Calais et en Isère. [...] La direction générale* a indiqué [...] que ce renouvellement se faisait « *dans le strict respect du code des marchés publics* » garantissant « *l'égalité de traitement entre les candidats* ». [...] Toutes les entreprises candidates à ce marché sont françaises, précise la DGPN sans citer de nom. [...]

**Direction générale de la Police nationale (DGPN)*

www.letelegramme.fr, 17 avril 2013

B Les sources de pouvoir des parties prenantes

Contexte

Armor-Lux doit identifier ses parties prenantes mais surtout chercher à les comprendre pour prendre en compte le fait que chaque acteur a des objectifs différents qu'il va tenter d'imposer.

17 Armor-Lux à Quimper : « *On ne lâche rien !* »

Rencontre avec

Jean-Guy Le Floch, PDG d'Armor-Lux, et **Michel Guéguen**, directeur général.

[...] Le secteur de l'habillement mise de plus en plus sur des prix bas. Zara, H & M, Primark... Comment résister ?

[...] Nos clients sont de plus en plus vigilants sur l'origine du produit. Nous faisons partie des rares fabricants qui assurent une part de leur production en France. Le panier moyen dans nos magasins à tendance à monter. Autour de 100 €, ce qui est élevé. [...]

L'autre point fort du groupe, ce sont les marchés des vêtements professionnels. Armor-Lux réussit à se maintenir face aux géants ?

[...] Dans ce secteur, nous sommes les premiers en France. Nous sommes bons en logistique et en fabrication. [...] Les exigences sont très fortes. Il faut livrer les produits nominativement, dans le service du salarié. Pas une seule pièce ne doit se perdre. [...]

Jean-Pierre Le Carrou, www.ouest-france.fr, 30 juin 2017

8 **Montrez comment Armor-Lux est conscient du pouvoir des clients.**

9 **Quelles sont les mesures mises en place pour répondre aux attentes de cette partie prenante ?**

18 Michel Crozier et Erhard Friedberg, les sources des pouvoirs des parties prenantes

Michel Crozier et Ehrard Friedberg sont à l'origine de la théorie de l'acteur stratégique, qui propose une méthode de compréhension du fonctionnement des organisations d'après l'étude des rapports de pouvoir la structurant (et non pas les facteurs externes ou environnementaux). En effet, les actions collectives se construisent à partir des stratégies, des comportements et des intérêts individuels (parfois contradictoires) des différents acteurs. Il n'y a pas toujours d'objectifs clair et précis derrière leurs stratégies, impactées par les situations et par les atouts qu'ils ont à leur disposition. Les acteurs peuvent donc s'écarter souvent du rôle qu'ils sont supposés jouer, résultant en une issue non prévisible dans la majorité des cas.
La notion de zone d'incertitude (correspondant aux failles dans les réglementations, défaillances techniques, pressions économiques empêchant le déroulement des objectifs de l'entreprise) intervient donc. Les failles peuvent aussi provenir des acteurs ayant intérêt à dissimuler leurs véritables objectifs et ainsi garder une certaine capacité de négociation. Ce comportement imprévisible de la part des acteurs diminue le pouvoir du régulateur. *« Une situation organisationnelle donnée ne contraint jamais totalement un acteur. Celui-ci garde toujours une marge de liberté et de négociation. Grâce à cette marge de liberté (qui signifie source d'incertitude pour ses partenaires comme pour l'organisation dans son ensemble) chaque acteur dispose ainsi du pouvoir sur les autres acteurs »*, ajoutent Crozier et Friedberg.

10 Comment se construisent les actions collectives ? De quoi dépendent les stratégies des acteurs ?

11 À quoi correspondent les zones d'incertitude ? Pourquoi donnent-elles du pouvoir aux acteurs ?

12 Commentez la partie soulignée et repérez dans les documents 15 à 17 les facteurs qui donnent du pouvoir à chaque partie prenante pour pouvoir influencer l'activité d'Armor-Lux.

C L'influence des valeurs liées à la RSE

Contexte

En matière d'exercice de la responsabilité éthique, sociale, sociétale et environnementale, l'organisation des ressources d'Armor-Lux est influencée par les valeurs personnelles de ses dirigeants et par les attentes des parties prenantes. Très sensible au respect de l'environnement et à la citoyenneté, Armor-Lux souhaite aller au-delà de la recherche de la rentabilité pour croître et se développer.

19 Armor-Lux, un exemple d'entreprise citoyenne

[...] L'action d'Armor-Lux en matière de RSE s'articule autour de l'amélioration de ses process internes et de sa participation à la vie de la communauté locale.

En interne, Armor-Lux a pris le pari de favoriser la diversité, mais aussi d'intégrer le respect de l'environnement dans ses contraintes de production. [...] Armor-Lux confectionne [...], à moindres coûts en carbone, des produits issus de matières premières biologiques provenant de filières équitables. Pour cela, elle réalise régulièrement des bilans carbone, sélectionne ▸

▸ ses fournisseurs et optimise ses flux logistiques. [...] La contribution d'Armor-Lux à la vie de sa communauté prend des formes variées. Armor-Lux est par exemple membre de l'association *Produit en Bretagne* où elle œuvre à la promotion des produits régionaux bretons. [...] L'entreprise sponsorise plusieurs festivals ainsi que des manifestations culturelles et sportives. [...]

www.rse-magazine.com, 29 juin 2012

13 **Présentez l'engagement d'Armor-Lux en matière de RSE.**

14 **Identifiez les différentes parties prenantes qui peuvent y avoir un intérêt.**

20 Les vêtements Armor-Lux recyclés en raquettes Cornilleau

[...] Comment recycler les vêtements ? Armor-Lux a trouvé une réponse originale en travaillant avec un fabricant de raquettes de tennis de table. C'est ainsi que la Softbat Cornilleau est née...

Recycler les vêtements usagés

Que faire des vêtements professionnels une fois qu'ils sont usés ? Armor-Lux, qui fournit les grandes sociétés nationales comme la Poste et la SNCF, est confronté à ce problème. [...] « ***Grâce à une collaboration entre trois partenaires, nos tissus recyclés sont à l'origine de la nouvelle raquette de tennis de table Softbat fabriquée en France par Cornilleau*** ». Une initiative qui ne peut que satisfaire les clients professionnels d'Armor-Lux, exigeants sur les critères de développement durable.

Trois ans de recherche

Le produit ne s'est pas fait du jour au lendemain. « ***Nous avons commencé à travailler sur ce projet en 2014.*** *À ce moment, il s'agissait de trouver la solution technique pour faire entrer des fibres textiles dans la composition d'une matière plastique* », rapporte Michel Guéguen. [...]. Après trois années de recherche et développement, il a été possible de produire un mélange utilisable en plasturgie. Le produit existait. Restait à lui trouver une utilisation pertinente.

50 000 raquettes

Le Dijonnais Plastigray, qui dispose d'un atelier en Ille-et-Vilaine, propose ce mélange à Cornilleau, fabricant français de matériel pour le tennis de table implanté en Picardie. [...] L'idée d'une raquette de loisirs résistante à la pluie et au soleil séduit. « ***La raquette composite Softbat est solide, elle est fabriquée en France au même coût qu'en Asie, son prix de vente est bas (une dizaine d'euros)*** », résume François Robert, directeur commercial de Cornilleau. À la fin de cette année, 50 000 raquettes de ce type auront été produites par Plastigray selon un design pensé par Cornilleau. [...]

Jean-Pierre Le Carrou, www.ouest-france.fr, 29 octobre 2017

Vidéo
live!
Bfm Business, Comment Armor-Lux transforme ses fripes en raquettes de ping-pong

15 **Expliquez pour quelle raison Armor-Lux souhaitait trouver une solution de recyclage à ses vêtements professionnels. Montrez pourquoi elle correspond aux valeurs des dirigeants.**

16 **Identifiez les parties prenantes intégrées par Armor-Lux dans ce projet.**

17 **Pourquoi peut-on dire que cette démarche RSE est un investissement et non un coût ?**

Synthèse

Une entreprise doit coordonner ses ressources, pour créer de la valeur

Ressources tangibles
- ressources physiques
- ressources financières
- ressources humaines

Ressources intangibles
- ressources technologiques
- ressources organisationnelles
- ressources mercatiques

Elle doit mobiliser ses compétences pour acquérir

- les compétences individuelles adaptées
  - des savoirs ; savoir-faire, savoir-être professionnels
- les méthodes d'apprentissage permettant de créer des compétences collectives
  - pour favoriser l'effet d'expérience dû à l'amélioration, au fur et à mesure que la production augmente, de
    - l'apprentissage
    - la maîtrise de savoir-faire techniques et organisationnels

L'entreprise doit mettre en œuvre des processus pour optimiser l'utilisation de ses ressources et accroître sa productivité

→ trois types de processus
- processus productifs
- processus de support
- processus de pilotage

L'entreprise doit prendre en compte les facteurs de contingences influençant l'organisation de ses ressources

- Les parties prenantes (salariés, clients, fournisseurs…) agissant en contre-pouvoirs ou subissant les décisions de l'entreprise en fonction
  - de leur degré de contribution aux processus de l'entreprise
  - de leur degré de dépendance
- La logique RSE en fonction
  - des valeurs personnelles des dirigeants
  - des attentes des parties prenantes

Mots clés

Ressources • Compétences • Processus • Parties prenantes

17 Quel financement pour l'entreprise ?

QUESTION **Quel financement pour l'entreprise ?**

COMPÉTENCE(S)
- Identifier le besoin de financement de l'entreprise en fonction du cycle (exploitation/investissement)
- Recenser les solutions de financement adaptées à l'entreprise dans une situation donnée

SAVOIRS ASSOCIÉS
- La distinction cycle d'exploitation / cycle d'investissement
- Le compte de résultat de l'entreprise
- Le bilan de l'entreprise
- Les différents modes de financement
- L'équilibre financier de l'entreprise

Contexte

Zodiac Aerospace règle les problèmes de son cycle d'exploitation

Les résultats de l'équipementier aéronautique laissent apparaître une nette amélioration de sa situation financière. Les retards de livraison sont résorbés. […] Pour la première fois depuis deux ans, l'équipementier aéronautique a pu dévoiler ce lundi un résultat […] conforme à ses prévisions hautes, à 218 millions d'euros, pour un chiffre d'affaires de 5,1 milliards.

[…] Selon les prévisions de Zodiac, le résultat […] devrait « *fortement progresser* » sur l'exercice 2017-2018 […], souligne Yann Delabrière, le nouveau patron de Zodiac Aerospace. […] « *Cela illustre le travail réalisé sur les stocks et les créances client, qui avaient nettement dérivé.* » Pour les clients de Zodiac Aerospace, la meilleure nouvelle est toutefois la fin des retards de livraisons de sièges d'avions et d'équipements de cabine, qui ont perturbé les livraisons d'Airbus et de Boeing en 2015 et 2016, plongeant Zodiac dans la tourmente. « *Les problèmes de livraison sont réglés* », affirme Yann Delabrière. […] L'activité sièges [d'avions a été] la plus impactée par les retards. […] « *Nous avons perdu des parts de marché et même si nous avons réglé les problèmes industriels, il nous faut regagner la confiance des clients* », reconnaît le patron de Zodiac, qui table sur une stabilisation des ventes de sièges d'avions en 2018. […]

Bruno Trevidic,
Les Echos, 30 octobre 2017

1 **Quels sont les problèmes qui ont conduit Zodiac à perdre la confiance de ses clients ?**

2 **Montrez comment Zodiac a résolu les problèmes liés à son cycle d'exploitation.**

3 **Quelles conséquences cela devrait-il avoir sur la situation financière de Zodiac ?**

I Les besoins de financement du cycle d'exploitation

A Le cycle d'exploitation à financer

Contexte

Zodiac, connu du grand public pour ses célèbres bateaux pneumatiques, a abandonné ses activités marines en 2007. Actuellement, Zodiac est reconnu notamment pour sa production de sièges d'avion, dont la commercialisation demande de longs mois.

1 Zodiac : la maîtrise du cycle d'exploitation des sièges d'avion

Les produits Zodiac équipent les avions civils et militaires, les jets d'affaires, les hélicoptères et les installations au sol : sièges pour passagers, sanitaires, toboggans d'évacuation, parachutes, systèmes de protection de câbles…
Le cycle de production des sièges d'avion nouvelle génération, moins encombrants et plus légers, est long et compliqué car les exigences techniques sont très élevées et la conception prend de longs mois : 18 à 24 mois pour lancer un nouveau « *siège business* » (élaboration du concept, modélisation, prototypage), entre 6 et 9 mois pour la conception, entre 12 et 20 mois pour la fabrication sur mesure.

1. **Présentez l'activité et les produits commercialisés par Zodiac.**
2. **Quelles sont les particularités de son cycle d'exploitation ?**

2 Le cycle d'exploitation des sièges d'avion chez Zodiac

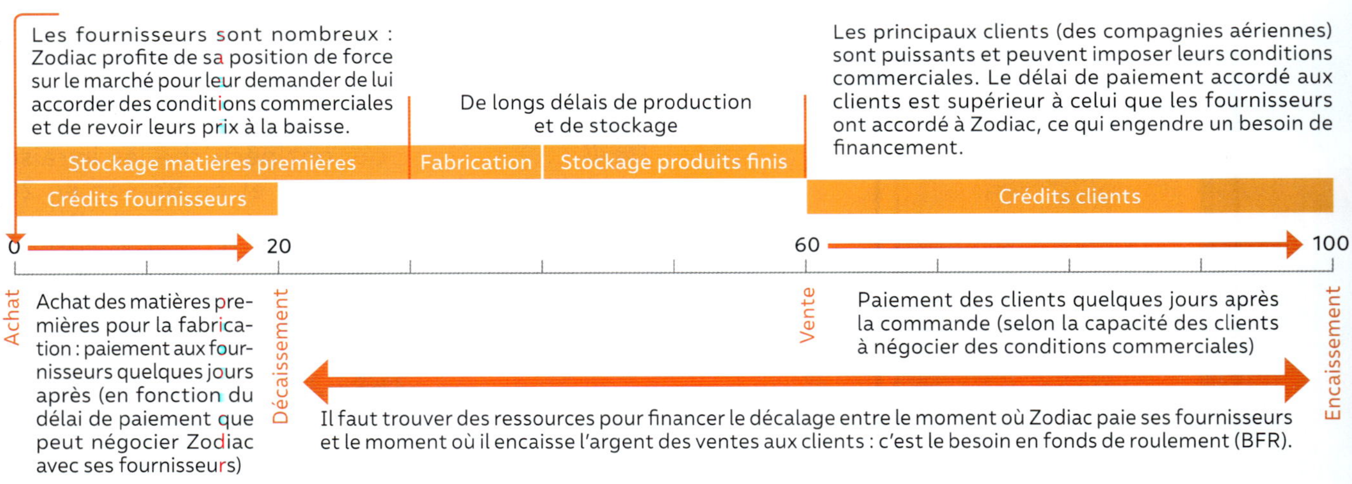

Le BFR est le besoin de ressources qu'engendre le cycle d'exploitation pour financer notamment :
- le paiement des fournisseurs de marchandises ou de matières premières nécessaires à la production ;
- le paiement des salariés et de toutes les charges pour produire et commercialiser les produits ;
- le délai de stockage et de production des produits avant d'encaisser le paiement des clients.

3. **Présentez les différentes étapes qui constituent le cycle d'exploitation de Zodiac.**
4. **À partir de quel moment Zodiac a-t-il besoin d'argent pour financer son cycle d'exploitation ? Jusqu'à quand ce financement doit-il durer ?**
5. **Montrez l'incidence des négociations avec les clients et les fournisseurs, et l'incidence des délais de production et de stockage sur le besoin en fonds de roulement pour financer le cycle d'exploitation.**

B L'évaluation des besoins de financement liés au cycle d'exploitation

Contexte

Le BFR de Zodiac a beaucoup augmenté, mettant en danger la pérennité de son activité. Pour rétablir la situation, l'entreprise devait réduire le BFR en limitant le poids des stocks, en réduisant les délais de paiement des clients pour réduire le volume des créances clients, ou en négociant de plus long délais de paiement des fournisseurs. Pour rétablir sa performance et lutter contre le mécontentement des clients, Zodiac a opté pour plusieurs de ces options.

3 La situation de Zodiac après calcul de son BFR

Le besoin en fonds de roulement de Zodiac a fortement progressé. La faute à des stocks qui tournent moins vite. Les hausses de BFR constatées ces dernières années viennent impacter la performance de Zodiac.

L'évolution du BFR est donc à surveiller :
- soit la rotation des stocks revient à un niveau plus conforme et la croissance du BFR diminue → l'entreprise se redresse ;
- soit on a une nouvelle dérive du BFR à la hausse avec une situation préoccupante → un concurrent en meilleure santé pourrait en profiter et gagner des parts de marché.

D'après www.challenges.fr, 4 février 2014

4 Zodiac ne peut respecter les délais de livraison client

Zodiac […] n'a pas livré, en temps et heure, les fauteuils et les toilettes du dernier-né d'Airbus : l'A350. Or, dans cette industrie, un siège de classe affaires qui s'allonge à 180 degrés se facture 50 000 euros et ceux qui équipent les premières classes atteignent 100 000 euros pièce. Ce retard a valu à Zodiac […] de payer d'importantes pénalités à son client. […] Ces « *surcoûts* », comme les appelle […] la direction, se sont montés à 390 millions d'euros.

Franck Bouaziz, www.liberation.fr, 19 janvier 2017

6 Présentez le problème rencontré par Zodiac au niveau de son BFR.

7 Quelles sont les conséquences de cette situation pour Zodiac ?

5 Le bilan de Zodiac informe sur le BFR

[Message du président :]

« Le redressement de notre performance a permis de rétablir un climat de confiance avec nos clients. Il faut confirmer cette évolution en délivrant à nos clients les performances qu'ils attendent. »

[…] Le besoin en fonds de roulement (BFR) est la différence entre l'actif circulant et le passif circulant du bilan. […] Le BFR des opérations […] correspond à l'addition des comptes de stocks et des comptes clients nets minorés des comptes fournisseurs nets. […] Grâce au travail réalisé sur le besoin en fonds de roulement (BFR), en particulier sur les stocks et les créances [client], le BFR des opérations [d'exploitation] représente 30,4 % du chiffre d'affaires à la fin de l'exercice 2016/2017, contre 33,2 % du chiffre d'affaires en 2015/2016 et 37,4 % du chiffre d'affaires en 2014/2015, retrouvant ainsi un niveau d'avant-crise, mais recelant encore un potentiel d'amélioration. […]

Rapport annuel Zodiac 2016-2017, www.zonebourse.com

8 Présentez la méthode de calcul du BFR et caractérisez la situation de Zodiac.

9 Identifiez les éléments qui influencent le niveau excessif du BFR de Zodiac. Comment Zodiac a-t-il pu le limiter ?

II Les besoins de financement du cycle d'investissement

A Le cycle d'investissement à financer

Contexte

Zodiac investit des millions d'euros pour développer ses usines mais aussi pour acquérir des brevets lui permettant d'accéder à de nouvelles technologies et de mener des actions pour renforcer les relations avec certains de ses partenaires. Zodiac pérennise ainsi son activité.

6 Zodiac Aerospace investit dans son usine de Loches (Indre-et-Loire)

L'équipementier aéronautique Zodiac Aerospace a inauguré [...] près de Tours (Indre-et-Loire) une extension d'usine de 1 600 mètres carrés, soit près d'un tiers de surface en plus. L'investissement [...] s'élève à 5 millions d'euros. [...] Cette extension [...] a permis de réaménager des îlots de production, notamment autour des protections tissées préformées, « *qui permettent un gain de temps lors du montage sur les appareils chez l'avionneur* », souligne Alain Branellec, responsable qualité. Zodiac prévoit de renforcer l'automatisation dans ces métiers du tissage très répétitifs.

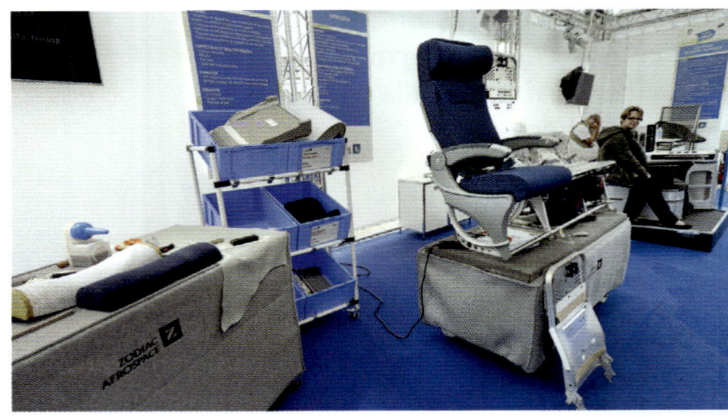

Suivre les montées en cadence

L'usine sœur à Soliman (Tunisie) [...] connaît un investissement [...] de 2 millions d'euros pour fournir tous les faisceaux de câbles montés sur les trains d'atterrissage des A320. [...] « *Notre outil industriel de protection de câblages, qui s'appuie sur 7 usines en France, en Grande-Bretagne, en Tunisie et sur le continent américain, nous permet d'absorber les montées en cadence des avionneurs* », assure Michel Mayoub, directeur de la branche Interconnect (connexions et câblages) de Zodiac Aerospace. [...]

Stéphane Frachet, www.usinenouvelle.com, 6 octobre 2017.

1 **Présentez les investissements effectués par Zodiac.**

2 **Montrez l'intérêt de ces investissements pour l'activité de l'entreprise.**

7 Les immobilisations effectuées par Zodiac

Immobilisations incorporelles

Comprennent [...] les frais de développement ainsi que les marques, les brevets et les licences.
[...] Licences d'exploitation, dont les plus significatives sont celles de l'ERP Movex/M3 et de l'outil de gestion du personnel, pour une valeur brute de 21 769 K€. [...] Ce poste enregistre une hausse liée à l'acquisition de licences pour 5 328 K€, dans le cadre de la poursuite du déploiement de nos outils de système d'information. [...]

Immobilisations financières

[...] Mise en œuvre du programme du rachat d'actions mis en place avec un prestataire de service [...] portant sur un maximum de 5 % du capital. Le nombre total d'actions détenues [...] s'élève à 4,32 % des actions [...] pour une valeur de 81 268 000 €.

Rapport annuel Zodiac 2016-2017, www.zonebourse.com

3 **Quels sont les autres types d'investissements effectués par Zodiac ?**

4 **Pourquoi sont-ils indispensables ?**

8 La notion d'investissement

Le cycle d'investissement permet l'acquisition d'immobilisations ou de biens durables permettant à l'entreprise de fonctionner et de se développer. Il peut s'agir d'immobilisations :

corporelles
biens tangibles destinés à être utilisés durant plusieurs cycles d'exploitation (terrains, constructions, matériel industriel…)

incorporelles
biens immatériels (sans substance physique), détenus sur plus d'un an (fonds commercial, logiciels, droit au bail, brevets, licences…)

financières
titres financiers acquis pour être détenus à long terme (actions, titres de participation, droits de créance à plus d'un an)

5 **Caractérisez les investissements effectués par Zodiac dans les documents 6 et 7.**

B L'estimation du fonds de roulement

Contexte

Zodiac doit vérifier le respect de la règle d'or de l'équilibre financier qui veut que les ressources à long terme (les capitaux propres et les dettes à long terme) puissent couvrir les emplois sur le long terme (les investissements). Si son fonds de roulement est positif, sa marge de manœuvre pour continuer à investir et son équilibre financier seront préservés.

9 Des investissements financés par des ressources à long terme

Quand une entreprise a des ressources à long terme plus importantes que les emplois à long terme (les investissements effectués), on dit qu'elle dégage un fonds de roulement.
Pour continuer à investir, une entreprise doit dégager un fonds de roulement. Elle aura ainsi des ressources disponibles sur le long terme pour financer ses investissements à venir. Pour calculer le fonds de roulement, il faut recenser les ressources stables ainsi que les emplois durables, et les soustraire :

Fonds de roulement (FR) = Capitaux permanents − Actifs immobilisés

10 Bilan simplifié de Zodiac

ACTIF (en milliers d'€)		PASSIF (en milliers d'€)	
Immobilisations incorporelles	651 720	Capital	11 708
Immobilisations corporelles	496 651	Réserves et assimilés	3 173 819
Immobilisations financières et assimilés	1 984 227	CAPITAUX PROPRES	3 185 527
ACTIF IMMOBILISÉ	3 132 598	Autres dettes financières NON COURANTES	880 724
FONDS DE ROULEMENT	933 653	CAPITAUX PERMANENTS	4 066 251
Stocks	1 181 805	Fournisseurs	506 179
Clients	971 846	Personnel et organismes sociaux	248 182
Autres créances	215 464	Autres dettes courantes	1 364 863
Trésorerie et équivalents de trésorerie	683 762		
ACTIF CIRCULANT	3 052 877	PASSIF CIRCULANT	2 119 224
TOTAL ACTIF	6 185 475	TOTAL PASSIF	6 185 475

D'après Rapport annuel Zodiac 2016-2017, www.zonebourse.com

6 **Que représente le fonds de roulement et pourquoi est-il indispensable pour préserver les investissements à venir ? Calculez le fonds de roulement de Zodiac.**

7 **Zodiac a-t-il préservé son équilibre financier ? A-t-il assuré ses possibilités d'investissements ?**

III Les solutions de financement adaptées à l'entreprise

A Le financement à court terme du cycle d'exploitation

Contexte

L'histoire de la biscuiterie Jeannette se confond avec celle de Caen depuis 1850. L'odeur des biscuits de l'usine de la ville a marqué des générations de Caennais. En 1920, l'usine se lance dans la production de madeleines. Faute d'investissements, les biscuits Jeannette disparaissent des grandes et moyennes surfaces dans les années 2000. Après une mise en liquidation fin 2013, un homme d'affaires, Georges Viana, convaincu du potentiel de la biscuiterie, reprend la SAS Jeannette et relance la production de « Jeannette, madeleines fines de Normandie depuis 1850 ».

11 La nécessité de trouver des fonds pour financer le BFR

[…] Les madeleines [sont] déclinées selon plusieurs formats (coquillage, longue, mini-madeleines) et selon plusieurs parfums, aussi bien sucrés (chocolat, vanille, pistache…), que salés (piment, foie gras…).
Pour soutenir la montée en gamme des produits, l'entreprise peut s'appuyer sur le savoir-faire de ses maîtres madeleiniers expérimentés et l'utilisation de matières premières de qualité et locales. Le pâtissier Philippe Parc, Meilleur Ouvrier de France et Champion du monde de desserts, apporte […] son savoir-faire pour créer de nouvelles recettes exclusives et haut de gamme. […] Les emballages [sont] adaptés pour refléter la tradition et la qualité d'un produit régional, en proposant des emballages individuels et des boîtes en bois et en métal. […] L'objectif est de capitaliser sur le côté traditionnel et qualitatif de la marque en réalisant semi-industriellement des produits artisanaux qui ont du goût. […] Le projet de relance de la biscuiterie Jeannette permettra par ailleurs de soutenir le tissu industriel local normand et prévoit la création de 47 emplois. […]

www.bulbintown.com

[…] La farine […] est produite par un minotier de la Manche, le beurre est d'Isigny et les œufs, pondus par des poules élevées en plein air, viennent de Lisieux. « *Notre magasin d'usine, à Démouville, représente 40 % de nos ventes. 30 % sont réalisées sur Internet. Le reste dans des épiceries et quelques supermarchés autour de Caen.* » […]

Benoît Le Breton, www.ouest-france.fr, 25 octobre 2017

1. **Présentez le projet qui a permis de relancer la production de Jeannette et son offre.**
2. **Identifiez les différents fournisseurs et les autres dépenses de fonctionnement nécessaires pour assurer le bon déroulement du cycle de production.**
3. **Présentez les clients auprès desquels Jeannette génère son chiffre d'affaires.**

12 Les banques refusent de financer le BFR de départ

La biscuiterie Jeannette est une miraculée !
Georges Viana, repreneur providentiel, se souvient : « *Personne n'en voulait, les banques refusaient de me recevoir.* »

4. **Quels sont les premiers financeurs auxquels Jeannette a fait appel pour financer son exploitation ?**
5. **À quel problème de financement l'entreprise a-t-elle été confrontée ?**

13 Georges Viana a recours au financement participatif

[…] Georges Viana voit ses efforts enfin récompensés. Faisant preuve d'une pugnacité sans faille, l'homme d'affaires a, contre l'avis de tous ou presque, redonné vie à cette marque de madeleines emblématiques de Normandie. « *Plus on me disait non, plus il devenait difficile de poursuivre, plus je m'accrochais* », confie aujourd'hui Georges Viana […]. Le repreneur lance alors une première campagne de financement participatif sous forme de dons. […] C'est un succès ! Avant même sa clôture, l'opération de financement participatif atteint son objectif minimum de récolter 50 000 euros. Au final, Georges Viana va même jusqu'à recueillir plus de 100 000 euros auprès de 2 000 contributeurs français et étrangers. Il s'agit du deuxième record en France pour ce type d'opérations. […]

Perrine Delfortrie,
www.agraalimentation.fr,
28 septembre 2016

Les fonds levés seront utilisés pour investir dans la relance de la biscuiterie […] :
- le financement du BFR de départ […] ;
- la constitution de la trésorerie initiale.

6 **Quelles sont les difficultés rencontrées par Jeannette pour financer son activité ?**

7 **Présentez la solution trouvée par Georges Viana pour financer son BFR.**

14 Comment financer son besoin en fonds de roulement ?

Financer son besoin en fonds de roulement peut être une préoccupation constante pour les chefs d'entreprise. Plutôt que de solliciter un crédit bancaire, de nombreux chefs d'entreprise renflouent les caisses *via* leurs propres deniers (apport en compte courant d'associés).

Les coups de pouce de la banque. La banque n'est pas un acteur majeur dans le domaine*.
Elle dispose néanmoins de mécanismes de financement spécialement dédiés :

Affacturage

- Permet à l'entreprise d'obtenir de la banque une avance sur sa facture client.
- Permet de basculer tout ou partie de la créance vers la banque, qui gère alors elle-même les relances. Bien sûr, l'affacturage a un coût. Plus l'avance est élevée, plus la note est salée !

Crédit à court terme

Il ne s'agit pas de négocier un crédit après un accident de trésorerie, mais de l'anticiper au maximum.

Facilité de caisse

C'est une autorisation de découvert passagère (d'une durée maximale de quelques jours). Elle peut être une solution ponctuelle à l'inattendu, en cas d'encaissement différé… À condition d'être en bonne entente avec la banque !

* En 2008, la crise des *subprimes* a poussé les banques à ne plus prendre aucun risque en matière de trésorerie. Les PME ont beaucoup de difficultés à trouver des financements bancaires, si bien que des plateformes de financement participatif et des sociétés spécialistes de l'affacturage non bancaire se sont positionnées sur le financement du BFR des petites et moyennes entreprises. La négociation d'un crédit interentreprises (crédit fournisseur plus long) est une autre alternative pour les PME en recherche de financement de leur BFR.

8 **Quelles sont les différentes possibilités de financement du BFR ?**

9 **À partir de l'exemple de Jeannette, montrez pourquoi beaucoup d'entreprises ont de plus en plus de difficultés à recourir au financement bancaire pour leur BFR.**

10 **Présentez les solutions de financement alternatives qui s'offrent aux entreprises actuelles.**

B Le financement à long terme du cycle d'investissement

Contexte

Vouées à la disparition, les madeleines Jeannette ont été sauvées grâce aux apports de nombreux anonymes qui ont soutenu son projet de financement participatif. Cependant, pour continuer à développer la marque en France et à l'export, d'importants investissements étaient indispensables. Il fallait donc trouver de nouveaux financements, internes et externes.

15 Le recours au financement interne pour développer l'activité

Vingt-cinq salariés continuent de fabriquer les plus anciennes madeleines normandes. Le repreneur Georges Viana prévoit d'ouvrir une seconde usine près de Caen.

[...] Les madeleines Jeannette s'apprêtent à multiplier par cinq leurs capacités de production. [...] La biscuiterie emploie 25 salariés, contre 18 au début 2016. Et l'ouverture [...] d'une seconde usine, également dans l'agglomération, va entraîner « *20 à 30 embauches* », selon Georges Viana, le repreneur de la marque. La PME va tripler sa surface et, progressivement, enfin répondre à une demande nationale et internationale (États-Unis, Chine, Japon, pays du Golfe) qu'elle ne peut aujourd'hui satisfaire, poursuit le P.-D.G. [...] « *Des obstacles, il y en a eu vraiment énormément* », souligne Georges Viana [...]. Il [avait] un projet [...] mais aucune banque ne le [soutenait]. « *J'ai vendu ma maison, suis devenu locataire et mon premier salaire date de janvier* », assure M. Viana. [...] Les actionnaires ont accepté une augmentation de capital de 900 000 euros. Jeannette est détenue à 61 % par la famille Viana, 14 % par le retraité, 10 % par 150 petits actionnaires, 8 % par la Biscuiterie de l'abbaye et 4,15 % chacun, par un cadre et un pharmacien. [...]

www.paris-normandie.fr, 3 avril 2017

11 Présentez l'investissement opéré par Jeannette pour développer son activité.

12 Comment cet investissement a-t-il été financé dans un premier temps ?

13 Pourquoi l'entreprise a-t-elle dû favoriser un financement interne ?

16 Un autofinancement difficile

Analyse de la capacité d'autofinancement à partir du compte de résultat :

Georges Viana nourrit de nouvelles ambitions pour les madeleines, malgré un exercice 2016 légèrement déficitaire.

www.societe.com

Compte de résultat : chiffres clés de SAS Jeannette 1850	
Date de publication de l'exercice	31.12.2016
Chiffre d'affaires	1 616 700 €
Résultat net (Bénéfice ou Perte)	– 35 100 €

Le financement des investissements par des ressources internes sauvegarde l'indépendance par rapport aux tiers (les banques en particulier). Mais il réduit les dividendes distribués aux associés. Si c'est le seul financement possible, il limite le montant des investissements. Le financement interne concerne :

- les apports de nouveaux capitaux propres par les actionnaires (augmentation de capital) ;
- l'utilisation de la capacité d'autofinancement (CAF), qui permet de s'autofinancer en puisant sur les ressources existantes dans l'entreprise.

On peut la calculer à partir du compte de résultat :

RÉSULTAT COMPTABLE =	
BÉNÉFICE : si les charges sont inférieures aux produits	**PERTE :** si les charges sont supérieures aux produits
+ Dotations aux amortissements et provisions – Reprises sur provisions	
= Capacité d'autofinancement (CAF) de l'entreprise	

14 Identifiez les modalités de financement interne auxquelles Jeannette a eu recours.

15 Pourquoi Jeannette ne peut-elle pas autofinancer ses investissements compte tenu de sa situation financière actuelle ?

16 Présentez les avantages et les limites du financement interne des investissements.

17 Le succès et de nouvelles sources de financement externes

Entretien avec

le patron de la SAS Jeannette 1850,

Georges Viana

« Pourquoi une 2e usine Jeannette va-t-elle voir le jour à Colombelles ? »

G.V. : « La seconde usine est nécessaire par rapport aux commandes que l'on a et que l'on ne peut pas satisfaire. [...] On est [...] obligé de refuser des demandes de grands groupes, d'hôteliers et d'entreprises à l'étranger aussi. [...] »

« Que représente ce futur projet au niveau investissement ? »

G.V. : « Le bâtiment existe déjà. Je ne le compte pas dans les investissements, parce que c'est l'un de nos investisseurs qui l'a acheté et qui nous le louera. Pour le reste, [...] il y aura entre 4 et 4,5 millions d'euros d'investissement. [...] Pour cela, on fait appel à une augmentation de capital des actionnaires actuels, qui sont pour la plupart prêts à réinvestir. On travaille également avec la région Normandie et des banques pour compléter ce financement. [...] »

Grégory Maucorps, actu.fr, 11 novembre 2016

Les madeleines Jeannette à l'aube d'une ère nouvelle

[...] Le succès est là encore au rendez-vous. [...] Grâce à une seconde opération de financement participatif [...] : 330 000 euros sont levés. [...] Sur ce chemin escarpé du redressement, Jeannette fait des rencontres inespérées, comme ce retraité arrivé un soir à l'usine avec un chèque participatif de 100 000 euros. Cet ancien cadre de 84 ans vient de débourser 1,5 million pour acheter la seconde usine qu'il va louer à l'entreprise Jeannette. [...] Et la société a [maintenant] sans difficulté décroché un prêt [bancaire] pour équiper sa nouvelle usine. *« Il faut reconnaître aussi que le produit est sympathique»*, [...] conclut le P.-D.G., qui déguste ses madeleines avec un plaisir évident.

www.paris-normandie.fr, 3 avril 2017

17 Identifiez les nouvelles sources de financement externes auxquelles Jeannette a eu accès pour financer ses investissements.

18 Pourquoi les banques accompagnent-elles enfin son développement ?

18 Des choix de financement externes multiples

Pour financer leurs investissements, les entreprises ont recours à des financements en externe.

L'emprunt indivis à long et moyen termes

- Entre l'entreprise et un prêteur (une banque ou un organisme financier spécialisé)
- Présente des inconvénients pour l'entreprise qu'elle rend tributaire des conditions imposées par les banques (refus d'attribution, montant, coût, délais, garanties, etc.)

L'emprunt obligataire à long terme

- Divisé en parts égales représentées par des titres de créance (obligations) négociables sur le marché financier
- Réservé aux grandes entreprises
- Formalités juridiques lourdes et un long délai de réalisation

Le crédit-bail

- Contrat de location à durée déterminée d'un bien, pouvant se transformer à l'échéance en contrat de vente à la demande du locataire
- Coût élevé mais permet d'avoir des équipements de haute technologie
- Ne demande aucun apport initial, les redevances de crédit-bail sont fiscalement déductibles
- N'impacte pas la capacité d'emprunt

Le recours à l'endettement bancaire reste la solution la plus couramment utilisée. Cependant, comme les banques sont de plus en plus réticentes à prendre des risques et imposent des garanties importantes, le financement participatif (*crowdfunding* en anglais) se développe autour d'outils et de méthodes de transaction financière qui font appel à un grand nombre de personnes afin de financer le projet.

19 Présentez les différentes possibilités de financement externe qui s'offrent aux entreprises.

20 Identifiez, à partir du document 17, celles auxquelles Jeannette a pu avoir accès.

Synthèse

Les entreprises ont besoin de financer

- leur cycle d'exploitation pour le court terme
  - BFR provenant du décalage entre les encaissements et les décaissements de l'activité courante
- leur cycle d'investissement pour le long terme
  - FR pour s'assurer que l'entreprise dispose de ressources à long terme qui peuvent couvrir les emplois à long terme (les investissements en biens durables)

Elles doivent recenser les solutions adaptées

- au financement à court terme de leur cycle d'exploitation
  - découvert
  - facilité de caisse
  - escompte
  - affacturage
- au financement à long terme de leur cycle d'investissement
  - par des ressources internes : autofinancement, augmentation de capital
  - par des ressources externes : emprunt indivis et obligataire, crédit-bail

Les solutions de financement participatif (*crowfunding*) se développement, aussi bien pour le financement à court terme que pour le financement à long terme.

Mots clés

Cycle d'exploitation • Besoin en fonds de roulement • Cycle d'investissement • Fonds de roulement • Financement participatif, interne, externe • Immobilisations corporelles, incorporelles, financières • Bilan

Cas d'entreprise

Comment la Fnac a-t-elle mené son développement ?

ÉCONOMIE

- Caractériser la structure de coût de l'entreprise
- Argumenter le choix de l'entreprise entre « faire » ou « faire faire »

DROIT

- Justifier le choix d'une structure juridique d'entreprise adaptée à une situation donnée
- Caractériser le risque d'une situation donnée

MANAGEMENT

- Repérer les ressources et les compétences au sein de l'entreprise

Contexte

Fondée en France en 1954 par Max Théret, rejoint par la suite par André Essel, la Fnac est une SA à conseil d'administration, dont la capitalisation s'élève en 2017 à 1,8 millions d'euros.
Implantée pour la première fois en dehors de la France, à Bruxelles, en 1981, la Fnac poursuit son développement en 2016 en rachetant Darty. L'objectif est de pouvoir se réinventer et de contrer la baisse des ventes dans certains secteurs, notamment la vente de disques, concurrencée directement par les ventes en ligne de musique. Pour mener à bien cette croissance, le groupe opte pour un développement sous forme de franchise.

1. **Présentez l'activité de la Fnac et identifiez sa forme juridique. Quel était traditionnellement le statut juridique des magasins ? Quelle forme prendront les nouveaux ?**
2. **Caractérisez le risque lié aux conditions de rachat de Darty par la Fnac.**
3. **Montrez l'impact de ce rapprochement sur les ressources et les compétences du groupe.**
4. **Pourquoi l'entreprise a-t-elle choisi le « faire faire » pour assurer ce développement ? Quel impact cette décision aura-t-elle sur la structure de coût du groupe ?**

Annexe 1 Fnac-Darty : satisfaction patronale et alerte syndicale

[...] Alors qu'Alexandre Bompard, PDG du groupe, annonce des résultats « *solides et en forte croissance* », la CGT s'inquiète des conséquences sociales de l'union des deux enseignes.

Vidéo
Bfm Business, La franchise, une priorité stratégique pour le groupe Fnac Darty

[...] « *La poursuite de la croissance mise en avant par la Fnac s'appuie majoritairement sur le développement du Web et de la franchise au détriment des magasins physiques* », rappellent les syndicalistes, estimant que « *le manque d'investissements chronique dans les magasins alerte, pour certains, sur leur pérennité* ». [...] Le rapprochement des deux enseignes inquiète les salariés à plusieurs titres. D'abord, les inévitables « doublons » dans certains services comme l'administration financière ou la logistique (pour la seule Fnac, 850 salariés en CDI travaillent dans le service logistique), dont nul ne sait pour l'heure quelle sera la politique de la direction en la matière. Doublons aussi dans les offres commerciales. « *Depuis le rapprochement, des bornes Darty ont fait leur apparition dans les magasins Fnac qui, eux-mêmes, vendent de plus en plus de produits Darty* », explique Éric Pilongery, délégué syndical CGT de la Fnac Toulouse. [...] En outre, les élus CGT du groupe ont rappelé que la stratégie d'Alexandre Bompard est « *basée sur des "gains d'efficacité opérationnelle", autrement dit : des plans drastiques d'économies qui se sont traduits, en quatre ans, par la suppression de 19 % des CDI, soit 1 350 postes en moins en magasins* ». Et ces menaces de casse sociale ne sont pas une conjecture de syndicats. La direction devrait en effet annoncer, avant la fin du premier semestre, des « *mesures sociales* », tout en assurant qu'elles seront « *relativement limitées* ». [...]

Marion d'Allard, www.humanite.fr, 2 mars 2017

Annexe 2 Fnac et Darty s'allient en franchise

Depuis l'annonce de leur rapprochement en 2016 [...] la Fnac et Darty font désormais réellement partie du même groupe, même si les deux marques sont conservées sur les frontons des points de vente. Jusqu'ici principalement déployés en propre, la Fnac et Darty optent maintenant pour la franchise. [...] Analyse d'une double stratégie de développement conquérante, avec comme objectif l'ouverture de 200 franchises et un doublement de la marge, d'après le plan Confiance +.

Cap sur la franchise pour la Fnac

Avec une vingtaine d'ouvertures par an et une trentaine de projets en phase de concrétisation, la franchise représente un vecteur de développement incontournable pour la Fnac. Historiquement déployée sous forme de succursales, la Fnac a su se réinventer [...] grâce à la souplesse de la franchise. [...] C'est en 2012 qu'un premier magasin franchisé de 2 000 mètres carrés ouvre ses portes, à la Roche-sur-Yon en Vendée. Le test s'avère concluant et le mouvement s'est accéléré depuis, non seulement dans l'Hexagone avec 100 unités, mais aussi à l'étranger. [...] Si les franchisés se tournent vers la Fnac, c'est notamment pour sa très bonne image de marque et son offre variée, qui lie des produits culturels (livres, DVD, CD, spectacles...) et des articles de hi-tech ou d'électroménager. [...]

Darty mise sur les magasins de proximité

Alors qu'on était habitués jusqu'ici à ce que les points de vente succursalistes Darty occupent de très grandes surfaces (entre 1 200 et 1 500 mètres carrés), la volonté du groupe est désormais de se rapprocher de sa clientèle en ouvrant des magasins de plus petite taille en franchise. Ce mouvement a été initié en 2015, année où Darty a adhéré officiellement à la Fédération française de la franchise. [...] En termes de candidats, la marque cherche à attirer deux types de profils. [...] Le groupe recrute des franchisés qui peuvent éventuellement déjà détenir un magasin de hi-tech et qui cherchent à profiter de la notoriété et de la puissance d'achat de Darty en s'y affiliant. [...] Pour intégrer au mieux ses candidats à l'entrepreneuriat, Darty leur propose une formation à l'intention de toute l'équipe de vente des magasins, avant et après l'ouverture. L'objectif de Darty d'ici 2020 est d'atteindre la barre des 150 unités franchisées en France. [...]

Rodolphe Hatchadourian, www.observatoiredelafranchise.fr, 5 décembre 2017

Annexe 3 Les géants du commerce jouent la franchise

Carrefour, Fnac-Darty, Galeries Lafayette... Les enseignes de la distribution recourent de plus en plus à la franchise.

[...] Quelle mouche a donc piqué tous ces grands groupes ? Pour Sylvain Bartolomeu, consultant au cabinet Franchise Management, la réponse est claire : « *C'est un moyen de se développer plus vite et partout en France, de gagner en compétitivité grâce à l'implication des franchisés et de faire des économies d'échelle* ». Ses propos sont confirmés par les principaux intéressés. [...] Fnac-Darty en est [...] convaincu : dans ces agglomérations au potentiel limité, les magasins seront mieux gérés par des indépendants. « *Les franchisés connaissent bien le tissu local et leur zone de chalandise. Ils sont en contact direct avec la population, savent où se trouvent les bons emplacements, sont au plus près des attentes des clients. Ce sont des partenaires performants et réactifs* », décrypte Dominique Dubald, directeur franchise et partenariat chez Fnac-Darty. Et pour cause ! Les franchisés sont des chefs d'entreprise, ils ont à cœur de développer leur affaire. Les résultats parlent d'eux-mêmes : ils génèrent un chiffre d'affaires supérieur de 30 % en moyenne à celui d'un gérant salarié pour un point de vente de taille identique. Ce qui, par ricochet, profite à l'ensemble du réseau...

Partager les coûts

[...] Dans le cas de Darty et de Fnac, la franchise sert de levier de développement : le groupe va recruter des candidats chargés d'ouvrir de nouveaux points de vente en province. [...] « *La franchise leur permet de continuer à s'étendre sans trop puiser dans leurs capitaux puisque ce sont les franchisés qui financent en partie leur installation* », indique Laurent Delafontaine du cabinet Axe Réseaux. [...] L'effort financier lié au maillage des points de vente est ainsi partagé et les enseignes peuvent se concentrer sur des investissements plus stratégiques dans le digital, la R&D ou le marketing. [...]

Valérie Froger, www.lexpress.fr, 26 mars 2018

Cas d'entreprise

Quelles réponses apporte le droit face aux risques auxquels s'expose l'entreprise Cristallerie Baccarat ?

ÉCONOMIE
- Analyser l'influence de paramètres économiques (taux d'intérêt, coût des facteurs...) sur les décisions de l'entreprise

DROIT
- Caractériser le risque d'une situation donnée

MANAGEMENT
- Repérer le rôle des différentes parties prenantes et des contre-pouvoirs

Contexte

La cristallerie Baccarat, fondée en 1764 en Lorraine, est réputée pour la fabrication d'objets de décoration, d'articles de table, de luminaires et de bijoux haut de gamme. Cette manufacture, située à Baccarat, emploie environ 500 salariés. Or, près de 300 d'entre eux et ex-salariés ont été exposés durant de longues années à des poussières d'amiante au sein de l'entreprise. Ils saisissent aujourd'hui la justice pour réclamer la reconnaissance d'un « *préjudice d'anxiété* ».

1. **Pourquoi les entreprises ont-elles longtemps privilégié l'amiante dans leur choix de production ?**
2. **Après avoir défini la notion de risque, caractérisez celui que représente l'amiante.**
3. **Dites quel est le problème de droit qui se pose dans cette affaire.**
4. **Identifiez la nature juridique des responsabilités encourues par les entreprises.**
5. **Dites quelles sont les conséquences du fait que l'obligation pesant sur l'employeur est une obligation de résultat.**
6. **Expliquez si les éléments sont réunis pour que les salariés obtiennent réparation.**
7. **Quel type de réparation est réclamé par les salariés ?**
8. **Repérez les différentes parties prenantes, internes et externes, et leur rôle dans le drame de l'amiante.**

Vidéo
Journal *L'Humanité*, Amiante : les victimes exigent toujours un procès au pénal

Annexe 1 Les dangers de l'amiante

Connu pour sa résistance à la chaleur, l'amiante est un matériau utilisé depuis la fin du XIXe siècle dans le bâtiment et l'industrie, surtout parce qu'il est efficace et très économique pour les entreprises.
Dès le début des années 1970, des scientifiques font le lien entre l'amiante et certains cancers et alertent sur sa dangerosité. Interdit depuis 1997 après un immense scandale, l'amiante serait responsable chaque année de plus de 3 000 morts. Selon les autorités sanitaires, ce matériau isolant pourrait provoquer jusqu'à 100 000 morts d'ici à 2025, les maladies pouvant survenir jusqu'à quarante ans après l'exposition.

Annexe 2 Obligation de Sécurité de l'Employeur

[...] L'employeur est tenu par la loi de prendre toutes les mesures nécessaires pour assurer la sécurité et protéger la santé physique et mentale de ses salariés (article L. 4121-1 du Code du travail). L'employeur ne doit pas seulement diminuer le risque, mais l'empêcher. Cette obligation est une obligation de résultat [...], c'est-à-dire qu'en cas d'accident ou de maladie liée aux conditions de travail, la responsabilité de l'employeur pourra être engagée.
[...] Le préjudice d'anxiété permet de réparer l'ensemble « *des troubles psychologiques y compris ceux liés au bouleversement dans les conditions d'existence, résultant de la déclaration à tout moment d'une maladie liée à l'amiante* » (Cour de cassation, chambre sociale 25 septembre 2013). [...]

www.saisirprudhommes.com

Annexe 3 Amiante, les responsabilités de l'employeur

La Cour de cassation précise la place de la responsabilité contractuelle de l'employeur par rapport aux règles gouvernant les accidents du travail et le contenu du préjudice d'anxiété en cas d'exposition des salariés à l'amiante.

Ayant développé une maladie professionnelle liée à l'amiante, des salariés ont obtenu de leur employeur, devant le conseil de prud'hommes, une indemnité pour avoir été exposés au risque d'inhalation des poussières d'amiante. Cette décision se fonde sur le manquement de la société à son obligation de sécurité de résultat, qui est un principe général du droit dont l'employeur doit assurer l'effectivité et l'efficacité.

En cas de contentieux, l'employeur doit prouver qu'il a pris toutes les mesures nécessaires efficaces pour remplir son obligation de sécurité. À défaut, sa responsabilité est engagée de plein droit, même s'il a entre-temps pris des mesures en vue de faire cesser ces faits.

L'article 223-1 du Code pénal définit le délit de mise en danger de la vie d'autrui comme « *le fait d'exposer directement autrui à un risque immédiat de mort ou de blessures de nature à entraîner une mutilation ou une infirmité permanente par la violation manifestement délibérée d'une obligation particulière de prudence ou de sécurité imposée par la loi ou le règlement* ». Ce délit est puni d'un an d'emprisonnement et de 15 000 € d'amende (75 000 € pour une personne morale). Le délit est constitué en présence d'un risque certain, même lointain.

Annexe 4 Les prud'hommes reconnaissent le « préjudice d'anxiété »

[...] Le tribunal a accordé 8 000 euros à chaque ancien salarié : une victoire pour leur avocat.

« *[C'est] à Alstom d'apporter la preuve que le préjudice n'existe pas* ».

Ces salariés ont été exposés à l'amiante jusqu'en 1993 dans l'établissement d'Alstom Saint-Ouen. Pour fonder leur demande, ils se réclament notamment de la jurisprudence de la Cour de cassation qui, depuis 2010, reconnaît « *un préjudice spécifique d'anxiété* » pour les personnes ayant été employées dans un établissement où était fabriqué ou traité de l'amiante. Leur avocat [...] a plaidé qu'un salarié qui a travaillé dans un établissement recensé par arrêté ministériel comme ayant fabriqué de l'amiante, doit être indemnisé à ce titre.

Ce préjudice est automatiquement présumé, selon [l'avocat] : c'est à Alstom d'apporter la preuve qu'il n'existe pas. Mais cette automaticité est toute relative puisque les salariés doivent exposer leurs demandes et les chiffrer auprès du conseil des prud'hommes.

« [...] *Alstom est un mastodonte qui ne pouvait ignorer les dangers de l'amiante connus depuis le début du XX*e *siècle. La réglementation spécifique à l'amiante date de 1977 : ils avaient parfaitement conscience du risque auquel ils exposaient les salariés... Alstom n'a ni informé ni protégé de manière efficace ses salariés de Saint-Ouen.* »

À ce jour, l'association des ex-salariés d'Alstom comptabilise une trentaine de malades et sept décès liés à l'amiante.

Claire Padych, www.lexpress.fr, 5 avril 2017

Annexe 5 L'amiante, l'entreprise et les autres

L'ADDEVA se bat pour les retraites anticipées et l'indemnisation des victimes de l'amiante.

L'Association Départementale de Défense des Victimes de l'Amiante, composée uniquement de bénévoles, représente une seconde famille pour les amiantés, mais c'est aussi le bras armé d'une lutte quotidienne pour faire reconnaître les droits des travailleurs empoisonnés, auprès de l'État et du patronat. Accompagnement du montage de dossiers médicaux et juridiques, demandes de préretraites et d'indemnisations, soutien aux veuves, gestion des fonds d'indemnisations et combats judiciaires contre les entreprises qui ont négligé les conséquences dramatiques de l'amiante, telles sont les missions menées par l'association.

D'après www.addeva44.fr

Cas d'entreprise

Comment Spotify organise-t-il son activité ?

ÉCONOMIE
- Argumenter le choix de l'entreprise entre « faire » ou « faire faire »

DROIT
- Caractériser le risque d'une situation donnée
- Identifier la nature juridique de la responsabilité d'une entreprise dans une situation donnée

MANAGEMENT
- Caractériser les styles de management
- Repérer le rôle des différentes parties prenantes et des contre-pouvoirs
- Identifier le type de structure, les mécanismes de coordination et de contrôle au sein de l'entreprise

Contexte

Spotify est une entreprise suédoise de *streaming* musical qui permet une écoute quasi-instantanée de fichiers musicaux. Une fonction d'écoute hors connexion est disponible pour les abonnés Premium. Un lien permet d'acheter certains morceaux du catalogue *via* un site marchand partenaire. L'entreprise a été fondée par Daniel Ek, Sophie Champagnon et Martin Lorentzon. Le siège social est basé à Londres mais le pôle « Recherche et Développement » est resté à Stockholm. L'entreprise poursuit son développement en s'appuyant sur une structure qui lui permet de valoriser ses ressources et compétences.

1. **Présentez l'offre de Spotify et le mode de coordination de ses ressources humaines.**
2. **Sa structure de grande entreprise permet-elle de garder le dynamisme et la capacité d'innover d'une *start-up* ? Justifiez votre réponse.**
3. **Identifiez les parties prenantes qui ont un rôle déterminant sur le développement de la structure de Spotify.**
4. **Présentez et justifiez la décision économique de Spotify de « faire faire » par Google l'infrastructure technique de son service de *streaming* musical.**
5. **Identifiez le risque auquel Spotify doit faire face par rapport à Apple. Quelle réponse le droit apporte-t-il face à ce risque ?**

Annexe 1 Spotify révolutionne le management avec plus d'autonomie

Spotify est un exemple de grande entreprise agile.

[...] En 8 ans, l'effectif a atteint les 1 500 employés et l'entreprise a su garder son dynamisme et sa capacité d'innover. La grande ouverture d'esprit des employés face au changement en fait une structure parfaitement adaptée à un marché toujours changeant. Spotify est la preuve que le management d'une start-up peut s'appliquer aux grandes entreprises. Le défi de Spotify a été de trouver le moyen de produire à plus grande échelle, sans perdre en agilité. [...] Spotify [...] préconise l'organisation en petites équipes appelées « squads ». Elles sont composées de 4 à 6 personnes, ce qui permet d'être plus innovant et d'agir rapidement. Une squad est responsable du développement d'un projet de A à Z. Une squad développe, teste et déploie ses solutions de manière autonome et n'est pas tenue de soumettre ses décisions à une direction. [...] En contrepartie de l'autonomie, les objectifs des squads doivent être alignés sur la stratégie de l'entreprise, sur les priorités et sur les objectifs des autres squads. [...] Les squads sont ensuite réparties dans des « tribus » selon le projet sur lequel elles travaillent. Et au sein d'une tribu, des « chapitres » sont constitués de personnes ayant les mêmes compétences ou fonctions. Un chapitre bénéficie d'un *coach* qui lui permet de progresser et de partager les meilleures pratiques. Les chapitres se retrouvent régulièrement pour discuter des problèmes qu'ils rencontrent dans leur domaine d'expertise et des solutions qu'ils pourraient y apporter. [...] Les « guildes » réunissent des personnes partageant les mêmes centres d'intérêt. Les guildes organisent des conférences autour des sujets qui les intéressent, tiennent une *newsletter*. [...] ▸

▸ Voici en exemple […] : vous êtes un *data analyst* chargé d'implémenter une solution […], vous entrez dans une squad avec des profils complémentaires […]. Dans cette squad, vous rejoignez la tribu en charge de la transformation digitale de l'entreprise qui dispose de plusieurs squads ayant des projets similaires au vôtre. Afin de garder à jour vos compétences et échanger des connaissances, vous appartenez à un chapitre constitué d'autres *data analysts*. De plus, un *coach* vous suit et vous conseille dès que vous en avez besoin. Enfin, vous appartenez à une guilde qui traite de la gestion de projet en agile. Ce qui vous permet d'apporter une autre dimension à vos compétences. […]

L'autonomie permet de s'affranchir des rigidités hiérarchiques et surtout de motiver les employés.

Les chapitres et les « guildes » permettent à Spotify de créer une communauté et une culture d'entreprise en dépit de l'autonomie allouée aux « squads » et [du] caractère très volatil de la structure. L'autonomie permet de s'affranchir des rigidités hiérarchiques et surtout de motiver les employés. […] Ce qui fait la force de la culture de Spotify, c'est l'agilité. L'adaptabilité des employés face à un marché en constante rupture en fait une structure puissante et innovante. Spotify est devenu un cas d'école en bon management horizontal. […]

www.frenchweb.fr, 22 mars 2016

Annexe 2 Spotify décide de « faire faire » la gestion de sa musique à Google

Le numéro un mondial du streaming musical va transférer son catalogue de 30 millions de chansons sur les serveurs de Google. Un choix d'externalisation autant technique qu'économique pour Spotify.

Faire soi-même ou faire faire ? Spotify a décidé de transférer et confier toute l'infrastructure technique de son service de *streaming* musical vers les serveurs et le *cloud* de Google. Il s'agit d'un projet technologique gigantesque puisque Spotify gérait lui-même quelque 80 millions de clients et 2 milliards de *playlists*. C'est tout le socle technique lui permettant de suggérer des préférences musicales à ses clients en analysant finement leurs goûts qui va passer chez Google. Ses outils informatiques d'analyse de données seront aussi mis à contribution par Spotify à cette fin dans le cadre de ce contrat. […] Pour Google, ce contrat, par son envergure, est une aubaine dans la guerre commerciale qui l'oppose à ses grands concurrents américains dans les services *cloud* d'hébergement que sont Amazon et Microsoft. […] En négociant les prix de cette prestation informatique d'envergure, Spotify a aussi souhaité réduire les coûts d'une stratégie consistant à gérer lui-même l'hébergement et la gestion de son infrastructure technique. […]

Frédéric Bergé, bfmbusiness.bfmtv.com, 24 février 2016

Annexe 3 Deezer et Spotify attaquent Apple à Bruxelles

À mesure que le *streaming* prend de plus en plus de poids dans l'industrie musicale, les tensions entre les acteurs de ce marché sont plus vives que jamais. Alors qu'Apple a lancé sa propre plate-forme (Apple Music), les deux poids lourds du secteur que sont Spotify et Deezer montent à l'assaut de la forteresse en passant par Bruxelles. Les deux acteurs ont saisi la Commission européenne […] pour « concurrence déloyale », ils estiment que le géant pommé userait de pratiques anti-concurrentielles en s'octroyant un pourcentage sur les abonnements souscrits *via* son App Store pour utiliser les versions premium de leurs services. En effet, s'offrir un abonnement sur Deezer (ou autres) *via* l'application iOS revient à payer indirectement Apple. Apple ponctionne en effet 30 % du prix de chaque abonnement souscrit sur iOS. Daniel Ek, cofondateur de Spotify, […] [estime] qu'il s'agit là d'un abus de position dominante. Les deux acteurs contestent depuis longtemps ce modèle mais maintenant qu'Apple propose son propre service payant de *streaming*, la concurrence est faussée selon eux. Deezer et Spotify veulent des règles claires et uniques [sur] ce marché, ce qui va dans le sens de la Commission européenne qui cherche également à établir des règles globales dans l'Union. […]

www.zdnet.fr, 14 décembre 2017

Cas d'entreprise

Quel financement pour les investissements d'Amazon ?

ÉCONOMIE

- Argumenter le choix de l'entreprise entre « faire » ou « faire faire »

DROIT

- Justifier le choix d'une structure juridique d'entreprise adaptée à une situation donnée
- Caractériser le risque d'une situation donnée

MANAGEMENT

- Identifier le besoin de financement de l'entreprise en fonction du cycle (exploitation / investissement)
- Recenser les solutions de financement adaptées à l'entreprise dans une situation donnée

Contexte

Amazon.com est une entreprise de commerce électronique américaine. Créée par Jeff Bezos en 1994, c'est une société par action américaine qui a été introduite en Bourse au Nasdaq en 1997. Sa capitalisation en 2018 est de 730,03 milliards de dollars. Sa spécialité initiale est la vente de livres, mais elle s'est diversifiée vers d'autres produits, comme la vente de tous types de produits culturels, et plus récemment la distribution alimentaire. Cette stratégie a nécessité d'importants investissements qu'il a fallu financer en minimisant les risques pour Amazon.

1. **Présentez la décision d'investissement prise par Amazon et montrez ce qu'elle apporte à l'entreprise.**
2. **Présentez la décision de financement de cet investissement prise par Amazon.**
3. **Comment cette décision a-t-elle été analysée par les agences de notation ?**
4. **Présentez la stratégie de diversification d'Amazon. L'entreprise a-t-elle opté pour le « faire » ou le « faire faire » pour la mettre en œuvre ?**
5. **Quel impact économique cet investissement a-t-il eu sur l'ensemble du marché ?**
6. **Quels sont les risques liés à la décision de financement d'Amazon ?**
7. **La forme juridique d'Amazon est-elle adaptée au financement choisi ?**

Annexe 1 Le géant Amazon avale Whole Foods

Le géant américain de la distribution en ligne Amazon s'est emparé, pour 13,7 milliards de dollars, des supermarchés bio Whole Foods Market. C'est une acquisition opportuniste et stratégique, car c'est l'une des enseignes les plus en vue aux États-Unis. C'est la plus importante acquisition jamais réalisée par le groupe […], qui fait ainsi une percée dans le secteur de l'alimentation.

fr.finance.yahoo.com, 16 juin 2017

> *« La stratégie d'Amazon, c'est d'attirer tous les consommateurs dans son univers. […] »*

Annexe 2 Avec Whole Foods, Amazon s'offre 460 magasins en dur

[…] Amazon a beau avoir assis sa réputation (et sa première place mondiale) dans la vente en ligne, la firme […] tourne depuis longtemps autour de la bonne méthode pour conquérir le commerce à l'ancienne, le *« brick and mortar »*, et éventuellement, en faire un levier de croissance. En annonçant […] le rachat de la chaîne américaine de grandes surfaces bio Whole Foods, le géant procède à une très grosse emplette. […] 87 000 salariés sont concernés. L'actuel patron, John Mackey, la marque et les fournisseurs habituels seront gardés. […] Bezos n'aurait aucune intention de chambouler la boutique.

[…] L'acquisition d'un gros réseau de magasins clés en main va permettre au géant de marquer un point face à Walmart, son principal concurrent dans le commerce en dur qui tente aujourd'hui de l'affronter dans le commerce en ligne. Mais c'est aussi une étape de plus dans la conquête de l'épicerie, métier antique qu'Amazon peine à conquérir. […]

Sibylle Vincendon, www.liberation.fr, 16 juin 2017

Annexe 3 Amazon fait une incursion fracassante dans le commerce physique

Cette acquisition, la plus importante jamais réalisée par le groupe [...], pourrait constituer une étape majeure de la redistribution des cartes dans le commerce alimentaire. Signe de l'ampleur du séisme que cette opération est susceptible de provoquer : le cours de Bourse de la plupart des enseignes traditionnelles a plongé dans la foulée. [...] Kroger [a chuté] de 9,24 %, Target de 5,14 %, SuperValu de 14,36 %, Costco de 7,19 % et Walmart, le leader du marché, a perdu 5,4 %. Les investisseurs anticipent des bouleversements sans précédent dans le secteur, car cette incursion d'Amazon dans le commerce physique ne doit pas être interprétée comme une simple opération de croissance externe, mais comme une offensive déterminante de l'entreprise pour [se développer] dans la distribution alimentaire. [...]

Stéphane Lauer, www.lemonde.fr, 16 juin 2017

Annexe 4 Amazon réalise une méga-levée de dette sur les marchés obligataires

[...] Amazon effectue [...] une méga-levée de dette d'un montant de 16 milliards de dollars. L'opération, dont le but est de financer l'achat de Whole Foods, se décompose en sept tranches, notamment sur des maturités longues de 40, 30 et 20 ans.

Une opération bien perçue par les agences de notation

Cette émission géante, organisée par Bank of America, Goldman Sachs et JP Morgan, change la dimension du groupe sur les marchés : la dette obligataire d'Amazon s'élevait à seulement 7,8 milliards de dollars, alors que sa précédente émission d'obligations datait de 2014. [...] La firme de Seattle, qui est passée du statut de valeur de la Tech à celle d'un poids lourds de la distribution, est notée en catégorie « investissement » (bien notée) par les agences de crédit. Moody's a estimé que l'acquisition de Whole Foods était immédiatement positive malgré l'augmentation de la dette. L'analyste chargé du suivi d'Amazon a relevé la perspective de « stable » à « positive », indique Bloomberg. Le marché voit plutôt d'un bon œil le virage pris par la société, qui a jusqu'ici construit son succès sur le non-alimentaire.

Isabelle Couet, Les Echos, 16 août 2017

Annexe 5 Un emprunt pour les sociétés par action

Un emprunt obligataire est un emprunt lancé par une entreprise, sous forme d'obligations qui sont achetées par des investisseurs. L'emprunt obligataire constitue une opération lourde et onéreuse. Les entreprises peuvent recourir à ce mode de financement seulement si elles font partie des sociétés par actions (société anonyme, société en commandite par actions) et sous certaines conditions. Les sociétés par actions doivent être constituées depuis au moins deux ans et elles doivent avoir publié deux bilans confirmés par leurs actionnaires. Pour finir, l'emprunt obligataire ne sera émis que si le marché financier est en situation avantageuse.

Annexe 6 Les avantages de l'emprunt obligataire

[...] Ses avantages sont nombreux. [...]

- ✔ La non-dilution de votre capital [...].
- ✔ Un coût finalement moins cher que l'apport de capital : [...] un investisseur obligataire vise un rendement annuel, [...] situé dans une fourchette de 5 à 12 %. Dans le même temps, un actionnaire de type business angel a pour objectif un taux de rentabilité interne (TRI) annuel supérieur à 20 %. [...]
- ✔ L'absence de caution : les obligations [...] ne requièrent pas de cautions personnelles ou autres garanties. Le financement obligataire offre ainsi plus de souplesse qu'un prêt bancaire.
- ✔ Une nouvelle source de financement : [...] vous pouvez l'utiliser à la place ou en complément d'un crédit bancaire ou d'une augmentation de capital. En diversifiant vos sources et vos partenaires financiers, vous assurez la pérennité et l'indépendance de votre entreprise. [...]

www.investbook.fr, 1 octobre 2015

Cas d'entreprise

Comment les facteurs économiques et l'environnement déterminent-ils les choix de production dans l'industrie automobile ?

ÉCONOMIE

- Identifier les principaux agents économiques en relation avec l'entreprise et leurs rôles (ménages, entreprises, banque, État)
- Caractériser la structure de coût de l'entreprise
- Argumenter le choix de l'entreprise entre « faire » ou « faire faire »

DROIT

- Caractériser le risque d'une situation donnée
- Identifier la nature juridique de la responsabilité d'une entreprise dans une situation donnée

MANAGEMENT

- Repérer le rôle des différentes parties prenantes et des contre-pouvoirs
- Repérer les principaux éléments du macro-environnement de l'entreprise
- Analyser les évolutions de l'environnement et en identifier les conséquences sur la situation de l'entreprise

Contexte

Reflet de l'économie française, le marché automobile hexagonal confirme sa bonne santé. Les constructeurs français bénéficient d'une reprise du marché européen et d'une dynamique des marchés dans les pays émergents. Le développement de la voiture connectée, plus électrique, plus autonome, moins polluante et les innovations technologiques constituent aussi des défis auxquels l'industrie automobile doit répondre.

1. **Identifiez les différents acteurs de l'industrie automobile.**
2. **Repérez les éléments du macro-environnement qui influencent les décisions des acteurs de l'industrie automobile.**
3. **Montrez comment les constructeurs automobiles optimisent leurs coûts de production pour s'adapter à l'environnement. Justifiez leur choix de recourir à la sous-traitance.**
4. **Montrez comment les équipementiers automobiles tirent avantage de la sous-traitance.**
5. **Identifiez le risque induit par l'innovation technologique, et caractérisez la responsabilité des différentes parties prenantes.**

Annexe 1 Optimisation des coûts chez Renault et PSA

[…] En quelques années à peine, le secteur a totalement retourné sa situation économique, passant d'un statut de grand brûlé à celui d'athlète solide. […]

Le gros du rebond vient dans l'optimisation des coûts menée en interne. Dès 2012, PSA a fermé son usine d'Aulnay et lancé un plan de suppression de 11 000 postes. Puis, en 2013, le groupe abaisse ses capacités de production (suppression de lignes à Mulhouse et Poissy) et signe un « nouveau contrat social » qui ouvre la voie aux congés seniors, gèle les salaires et introduit une plus grande flexibilité dans l'organisation du travail. Si Renault a pu profiter de la montée en puissance des synergies avec son allié Nissan (plates-formes communes, partage d'usines plus fréquent), les négociations sociales sont aussi au cœur de l'offensive sur les coûts. En 2013, l'accord de compétitivité signé avec trois organisations syndicales (CFE-CGC, FO, CFDT) permet au groupe de rallonger le temps de travail (de 32 heures à 35 heures) et d'alléger sa masse salariale (suppression de 7 500 postes). […]

Maxime Amiot, Les Echos, 28 mars 2017

Annexe 2 Une année exceptionnelle pour les équipementiers automobiles français

[…] Dans un environnement instable, caractérisé par la volatilité des monnaies et des matières premières, Faurecia, Valeo et Plastic Omnium se sont particulièrement distingués. Des croissances à deux chiffres, des commandes records, des niveaux de rentabilité inédits… Dans le monde méconnu des équipementiers automobiles, les grands fournisseurs tricolores ont fait des étincelles l'an passé et affichent des résultats à faire pâlir les champions allemands, japonais ou coréens. […]

Éric Béziat, www.lemonde.fr, 23 février 2018

Annexe 3 L'implacable essor de la sous-traitance automobile

[...] Devant la flambée des investissements, les constructeurs doivent redéfinir leur cœur de métier. [...] La nouvelle Mégane break Estate, commercialisée d'ici à l'été, a beau être frappée du losange et disposer de tous les codes de la maison Renault, sa conception a été intégralement déléguée à un prestataire – la société allemande Bertrandt. [...] C'est bien son prestataire qui s'est chargé de la simulation numérique, du pilotage des fournisseurs, de la coordination avec l'usine de Palencia, en Espagne, pour assembler le modèle. [...] Les constructeurs n'ont pas le choix. Ils se retrouvent face un mur d'investissement, qui les oblige à redéfinir leur cœur de métier. Le moteur de demain ? Pas seulement des essence ou diesel plus sobres et propres, mais aussi de l'électrique, de l'hybride, voire de l'hydrogène. Quant à la conduite, elle bascule dans la connectivité, en attendant l'autonomie. [...] En parallèle, les constructeurs élargissent sans cesse leur gamme, raccourcissent la durée de vie des modèles (pour se conformer à des consommateurs toujours plus exigeants), et doivent respecter des normes toujours plus serrées (sécurité, pollution...). [...] Quel sera demain le cœur de métier d'un constructeur ? [...]

Maxime Amiot et Julien Dupont-Calbo, Les Echos, 22 février 2016

Annexe 4 Les équipementiers automobiles accélèrent la R&D

[...] En faisant plus ou moins de bruit, les grands équipementiers français se sont positionnés pour profiter de la bascule automobile qui se profile. Valeo mise sur la propulsion électrique et la voiture autonome, Faurecia table sur le « cockpit » du futur et les moteurs hydrogène, Plastic Omnium croit beaucoup aux complexes réservoirs hybrides, GPL ou hydrogène, et au plastique « à mémoire de forme » capable de stocker de l'énergie ou d'accueillir les capteurs des voitures robots.

Alors que les constructeurs observent avec une certaine angoisse le déclin des voitures à moteur thermique et les prémices des engins sans conducteur (qui remettent en cause leur modèle classique), les pourvoyeurs de pièces regardent ces bouleversements avec appétit. [...]

« *Les équipementiers peuvent s'adapter plus facilement que les constructeurs*, juge Xavier Caroen, chez Bryan Garnier. *Ils ont réduit leurs coûts et assaini leurs bilans. Ils ont les moyens d'investir dans l'innovation pour créer de la valeur.* [...] »

Julien Dupont-Calbo, Les Echos, 24 juillet 2017

La Commission européenne a fixé un objectif de réduction des émissions de CO_2 pour les voitures neuves : une diminution de 27 % entre 2015 et 2021. La Commission envisage de définir des objectifs encore plus ambitieux pour 2025, afin de limiter la consommation énergétique qui contribue au réchauffement climatique.

Annexe 5 Qui sera tenu responsable en cas d'accident impliquant un véhicule autonome ?

[...] C'est le premier accident mortel connu impliquant un véhicule en mode conduite autonome, et la personne installée derrière le volant n'a pas su non plus réagir à temps. Un prototype de « robotaxi » appartenant à Uber a écrasé une piétonne dimanche soir à Tempe, près de Phoenix (Arizona). [...] Reste à savoir quelles conséquences aura ce premier drame sur le développement de la technologie. En théorie, les véhicules autonomes sont censés réduire drastiquement le nombre d'accidents mortels liés à la circulation automobile, ceux-ci étant très souvent liés à des facteurs humains. Mais le public et les autorités accepteront-ils (et à quel rythme) des drames provoqués par un logiciel ?

Julien Dupont-Calbo, Les Echos, 19 mars 2018

[...] La loi du 5 juillet 1985, aussi dite « loi Badinter », permet d'indemniser toute victime d'un accident de la circulation. Elle est complétée par la Convention de Vienne (1969), dont la France est signataire, et qui estime qu'il doit toujours y avoir un conducteur physique présent dans le véhicule, en mesure de reprendre le contrôle en cas de danger. C'est donc toujours vers le conducteur [et son assureur] que la responsabilité juridique se tourne en priorité. La responsabilité du constructeur ne vient qu'en deuxième position, dans le cadre de défaillances techniques qui doivent être prouvées par des expertises. [...]

Pauline Verge, www.lefigaro.fr, 20 mars 2018

Entraînement

Comment s'organise l'activité de la Fromagerie du Pays mothais ?

ÉCONOMIE

- Analyser l'influence de paramètres économiques (taux d'intérêt, coût des facteurs…) sur les décisions de l'entreprise
- Argumenter le choix de l'entreprise entre « faire » ou « faire faire »
- Repérer l'existence d'externalités pour l'entreprise

DROIT

- Justifier le choix d'une structure juridique d'entreprise adaptée à une situation donnée

MANAGEMENT

- Repérer le rôle des différentes parties prenantes et des contre-pouvoirs
- Repérer les ressources et les compétences au sein de l'entreprise
- Identifier le besoin de financement de l'entreprise en fonction du cycle (exploitation/investissement)
- Recenser les solutions de financement adaptées à l'entreprise dans une situation donnée

Contexte

L'histoire d'un fromage de chèvre pas comme les autres : Le chèvre-boîte

Il y a plus de cent ans, la chèvre était considérée comme la vache du pauvre. C'était le travail des femmes de les mener au champ, de les traire et de transformer le lait fraîchement collecté en fromage. Afin d'améliorer leurs conditions de vie, le pasteur Eynard proposa de collecter le lait des producteurs de chèvre et de fabriquer un fromage dans la nouvelle fromagerie coopérative de Bougon. En 1906, la première fromagerie caprine coopérative naît dans les Deux-Sèvres. En emballant le fromage dans une boîte en bois, on pourrait le vendre jusqu'à Paris. Un an plus tard, le chèvre-boîte voit le jour et devient la spécialité du Pays mothais. Depuis, ce fromage est quasi-exclusivement produit dans le Poitou.

La fermeture de fromagerie coopérative de Bougon

Après un siècle d'activité, la fromagerie, qui avait été rachetée par le groupe Bongrain, ferme ses portes en 2014. Cette fermeture est vécue comme une catastrophe pour l'activité économique et l'équilibre du territoire. « *C'était tout de même la première laiterie fromagère à avoir transformé du lait de chèvre*, raconte une éleveuse de chèvres d'Exoudun. *Il était important pour nous que cette tradition perdure. Nous ne voulions pas que ce savoir-faire disparaisse de son berceau natal.* »
Les salariés, les éleveurs et des consommateurs vont se battre pour que ce savoir-faire ne soit pas perdu. Ils ne sont pas seuls : des dizaines de citoyens s'associent à eux, ainsi que les collectivités locales.

Un projet pour faire revivre les produits du terroir

L'association « Les Amis de Bougon » est créée en réaction à la suppression de la marque et pour relancer le produit, la spécialité du Pays mothais. Grâce à leur détermination, ils veulent réussir à monter un projet citoyen, social et solidaire. Les producteurs apportent le lait. Les fromagers ont le savoir-faire technique qu'il faut aussi perpétuer et transmettre. Quant aux sympathisants, ils souhaitent faire vivre le territoire, impulser une dynamique à ce tissu local.
Leur projet : relancer la fromagerie à La Mothe-Saint-Héray (79), une commune voisine de l'ancienne fromagerie de Bougon, et fabriquer du chèvre-boîte mais aussi du chabichou et de la faisselle en regroupant des producteurs de lait de chèvre locaux. Le début de la production est prévu pour début 2018. « *Le chèvre-boîte fait partie de notre patrimoine culinaire local*, explique Dominique Guérin, la présidente. *Il y a un vrai potentiel, une vraie demande.* »
Ce collectif de passionnés a donc décidé de rassembler leurs savoir-faire et leur envie de faire revivre ce produit du terroir. Ils avaient les compétences, mais il fallait trouver la structure juridique adaptée, déterminer les investissements nécessaires et analyser les paramètres économiques permettant de prendre de bonnes décisions de financement en limitant le coût et les risques associés.

Entraînement

Après avoir analysé le cas de la Fromagerie du Pays mothais, vous vous appuierez sur vos connaissances personnelles ainsi que sur les documents annexés pour répondre aux questions que posent les dossiers économiques, juridiques et de management concernant la situation de la Fromagerie du Pays mothais.

Liste des annexes

Annexe 1 Le choix de la Scic pour la Fromagerie du Pays mothais
Annexe 2 Le développement des Scic depuis leur création
Annexe 3 La Scic dans le cadre d'une économie sociale et solidaire
Annexe 4 La Fromagerie du Pays mothais, un projet de l'économie sociale et solidaire

Annexe 5 Le marché du fromage en France
Annexe 6 Les nouvelles tendances du marché du fromage
Annexe 7 Interview de Dominique Guérin, présidente de la Scic et éleveuse pour la Fromagerie du Pays mothais
Annexe 8 Les compétences de neuf passionnés expérimentés
Annexe 9 L'intégration de trois activités

Annexe 10 Le besoin en fonds de roulement de la Fromagerie du Pays mothais
Annexe 11 Le financement de l'exploitation
Annexe 12 Le financement de l'investissement
Annexe 13 La Fromagerie du Pays mothais est sur les rails
Annexe 14 La Fromagerie du Pays mothais fait un carton
Annexe 15 Les premiers fromages du côté de La Mothe
Annexe 16 Henry Mintzberg : les différents rôles du manager

Dossier 1 Le choix d'une forme juridique adaptée (annexes 1 à 4)

Il était logique que toutes les parties prenantes impliquées dans la relance de la fromagerie se retrouvent dans une société qui porte le projet. Huit associés : quatre producteurs, deux fromagers et deux sympathisants, ont porté la création de la Fromagerie du Pays mothais.
Il fallait trouver une forme juridique adaptée pour cet acteur de l'économie sociale et solidaire. Ils ont donc opté pour une Scic (société coopérative d'intérêt collectif).
La création de la Fromagerie du Pays mothais, avec un capital social de 50 962 €, date d'octobre 2015. L'entreprise la Fromagerie du Pays mothais est dirigée par une personne physique, Mme Dominique Guérin, qui a le statut de présidente.

1. **Présentez le choix de la forme juridique adopté par le collectif.**
2. **Montrez les particularités de cette structure juridique.**
3. **Pourquoi peut-on dire que cette forme juridique est une entreprise ?**
4. **Justifiez le choix de cette décision par rapport aux caractéristiques du projet de la Fromagerie du Pays mothais.**

Dossier 2 L'influence de paramètres économiques sur les décisions de l'entreprise et le choix entre « faire » ou « faire faire » (annexes 5 à 9)

Le projet était économique mais aussi sociétal. Il s'agissait de relancer une production du terroir, de sauvegarder des emplois locaux, de revitaliser la région en sauvegardant sa culture et son savoir-faire. Les acteurs du projet ont dû prendre en compte des paramètres économiques comme les taux d'intérêt ou la situation du marché du fromage, qui ont influencé leurs décisions. Ils ont dû faire face à l'attitude de certains agents économiques comme les banques qui ne leur ont fait pas confiance dans un premier temps.

En montant le projet, ils ont dû également décider s'ils allaient « faire » eux-mêmes, c'est-à-dire produire en interne pour sauver des produits du terroir et valoriser leur savoir-faire, ou « faire faire » par des prestataires extérieurs.

5 **Présentez le projet de la Fromagerie du Pays mothais.**

6 **Repérez les externalités positives de l'activité de l'entreprise la Fromagerie du Pays mothais.**

7 **Présentez le choix de l'entreprise entre « faire » ou « faire faire ».**

8 **Montrez l'intérêt de la décision de la Fromagerie du Pays mothais d'intégrer les trois activités principales de sa filière de production.**

Dossier 3 L'organisation des ressources (annexes 10 à 16)

Après trois ans de combat, un des défis majeurs a été de couvrir le besoin de financement. L'investissement nécessaire au lancement du projet a été évalué à 1,8 million d'euros. Mais seule une banque sur trois a donné son accord pour le financer. Il a donc fallu rechercher des modes de financement alternatifs au financement bancaire. Deux « Cigales » (clubs d'investisseurs locaux au service du développement d'entreprises solidaires) ont été prêtes à apporter leur soutien, ainsi que le fonds solidaire Garrigue. Face à la difficulté d'avoir la confiance des banques, la Fromagerie du Pays mothais a aussi recherché des fonds auprès d'internautes et de consommateurs locaux. Ils ont lancé une campagne de financement participatif inédite sur la plateforme de *crowdfunding Bulb In Town*. Pendant cette campagne, il était possible de soutenir la Scic en faisant un don avec contrepartie (par exemple pour recevoir un plateau de fromages) ou en achetant des parts sociales de la Coopérative (à partir de 200 € en bénéficiant d'une déduction fiscale). Les ressources financières, mais aussi matérielles et humaines, de la nouvelle structure vont être managées par la présidente de la Scic, Dominique Guérin, mais aussi par les huit repreneurs. Ils devront organiser, planifier, coordonner, contrôler l'activité, et répondre aux sollicitations extérieures (banques, organismes d'État, clients, fournisseurs...).

9 **Repérez le rôle des différentes parties prenantes dans le projet du collectif.**

10 **Montrez sur quelles compétences et ressources peut s'appuyer la Fromagerie du Pays mothais.**

11 **Présentez le cycle d'exploitation de la Fromagerie du Pays mothais et son besoin en fonds de roulement. Comment a-t-il été financé et pourquoi ?**

12 **Présentez les différents types d'investissements que la Fromagerie du Pays mothais a dû mener pour réaliser son projet. Comment les a-t-elle financées et pourquoi ?**

13 **Pourquoi les managers de la Fromagerie du Pays mothais devront-ils avoir les différents rôles du manager décrits par Henry Mintzberg ?**

Annexe 1 Le choix de la Scic pour la Fromagerie du Pays mothais

L'équipe porteuse de projet a décidé de constituer une Scic, une société coopérative d'intérêt collectif. Cette structure permet d'associer toute personne physique ou morale de droit privé ou de droit public autour d'un projet commun.
La règle de cette structure est simple : 1 personne = 1 voix.

[...] **Où les trouver ?** La Coopérative disposera de sa propre fromagerie sur la commune de La Mothe-Saint-Héray, dans le département des Deux-Sèvres, entre Poitiers et Niort. Le canton de La Mothe-Saint-Héray compte plus de 5 000 habitants. Petite cité de caractère, à la fois atypique et attrayante, La Mothe-Saint-Héray est dotée d'un passé historique et d'un patrimoine dense que la coopérative saura préserver. [...]

www.tudigo.co

Annexe 2 Le développement des Scic depuis leur création

[...] Colloque des 10 ans des Scic co-organisé, le 9 février 2012, par la Confédération générale des Scop et la Fédération nationale des Cuma.
Cette rencontre, dont l'intérêt était de démontrer les atouts de ce statut d'entreprise dans le développement des territoires, en France et à l'international, a contribué à favoriser l'échange et le partage d'expériences entre coopérateurs. [...]

www.les-scic.coop, 9 février 2012

Annexe 3 La Scic dans le cadre d'une économie sociale et solidaire

[La Scic] permet d'associer toute personne physique ou morale de droit privé ou de droit public autour du projet commun. Pour se constituer une Scic doit obligatoirement associer :
- des salariés (ou en leur absence des producteurs agriculteurs, artisans...) ;
- des bénéficiaires (clients, fournisseurs, bénévoles, collectifs de toute nature...) ;
- un troisième type d'associé selon les ambitions de l'entreprise (entreprise privée, financeurs, association...).

Les collectivités territoriales, leurs groupements et les établissements publics territoriaux peuvent devenir associés et détenir jusqu'à 50 % du capital.

La Scic [société coopérative d'intérêt collectif], créée par la loi 2001-624 du 17 juillet 2001, est :

UNE SOCIÉTÉ	COOPÉRATIVE	D'INTÉRÊT COLLECTIF
• Société de personnes qui prend une forme commerciale : société anonyme (SA), société par actions simplifiées (SAS) ou société à responsabilité limitée (SARL). • Inscrite au Registre du Commerce et des Sociétés et soumise aux impôts commerciaux. • Fonctionne comme toute société soumise aux impératifs de bonne gestion et d'innovation. [...]	• 1 personne = 1 voix en assemblée générale. • [...] Le capital constitué par le total de ces parts est variable, ce qui permet la libre entrée et sortie de sociétaires. Mise en réserve des excédents à chaque clôture des comptes : au moins 57,5 % du résultat affecté aux réserves impartageables, ce taux pouvant être porté par chaque AG ou par les statuts à 100 %. • La part du résultat ainsi affectée aux réserves est déductible de l'Impôt sur les Sociétés (IS). • Soumise à une procédure de révision quinquennale pour analyser l'évolution du projet coopératif sur la base, entre autres, des rapports annuels de gestion.	• L'intérêt par lequel tous les associés et l'environnement peuvent se retrouver autour d'un objet commun en organisant une dynamique multi-parties prenantes (le caractère d'utilité sociale). • Ancrée sur un territoire géographique, ou au sein d'une communauté professionnelle ou encore dédiée à un public spécifique, la forme Scic peut recouvrir tout type d'activité qui rend des services aux organisations ou aux individus, sans restriction a priori...

www.les-scic.coop

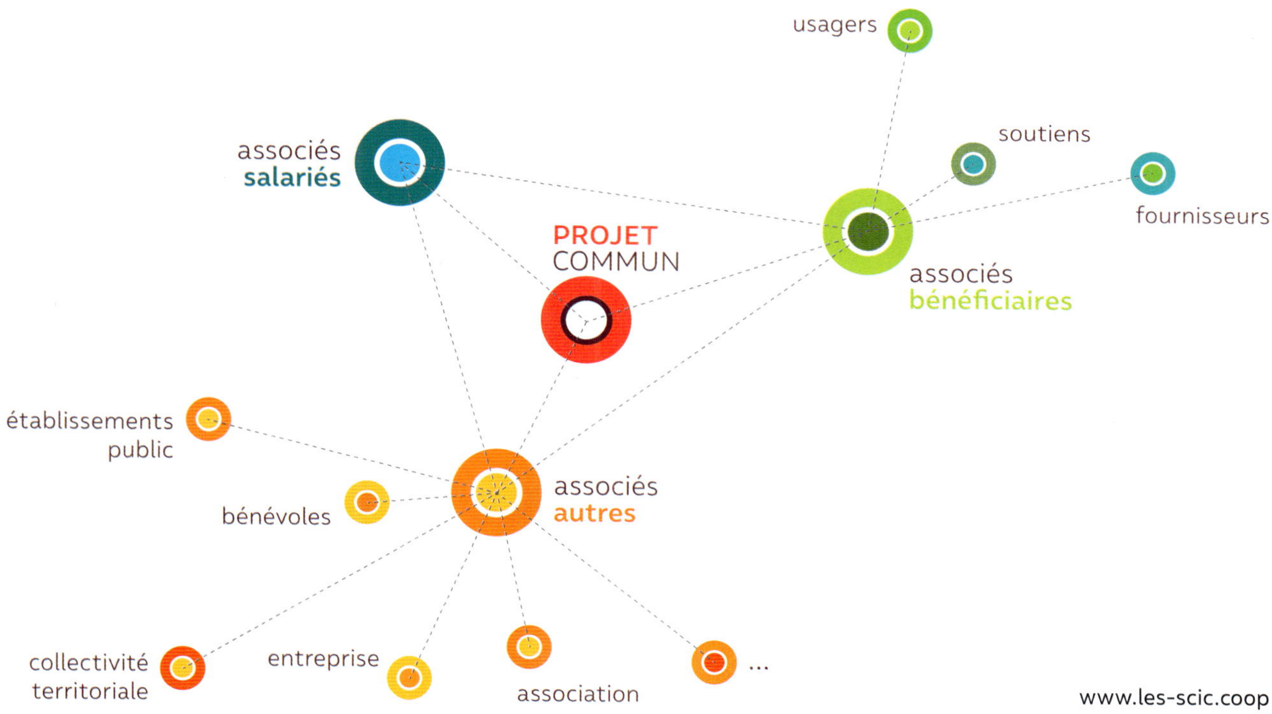

www.les-scic.coop

Annexe 4 La Fromagerie du Pays mothais, un projet de l'économie sociale et solidaire

La Fromagerie raconte son combat pour faire renaître le « chèvre chaud ». Il s'agit de permettre à de nombreuses familles de vivre. La lutte concerne aussi la sauvegarde des productions locales, des produits nobles d'autrefois, des fromages Appellation protégée, sans huile de palme, sans OGM. Protéger un savoir-faire qui risque de disparaître et satisfaire le consommateur averti, citoyen, responsable.

Annexe 5 Le marché du fromage en France

Qui dans le monde ne connaît pas « **le pays aux 300 fromages** » ?! La renommée des produits du terroir est à la fois un succès gastronomique et économique pour l'Hexagone. En effet, **plus de 1 200 variétés de fromages y sont produites par an**, dont 45 bénéficient de l'AOC (Appellation d'Origine Contrôlée) et en même temps de l'AOP (Appellation d'Origine Protégée). La filière est présente sur au moins 80 % du territoire français, à travers quelque 70 000 fermes laitières. 95 % des Français consomment du fromage. Et, la consommation annuelle est estimée aux environs de 24 kg par habitant. Mais il n'y a pas que cela, la France se présente comme le premier exportateur de fromage dans le monde.

[…] L'industrie fromagère en France est très vaste. La filière est constituée de 30 000 producteurs de lait, 1 400 producteurs de fromage, 227 transformateurs privés et 154 exclusifs, selon les données du CNIEL ou Centre national interprofessionnel de l'économie laitière.

La croissance des volumes de fromages commercialisés en AOP

Le tableau suivant évoque le volume de fromage (en tonnes) commercialisés en AOP de 2012 à 2014, selon les types de fromages.

	2012	2013	2014
Fromages AOP/AOC au lait de vache	163 395	163 535	165 941
Fromages AOP/AOC au lait de chèvre	6 275	6 367	6 471
Fromages AOP/AOC au lait de brebis	21 035	20 779	20 976
TOTAL fromages AOP/AOC	190 705	190 681	193 388

www.laboitedufromager.com, 5 août 2015

Annexe 6 Les nouvelles tendances du marché du fromage

[…] Pendant des décennies, la seule manière d'acheter du fromage était de se rendre chez son crémier de quartier ou […] dans les différents magasins de la grande distribution.

Aujourd'hui, la façon d'acheter du fromage évolue : de plus en plus de consommateurs achètent du fromage en s'abonnant à une box de fromages. La façon de vendre du fromage évolue elle aussi en s'appuyant notamment sur les apports du digital. C'est ainsi que les crémiers de quartier sont nombreux aujourd'hui à proposer aux consommateurs d'acheter leurs fromages sur Internet et de [se] les faire livrer chez eux ou alors de proposer un service de *click and collect* pour profiter des avantages du physique et du digital. […] Le marché du fromage bénéficie de cette tendance de fonds de l'alimentaire en France qui tend à retrouver des produits bruts et authentiques. Aujourd'hui, le fromage du crémier retrouve ses lettres de noblesse. Le consommateur s'intéresse à l'histoire et à la fabrication du fromage qu'il achète et ne satisfait plus de profiter simplement d'un « bon fromage ». […]

www.tentationfromage.fr, 5 juillet 2017

Annexe 7 Interview de Dominique Guérin, présidente de la Scic et éleveuse pour la Fromagerie du Pays mothais

[…] Dominique, parlez-nous de vous !

Après avoir travaillé quelques années pour une société de services informatiques (analyste programmeur) j'ai rejoint mon conjoint, Alain, sur l'exploitation familiale en 1993. J'ai toujours vécu entourée de vaches et de chèvres et c'est naturellement que je suis devenue « chevrière ». Mes enfants ont donc grandi au milieu des chèvres et des chevreaux et ont pu participer, au rythme des saisons, aux travaux des champs pour, entre autres, nourrir le troupeau.

[…] La qualité de vos produits, ça passe par quoi ?

Par la traçabilité du lait, par la maîtrise d'une alimentation saine et équilibrée du cheptel et par la transformation de ce lait, localement et rapidement, en fromages de qualité.

Qu'est-ce qui fait la force de l'équipe de la Fromagerie du Pays mothais ?

Le rassemblement de personnes d'horizons divers autour d'un projet commun !

Pourquoi faire appel au financement participatif ?

Pour montrer aux différents financeurs bancaires l'adhésion de la population à […] notre projet. […]

blog.bulbintown.com, 11 janvier 2017

Annexe 8 Les compétences de neuf passionnés expérimentés

[Parmi les membres de la Scic, on compte] : Paule Pairault, sage-femme à la retraite, Antoine Papineau, éleveur à Sansais, Caroline Comte, éleveuse à Bougon, Hélène Braconnier, éleveuse à Soudan, Dominique Guérin, éleveuse à Exoudun et présidente de la Scic, Christian Gibault, ancien responsable de la laiterie de Bougon, et Vincent Furstoss, de l'Inra.

Ils n'y avaient pas songé dans leur plan de carrière mais la fermeture de la laiterie de Bougon en mars 2014 leur a forcé la main. Pour conserver une activité, une poignée d'anciens salariés, associés à des producteurs et des consommateurs, ont nourri le projet de monter leur propre fromagerie. […] « *Cette aventure a pour but de préserver le savoir-faire du chèvre-boîte tout en revitalisant le bassin d'emploi,* présente Hélène Braconnier, éleveuse de chèvres et de moutons à Soudan et membre de la Scic. *Nous souhaitons faire des produits haut de gamme car ils résistent mieux aux fluctuations des cours* ». La fromagerie produira ainsi des fromages à pâtes molles (chèvre-boîte et mi-chèvre) et à pâtes lactiques (mothais et chabichou) qui seront vendus dans des petites et moyennes surfaces du Poitou-Charentes, des magasins de proximité ou encore directement à la fromagerie. « *L'étude de marché réalisée avec l'Afpar nous a démontré que la demande est supérieure à ce que l'on pourrait produire* », indique Dominique Guérin, éleveuse de chèvres à Exoudun et présidente de la société coopérative. […]

Carole Mistral, agri79.reussir.fr, 2 février 2017

Annexe 9 L'intégration de trois activités

La Scic (société coopérative d'intérêt collectif) dont le projet est « *la production du chèvre-boîte au lait cru, dans son berceau natal* », a voulu avoir la maîtrise sur l'ensemble de la filière des fournisseurs aux distributeurs. Elle a décidé de le faire en interne en intégrant trois activités.

Ramassage du lait et des matières premières → **Transformation du lait cru en fromage** → **Commercialisation et distribution des fromages**

Ramassage du lait et des matières premières :

L'approvisionnement en matière première est assuré par une collecte quotidienne auprès des exploitants membres de la Coopérative.

Ces exploitants sont payés par la laiterie plusieurs jours après la livraison.

Transformation du lait cru en fromage :

Les produits seront transformés et stockés au sein de la fromagerie.

Commercialisation et distribution des fromages :

Le profil des clients : des professionnels en recherche d'authenticité, de produits locaux de qualité.

Le lien avec les consommateurs : par le biais des visites de la fromagerie, des conseils des vendeurs, mais aussi sur Internet.

La commercialisation s'opère majoritairement en Poitou-Charentes, dans le Grand Ouest français et à Paris (marché de Rungis). Les GMS et supérettes, ainsi que les restaurateurs et magasins de vente locaux sont aussi des clients fidèles. Mais on vend aussi à des particuliers en vente directe à partir du magasin de la laiterie.

Les clients paient la laiterie plusieurs jours après la commande.

Annexe 10 Le besoin en fonds de roulement de la Fromagerie du Pays mothais

La Fromagerie du Pays mothais

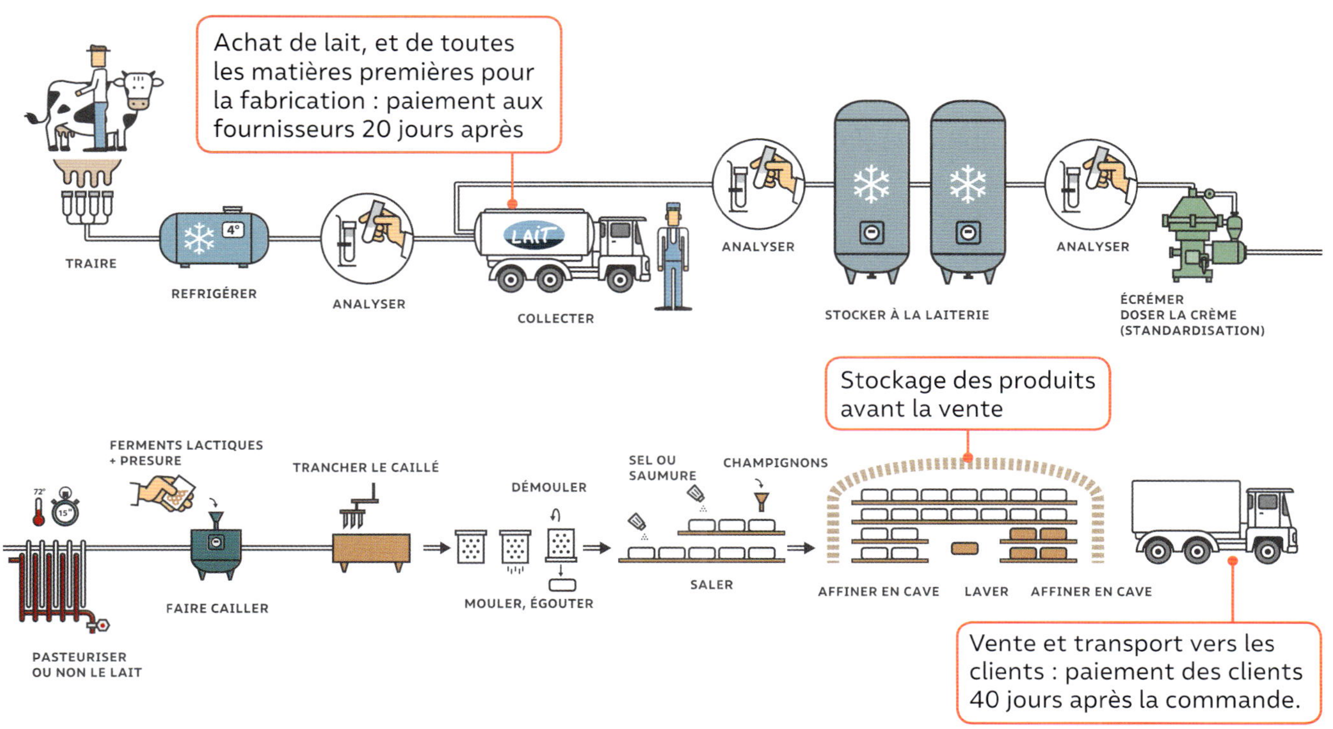

Source : Criel

Annexe 11 Le financement de l'exploitation

Les huit membres fondateurs, éleveurs de chèvres, anciens salariés de la Laiterie de Bougon ainsi que deux « consommateurs », ont pu faire vivre leur projet. Mais pour cela, il a fallu avancer l'argent pour faire fonctionner le cycle d'exploitation. L'achat des matières premières, les charges de production, de stockage et de commercialisation ont été estimées entre 390 000 et 450 000 € pour les besoins en fonds de roulement. La différence entre ces deux montants vient des possibilités de négociation de la laiterie avec ses clients et ses fournisseurs. Si la fromagerie arrive à payer les fournisseurs sur un plus long délai et encaisser l'argent de ses ventes plus rapidement, le besoin en fonds de roulement peut diminuer à 390 000 €. Mais la tâche est rude, car les fournisseurs ont déjà accordé un délai de paiement, et les possibilités de négociation sont actuellement encadrées par la loi. De leur côté, les clients générant la plus grande part de chiffre d'affaires sont les GMS et les grossistes de Rungis. Ils ont un important pouvoir de négociation car la laiterie est en concurrence avec beaucoup d'autres fournisseurs. Elle a donc beaucoup de difficultés à réduire les délais de paiement de ses clients.

Annexe 12 Le financement de l'investissement

[...] La Société coopérative d'intérêt collectif (Scic) Fromagerie du Pays mothais a lancé une campagne de financement participatif. [...] L'occasion pour cette « Scop agroalimentaire » de boucler son plan de financement. [...]

> *[…] « Nous pouvons faire appel au grand public pour nous financer car nous ne sommes pas une coopérative traditionnelle, mais une société coopérative d'intérêt collectif (Scic), proche des Scop existant dans les secteurs industriels ou des services »*,

explique Dominique Guérin, présidente de la Fromagerie du Pays mothais, à la Mothe-Saint-Héray (Deux-Sèvres). La direction de la Scic se compose de trois collèges : les producteurs, les salariés et les consommateurs. C'est auprès de ces derniers que la Scic s'adresse aujourd'hui pour lever des fonds. « *Nous avons lancé* […] *une campagne de financement participatif afin de lever 150 000 euros auprès du grand public* », selon Dominique Guérin. […]

« *Nous avons un besoin total de 1,8 millions d'euros, dont 533 000 euros pour la construction de la fromagerie, 815 000 euros en année 1 pour le matériel et entre 390 000 et 450 000 euros pour les besoins en fonds de roulement* », détaille Dominique Guérin.

La Scic a frappé à toutes les portes pour trouver des moyens de se financer.

Outre les producteurs qui apportent leurs parts sociales récupérées auprès de la coopérative qu'ils ont quittée, d'autres organismes se mobilisent :

– un prêt bancaire de l'Urscop (union régionale des Scop) de 25 000 euros ;

– 39 000 euros de prêts personnels à taux zéro octroyés par Deux-Sèvres Initiatives (aide aux entreprises du Conseil départemental) ;

– deux Cigales (Clubs d'investisseurs pour une gestion alternative et locale de l'épargne solidaire) apportent 8 000 euros par an, après 12 000 euros la première année et un prêt de la société de capital-risque solidaire Garrigue de 50 000 euros. […]

La Scic est en attente d'une réponse pour un prêt du financeur solidaire France Active. « *Nous avons prévu aussi d'emprunter un million d'euros auprès de deux ou trois banques* », ajoute la présidente de la fromagerie. […]

Pour l'acquisition du terrain aménagé, la Scic a profité d'un coup de pouce de la communauté de communes du Mellois, celle-ci permettant un paiement étalé sur trente ans. […]

www.agraalimentation.fr, 15 février 2017

Annexe 13 La Fromagerie du Pays mothais est sur les rails

[…] Ses huit membres fondateurs […] viennent de recevoir l'accord déterminant d'une banque. « *Il a fallu un an pour convaincre* », soupirent les représentants de la Société coopérative d'intérêt collectif, créée officiellement en octobre 2015. Une Scic dont le projet est de « *faire perdurer un savoir-faire* », à savoir « *la production du chèvre-boîte au lait cru, dans son berceau natal* », à la suite de la fermeture de la Laiterie de Bougon au printemps 2014. […]

www.courrierdelouest.fr, 28 janvier 2017

Annexe 14 La Fromagerie du Pays mothais fait un carton

Grâce au recours au financement participatif auprès de 513 donateurs, La Fromagerie du Pays mothais a pu rassembler 162 487 €, collectés via la plateforme Internet de *crowdfunding* Bulb in Town. L'objectif de 150 000 € a donc été atteint à 108 %.

Tous les donateurs ont été séduits par le projet consistant à faire revivre la production et la commercialisation de fromages de chèvre dans le cadre d'une coopérative de production sous la forme d'une Scic (société coopérative d'intérêt collectif) qui regroupe des chèvriers, des consommateurs et d'anciens salariés de l'ex-laiterie de Bougon.

Les 513 contributeurs ont participé pour soutenir la « résurgence du chèvre-boîte ». Hélène Braconnier, qui porte le projet depuis 2012, pense que les donateurs ont rapidement adhéré non pas pour faire de l'argent, mais pour soutenir l'expérience et pouvoir continuer à consommer les fromages du terroir.

Annexe 15 Les premiers fromages du côté de La Mothe

Quatre ans après la fermeture de la laiterie de Bougon, le pari consistant à bâtir une nouvelle fromagerie coopérative à La Mothe-Saint-Héray a bien vu le jour. Une grande partie du matériel est installée et les artisans sont en pleine activité dans le bâtiment de 400 m²…

1 500 fromages vont être produits tous les jours dans les nouveaux locaux de la Fromagerie du Pays mothais, au bout de la zone artisanale de La Mothe-Saint-Héray. Même si tous les équipements ne sont pas encore en place, tout le monde compte bien que la production démarrera début avril.

« De la mamelle à la faisselle »

La Fromagerie va commencer sa production avec quatre éleveurs caprins et bovins de Bougon, Soudan, Exoudun et Sanxay dont le lait sera collecté tous les jours et immédiatement transformé. Le site fonctionnera sept jours sur sept pour mettre en valeur ces fromages au lait cru. « De la mamelle à la faisselle », le savoir-faire a été conservé et l'ensemble du cycle de production est maîtrisé.

Trois sortes de fromages seront commercialisées : du pur chèvre, du mi-chèvre et du fromage de vache, sous forme ronde en boîte comme le camembert, ainsi que de la faisselle.

La fromagerie produira aussi du chèvre et du mi-chèvre, toujours en grand format (900 grammes) et forme arrondie, pour être vendus à la coupe.

La commercialisation se fera grâce à un site internet qui permettra de faire de la vente directe, mais aussi chez les petits commerçants ainsi que dans les petites, moyennes et grandes surfaces de l'ex-Poitou-Charentes (Nouvelle-Aquitaine).

Pour débuter, la Fromagerie compte sur six salariés, des anciens de la laiterie de Bougon qui ont été licenciés en 2014. Mais ils ne comptent pas en rester là ! L'objectif d'Hélène Braconnier, elle-même éleveuse de chèvres et membre du conseil d'administration de cette Société coopérative d'intérêt collectif (Scic) est « dans les quatre ans à venir, […] travailler avec une quinzaine d'éleveurs et une quinzaine de salariés ».

Mais pour que cela puisse devenir réalité, après le défi de lancer la fromagerie, il s'agit de pouvoir continuer à « fabriquer toujours des fromages impeccables ». Il faut satisfaire les clients et répondre à leurs attentes. Il faut pouvoir répondre aux fortes pressions des clients impatients de consommer ces produits authentiques du terroir. La Fromagerie du Pays mothais ne peut pas les décevoir !

Entraînement

Annexe 16 Henry Mintzberg : les différents rôles du manager

Un manager est souvent vu comme une personne qui organise, planifie, coordonne, contrôle. Les travaux de H. Mintzberg ont montré une réalité plus complexe. Le modèle de Mintzberg publié dans « *Le manager au quotidien : les 10 rôles du cadre* », s'est intéressé aux rôles tenus par les managers tout au long de leurs journées de travail. En effet, une des difficultés du rôle de manager est la fragmentation de la journée, avec, d'un côté, un ensemble de sollicitations extérieures à traiter et, d'un autre, des actions de fonds à mener. Mintzberg identifie 10 rôles qu'il a ensuite classés en 3 catégories.

Types	Rôles du manager
Rôles interpersonnels	**1. Cadre symbole** lié au symbole qu'incarne le « chef » Le manager représente son équipe ou son service auprès de l'extérieur et le pouvoir hiérarchique auprès de son équipe.
	2. Leader Élaborer une vision : où va-t-on ? comment y va-t-on ? – Fixer les règles – Motiver l'équipe – Développer l'efficacité de l'équipe
	3. Agent de liaison Le manager est en quête permanente d'informations qui pourraient lui être utiles. Il passe beaucoup de temps à construire un réseau autour de lui. Les managers passent plus de temps avec leurs pairs et d'autres personnes extérieures qu'avec leurs propres subordonnés et encore moins de temps avec leur hiérarchie.
Rôles liés à l'information	**4. Observateur actif** Le fait d'avoir un rôle de liaison permet au cadre d'avoir beaucoup plus d'informations que son équipe. Le manager analyse en permanence son entourage à la recherche d'informations.
	5. Diffuseur d'informations Le manager dispose de nombreuses informations qu'il diffuse en retour à ses équipes, à son réseau ou à ses relations selon les circonstances.
	6. Porte-parole « officiel » En charge de la communication, aussi bien vers l'extérieur en tant que porte-parole de ses équipes, que vers l'intérieur en tant que porte-parole de la hiérarchie.
Rôles décisionnels (Décision/Action)	**7. Entrepreneur** Le manager va construire les projets pour l'institution dans laquelle il travaille.
	8. Régulateur Tout n'est pas sous contrôle et parfaitement planifié. Le rôle qui peut vite devenir le plus consommateur en temps est de gérer les multiples perturbations (les imprévus, les conflits, les problèmes de personnes).
	9. Répartiteur de ressources Le manager doit savoir répartir les différentes activités qu'on lui demande et mettre en place l'organisation adaptée : définir les compétences requises, décider de l'utilisation des ressources qui lui sont affectées, attribuer les responsabilités.
	10. Négociateur Le manager va consacrer une grande partie de son temps à négocier car il est le seul à détenir toutes les informations sur son organisation, et surtout sur ses ressources.

D'après H. Mintzberg, « *Le manager au quoditien* », Édition d'Organisation, 1984

Pour aller plus loin

- Les Scic Coop, De nouveaux outils juridiques pour le développement économique local
- Fromagerie du Pays Mothais
- GAEC la ferme du Bois Normand, Une journée en fromagerie

Fiche méthode

Analyser un graphique économique

Le sujet de Culture économique, juridique et managériale se présente sous la forme d'un dossier documentaire qui peut comporter un ou plusieurs graphiques économiques.
Les deux objectifs de l'analyse d'un graphique sont les suivants :
– exploiter le graphique afin d'identifier des informations ;
– utiliser ces informations pour traiter les questions posées.

Démarche

Étape 1 Identifier le contexte du graphique

Le contexte d'un graphique comprend quatre éléments, qu'il convient d'identifier :
- le titre et la légende renseignent sur la ou les variable(s) étudiée(s) dans le graphique ;
- la date et la source situent l'origine des données ;
- les intitulés de l'axe des abscisses (horizontal) et de l'axe des ordonnées (vertical) déterminent les unités de mesure retenues mais aussi les valeurs en relation les unes avec les autres ;
- les unités de mesure (%, milliers, milliards, €, K€…) et les échelles (valeur d'une unité) doivent être correctement prises en compte, sous peine de fausser l'analyse ultérieure. S'il s'agit de chiffres, on est en valeur absolue ; s'il s'agit de pourcentages, on est en valeur relative.

Étape 2 Reconnaître le principe de construction du graphique

La reconnaissance du principe de construction du graphique est déterminante pour l'analyse. Les questions à vous poser dépendent du type de graphique :
- les graphiques de répartition (camembert, à barres, en bâtons…) témoignent d'une situation à un moment donné. La question principale porte sur la part de chaque composante dans la répartition ;
- les graphiques chronologiques (courbes, lignes brisées…) étudient l'évolution d'une ou de plusieurs séries statistiques dans le temps. La question principale porte sur l'existence de tendance(s) ;
- les graphiques d'évolution structurelle (histogramme accolé…) montrent la répartition d'un phénomène sur plusieurs années. La question principale porte sur l'existence d'une évolution de la répartition entre la date de début et la date de fin du graphique.

Étape 3 Exploiter le graphique

L'exploitation du graphique comporte :
- le repérage du phénomène ou de la variable étudié(e) en ordonnées et en abscisses ;
- l'identification des différentes périodes ou des différents secteurs du graphique (en utilisant la légende) ;
- le relevé de la tendance générale du graphique, des points de rupture et des valeurs extrêmes ;
- la sélection d'une quantité limitée de données à exploiter (les plus pertinentes) ;
- la hiérarchisation des informations sélectionnées ;
- la compréhension des données retenues qui serviront de base à l'étape 4.

Étape 4 Utiliser les informations du graphique

L'analyse des informations retenues à l'issue de l'étape 3 doit suivre une démarche structurée. Vous devez être capable de présenter l'évolution ou la répartition des données, de mettre en évidence les valeurs extrêmes, d'expliquer l'évolution ou la répartition de ces données. Cette démarche constitue la véritable valeur ajoutée de votre travail. Vous allez ainsi apporter des informations complémentaires et une meilleure compréhension des informations initiales.

La mise en forme des informations pour répondre aux questions doit suivre la logique suivante :

- présenter les données en commençant par le général et en approfondissant au besoin par le particulier ;
- faire suivre la présentation des données observées par les explications issues de votre analyse ou/et de vos connaissances.

Application

Annexe **Taux de chômage au sens du BIT***

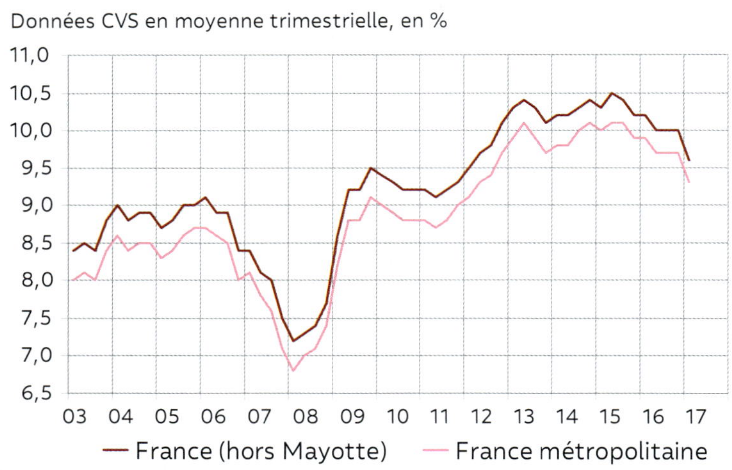

www.insee.fr

*Un chômeur, au sens du Bureau international du Travail (BIT), est une personne en âge de travailler (15 ans ou plus) qui répond à trois conditions : être sans emploi, être disponible pour prendre un emploi dans les 15 jours, avoir cherché activement un emploi.

1 Analysez le graphique.

Corrigé

Préparation de l'analyse

Le graphique présente l'évolution trimestrielle du taux de chômage au sens du BIT, en France, de 2003 à nos jours. Ce graphique permet de mettre en évidence les variations du taux de chômage sur les 15 dernières années, en distinguant :

- le taux de chômage uniquement en France métropolitaine ;
- le taux de chômage en France métropolitaine + DROM-COM (départements et régions d'outre-mer-collectivités d'outre-mer) excepté Mayotte.

Analyse du graphique

Le taux de chômage en France métropolitaine et dans les DROM-COM a augmenté sur les 15 dernières années : il est passé de 8 % environ en 2003, à 9,5 % en 2017.

Sur toute la période, le taux de chômage calculé en France métropolitaine + DROM-COM est supérieur d'environ un demi-point au calcul du taux de chômage en France métropolitaine uniquement. Cela signifie que le taux de chômage dans les DROM-COM est supérieur à celui en France métropolitaine.

Le taux de chômage suit la même évolution en France métropolitaine et dans les DROM-COM. Il atteint son niveau le plus bas en 2008, autour de 7 à 7,5 %. Cette forte baisse s'explique par une conjoncture économique favorable au milieu des années 2000, et par un nombre important de départs à la retraite, ce qui a diminué le nombre d'actifs et réduit le taux de chômage en France. La crise financière de 2008, qui s'est très vite propagée à l'économie réelle, a entraîné une hausse significative du taux de chômage, qui culmine à plus de 10 % de 2013 à 2015. L'amélioration du taux de croissance depuis 2016 s'accompagne d'un retournement de la tendance et d'une baisse du taux de chômage, observable aussi bien en France métropolitaine que dans les DROM-COM.

Fiche méthode

Analyser des situations juridiques

Le sujet de Culture économique, juridique et managériale se présente sous la forme d'un dossier, composé de documents variés présentant des situations professionnelles.
En droit, il est demandé de :
- répondre à une situation pratique par le biais du syllogisme juridique ;
- proposer une argumentation juridique pour résoudre des situations juridiques auxquelles l'entreprise est confrontée ;
- analyser un contrat, une réglementation (enjeux et objectifs), des décisions d'autorités compétentes (autorités judiciaires, Autorité de la concurrence), d'une jurisprudence, etc.

Démarches

Répondre à une situation pratique par le biais du syllogisme juridique

Pour répondre à une situation pratique, on utilise le syllogisme, qui est un raisonnement en trois étapes.

Étape 1 Exposer la majeure, c'est-à-dire l'énoncé de la règle de droit

Étape 2 Rappeler la mineure, c'est-à-dire l'énoncé des faits

Étape 3 Proposer la solution, c'est-à-dire l'application de la règle de droit aux faits et la conclusion

C'est l'application juridique du syllogisme de Platon : « Tous les hommes sont mortels *[majeure]*, je suis un homme *[mineure]*, je suis mortel *[conclusion]* ».

Proposer une argumentation juridique pour résoudre des situations juridiques auxquelles l'entreprise est confrontée

L'objectif est d'apprécier, non seulement, votre aptitude au raisonnement juridique, grâce au syllogisme, mais aussi la mobilisation de vos connaissances personnelles. L'argumentation en vue de la résolution des situations juridiques suppose de répondre aux questions suivantes : Quels sont les faits ? Quel est le problème juridique posé ? Quelle est la règle de droit applicable ? Quelle argumentation peut-on développer ? Quelle solution peut-on proposer ? Il convient de suivre les étapes suivantes.

Étape 1 La qualification juridique des faits

Après avoir rappelé qui sont les acteurs, la qualification juridique des faits consiste à traduire en termes juridiques la situation soumise dans le contexte.

Étape 2 La détermination du problème de droit

Identifier la problématique générale soulevée par la situation proposée.

Étape 3 L'identification des règles de droit applicables

Exposer les règles de droit applicables au cas, pour permettre d'apporter une ou des réponses au cas. Pour cela, il faut maîtriser le cours.

Étape 4 La solution juridique proposée ou l'application au cas

Rapprocher les faits, juridiquement qualifiés, des règles de droit qui y sont applicables, grâce au « syllogisme juridique » exposé ci-dessus. La solution proposée apparaît avec le rappel de la règle de droit (la majeure), appliquée aux faits (la mineure) afin d'en tirer la conclusion qui sera la solution.

Analyser une documentation juridique

Les documents à analyser peuvent être de diverses natures : contrat, réglementation (enjeux et objectifs), décisions d'autorités compétentes (autorités judiciaires, Autorité de la concurrence), jurisprudence, etc. Dans tous les cas, il convient de repérer le titre, la source, la date et le type de document étudié.

- **Il peut s'agir d'un contrat ou d'une clause d'un contrat**
  Si vous devez l'analyser, vous devrez en repérer la nature et le contenu (contrat de vente ? de location ?) ; les parties (qui est le vendeur ? qui est l'acheteur ?) ; l'objet du contrat (le contenu de la prestation à fournir), les obligations réciproques des parties, le domaine de droit concerné, les clauses particulières du contrat, les réponses aux questions posées.
- **Il peut s'agir d'articles de Codes ou de presse spécialisée**
  Il convient d'en repérer le sens et d'utiliser les idées importantes pour réaliser le travail demandé.
- **Il peut s'agir d'une décision de justice**
  Un extrait de décision de justice peut être soumis à l'analyse afin d'en retirer des éléments de réponse pour le travail à réaliser. Pour en comprendre le sens,

vous pouvez utiliser la méthodologie d'analyse d'une décision de justice : analyse de la décision de..., en date du..., les faits à l'origine du litige, les intervenants, la procédure (qui en est à l'origine ? qui la subit ? devant quelle juridiction ?), le problème de droit opposant les parties, leur argumentation, la décision (en quoi consiste le jugement ou l'arrêt ? qui est condamné ? à quoi ?).

Applications

Répondre à une situation pratique par le biais du syllogisme juridique

La SARL Bernie commet des actes de concurrence déloyale (usurpation de la notoriété et des techniques employées par son concurrent direct l'EURL Voici, entreprise de renom).

Corrigé

La majeure : L'article 1240 du Code civil prévoit que toute personne causant un préjudice par sa faute doit le réparer. Les tribunaux accordent des dommages-intérêts pour les préjudices subis dès lors que sont apportés la preuve d'une faute, d'un préjudice et d'un lien de causalité entre les deux.
La mineure : En pratiquant une concurrence déloyale, une entreprise a commis une faute en privant son concurrent d'une partie de sa clientèle, en lui faisant subir une perte financière.
La solution : Par conséquent, le concurrent déloyal doit réparer sa faute en versant des dommages-intérêts à l'entreprise concurrencée qui rapporte la preuve de son préjudice.

Proposer une argumentation juridique pour résoudre des situations juridiques auxquelles l'entreprise est confrontée

La société Lilas commercialise ses produits dans une ville dans laquelle un de ses clients, la société Richie, distribue lui-même ses produits. La société Lilas s'interroge sur les conséquences d'une telle pratique.

Corrigé

Les faits qualifiés : Un contrat de distribution commerciale est envisagé par deux parties, le distributeur s'interrogeant sur l'équilibre de ce contrat.
Le problème de droit : Quelles sont les obligations respectives de chaque partie à un contrat de distribution commerciale et quels sont les avantages qu'elles tirent de ce contrat ?
Les règles de droit : Le contrat de distribution commerciale permet à un fabricant de biens d'organiser un réseau pour l'écoulement de ses produits sans avoir à investir dans des magasins. Une des obligations du distributeur est d'acheter chaque année une certaine quantité de produits, dont les invendus sont repris par le fournisseur lors de l'arrivée de la nouvelle collection. Ce contrat assure au fournisseur une régularité dans l'écoulement de ses produits sur le marché. Il peut ainsi s'appuyer sur le travail de commerçants indépendants, qui mettent à sa disposition les avantages de leur implantation dans une zone de chalandise. De leur côté, les distributeurs tirent avantage de l'exploitation d'une marque qui peut avoir une certaine renommée, comme c'est le cas dans l'exemple étudié.
L'application au cas : Ici, la société Lilas pourra écouler la gamme de ses produits dans la ville de Strasbourg sans avoir à investir pour installer une succursale de vente. De son côté, la société Richie pourra compter sur la notoriété de son fournisseur d'objets décoratifs pour accroître son chiffre d'affaires et ses profits.

Analyser une documentation juridique

La société Pernin vous soumet la clause de réserve de propriété insérée dans le contrat qu'elle soumet à ses clients et vous demande d'en vérifier les conditions de validité.
« *Il est convenu que le vendeur reste propriétaire des marchandises vendues tant que l'acquéreur ne lui a pas entièrement réglé le prix prévu dans le présent contrat. Il en résulte qu'en cas de non-paiement, le vendeur pourra exiger à tout moment la restitution desdites marchandises.* »

Corrigé

La clause de réserve de propriété permet au vendeur de s'assurer du paiement des biens vendus en lui permettant de conserver le titre de propriété jusqu'à ce que le paiement total ait été réalisé. Elle est donc une exception au principe selon lequel la vente est parfaite dès lors que l'acheteur et le vendeur ont convenu de la chose et du prix. Pour être valable, la clause doit avoir été acceptée par le vendeur et l'acheteur, et avoir été établie avant la livraison du bien. Dès lors que la société Pernin aura respecté ces conditions et que l'acheteur aura accepté la clause, celle-ci sera valide.

Fiche méthode

Analyse organisationnelle et stratégique en management

Le sujet de Culture économique, juridique et managériale se présente sous la forme d'un dossier, composé de documents variés présentant des situations professionnelles.
En management, il est demandé d'exploiter cette base documentaire pour faire une analyse organisationnelle et stratégique des situations auxquelles l'entreprise est confrontée.
Il s'agit d'établir un diagnostic (ou une partie de diagnostic) préparant une prise de décision stratégique et d'exposer des analyses et des propositions de manière cohérente et argumentée sur la situation de l'entreprise. Cela implique de mobiliser des outils de diagnostic et des fondements théoriques permettant d'analyser la situation.

Démarche

Étape 1 Analyser la situation et identifier le problème de management

Il est important de lire attentivement la base documentaire afin d'analyser précisément la situation à laquelle l'entreprise est confrontée. En fonction de ce qui est demandé, il sera nécessaire de :

- mobiliser les outils de diagnostic ;
  Par exemple, le modèle PESTEL pour identifier les facteurs environnementaux ayant une influence sur la prise de décision dans l'entreprise en fonction des opportunités et des menaces du macro-environnement.
- repérer les normes, les standards qui impactent l'entreprise ;
  Par exemple, la norme AFNOR FD X 50-176 d'août 2017 (p. 173), selon laquelle trois types de processus existent dans l'entreprise : les processus productifs assurant la réalisation du bien ou du service correspondant au cœur de métier de l'entreprise ; les processus de support permettant la gestion des ressources (processus organisationnels) ; les processus de pilotage assurant la prise de décision (processus décisionnels).
- mobiliser les auteurs fondateurs des théories du management qui permettent de comprendre et analyser la situation.
  Par exemple :
  - Peter Drucker, la distinction entre finalités et objectifs de l'entreprise (p. 56)
  - Joseph Schumpeter, la définition et le rôle de l'entrepreneur (p. 48) ; le rôle joué par l'innovation (p. 105)
  - Ed Freeman, la définition et l'analyse des parties prenantes (p. 60)
  - Israël Kirzner, l'état d'esprit entrepreneurial (p. 56)
  - William Gartner, la dimension processuelle de l'entrepreneuriat (p. 62)
  - Henry Mintzberg, les différents rôles du manager (p. 208) ; les mécanismes de coordination (p. 162)
  - Robert Norton et David Kaplan, la structure et la fonction stratégique des tableaux de bord (p. 53)
  - Michael Porter, la chaîne de valeur (p. 133)
  - Michel Crozier et Erhard Friedberg, les sources des pouvoirs des parties prenantes (p. 176)
  - Rensis Likert, les styles de management (p. 159)

Étape 2 Présenter la solution retenue ou à retenir

En fonction de l'identification du problème qui aura été faite suite au diagnostic, il faudra proposer des solutions de manière cohérente et argumentée. Il s'agira de présenter les décisions opérationnelles qui ont été prises ou qui pourraient l'être.

Application

Annexe 1 À l'origine de Toys'R'Us, une intuition

Le géant de la distribution de jouets a annoncé la mise en liquidation de ses activités américaines. [...] L'histoire de Toys'R'Us commence après la seconde guerre mondiale, en 1948, lorsque Charles Lazarus, alors âgé de 25 ans, a une intuition. Les prochaines années seront celles des enfants, pronostique-t-il avant même que le terme « baby-boom » ne devienne une expression courante. Il décide d'ouvrir un magasin qu'il baptise « Children's Bargain ». [...] Toujours poussé par son instinct, il fait évoluer son magasin et commence à vendre des jouets. Neuf ans plus tard, il crée « Toys'R'Us ». [...] Alors que les magasins de jouets de l'époque soignent leurs vitrines et décorations, Toys'R'Us fait [...] le choix osé d'un supermarché. Les sols sont en béton, les articles sont stockés sur des étagères, [...] les produits sont proposés avec des rabais et les magasins approvisionnés toute l'année. « *Ce que Lazarus a vraiment capturé, c'est ce sentiment d'abondance américaine après la guerre et après toutes ces années de dépression* », explique Richard Gottlieb, fondateur de Global Toy Experts. [...] Les consommateurs, fascinés par la profusion des jouets, se ruent. Le groupe se retrouve dans une telle position de force qu'il parvient à acheter aux fournisseurs ses jouets moins chers que ses concurrents et à échelonner ses paiements. [...] Parallèlement, Charles Lazarus est le premier à mettre en place un système d'inventaire informatisé pour gérer et contrôler ventes et stocks. [...] Toys'R'Us est introduit en Bourse en 1978. La firme devient rapidement l'un des chouchous de Wall Street. C'est à cette époque que le *Washington Post* compare Toys'R'Us à un autre géant américain McDonald's. [...] De fait, sous l'impulsion de Toys'R'Us, l'industrie du jouet, qui valait 500 millions de dollars en 1950, pèse 12 milliards en 1990. Au plus fort de son succès, Toys'R'Us vend 18 000 jouets différents et contrôle 25 % du marché du jouet dans le monde.

Florence Renard-Gourdon, Les Echos, 31 mars 2018

Annexe 2 La roue tourne dans les années 1990

[...] D'abord avec le départ, en 1994, de Charles Lazarus. Ensuite, avec l'arrivée de nouveaux défis, comme l'essor du commerce électronique, la transformation des goûts en matière de jouets et son rachat, en 2005, pour 6,6 milliards de dollars, par KKR, Bain Capital et Vornado Realty. Mais finalement (et ironiquement), Toys'R'Us devient une victime du modèle qu'il a aidé à créer. Le groupe est tué par des concurrents plus gros et plus puissants que lui, comme Wal-Mart et Amazon. Quand en 2015, Toys'R'Us ferme son méga magasin de Times Square car il ne peut plus faire face aux coûts astronomiques, c'est le début de la fin. [...]

Florence Renard-Gourdon, Les Echos, 31 mars 2018

1. **Pourquoi peut-on dire que le fondateur de Toys'R'Us est un entrepreneur ?**
2. **Identifiez les trois principales influences environnementales qui ont touché Toys'R'Us.**
3. **Qu'est-ce qui aurait pu permettre à Toys'R'Us de redresser sa situation ?**

Corrigé

Analyse de la situation et identification du problème

1. On peut dire que Charles Lazarus était un entrepreneur selon la définition de Joseph Schumpeter car il est un innovateur et il a le goût de la prise de risque. Il ne se repose pas sur ses propres lauriers, mais cherche à évoluer en permanence.

2. Économique : position de la bourse de Wall Street, marché du jouet en croissance, position concurrentielle sur le marché (positif puis négatif).

Sociologique : baby-boom, fin de la dépression, tendances de consommation nouvelles (positif), évolution du goût des consommateurs depuis 1990 (négatif).

Technologique : système d'inventaire informatisé (positif), commerce électronique (négatif).

Solution retenue

3. Il aurait pu redresser sa situation s'il avait su relever les défis de son environnement :
- se lancer rapidement sur le web pour profiter de l'essor du commerce électronique ;
- analyser la transformation des goûts en matière de jouets pour suivre les tendances ;
- continuer à se développer (alliances...) pour devenir aussi puissant que Wal-Mart et Amazon.

CRÉDITS

Couverture : Adobe Stock/EvrenKalinbacak, Xavier Testelin, Adobe Stock/BestForYou ; **p. 5** : Adobe Stock/That Stock Company ; **p. 6** : Adobe Stock/maria_savenko ; **p. 8** : Adobe Stock/leungchopan ; **p. 11** : Adenior ; **p. 12** : Adobe Stock/auremar ; **p. 13** : Adobe Stock/Drone First, Shutterstock/ricochet64, Adobe Stock/VTauscher purdesign9, Adenior, Adobe Stock/sergey_p ; **p. 14** : Adobe Stock/silverkblack ; **p. 15** : Adenior ; **p. 16** : Adobe Stock/Richard Villalon ; **p. 17** : Adobe Stock/vege, Adobe Stock/miw45kg ; **p. 18** : Zanzicar ; **p. 19** : Adobe Stock/AndSus ; **p. 21** : REA/Benoit Decout ; **p. 23** : Adobe Stock/Richard Villalon ; **p. 24** : Laurence Garnier ; **p. 25** : Adobe Stock/Prod. Numérik, Adobe Stock/Julien Eichinger ; **p. 26** : Shutterstock/Chrispictures ; **p. 27** : Adobe Stock/Chlorophylle ; **p. 29** : REA/Pascal SITTLER ; **p. 30** : Adobe Stock/Sophie ; **p. 31** : Adobe Stock/JPC-PROD ; **p. 33** : Adobe Stock/thodonal ; **p. 34** : Adobe Stock/everythingpossible ; **p. 35** : Adobe Stock/momius ; **p. 37** : Shutterstock/Olga Besnard ; **p. 38** : Shutterstock/ricochet64 ; **p. 40** : Shutterstock/Oleg Gawriloff ; **p. 41** : Shutterstock/360b ; **p. 42** : AFP/CrowdSpark/Philippe Maitre ; **p. 43** : REA/Richard Damoret ; **p. 45** : La Fabrique – cookies ; **p. 46** : La Fabrique – cookies, Adobe Stock/kotoyamagami ; **p. 47** : Adobe Stock/Coloures-Pic ; **p. 48** : La Fabrique – cookies, LA COLLECTION/Imagno ; **p. 50** : La Fabrique – cookies ; **p. 53** : REA/Franck CRUSIAUX ; **p. 55** : Shutterstock/Nicole S Glass ; **p. 56** : Shutterstock/bogdan ionescu ; **p. 57** : BlaBlacar, Shutterstock/Daniel Krason ; **p. 58** : Adobe Stock/juliabatsheva ; **p. 59** : Shutterstock/rvlsoft ; **p. 60** : Adobe Stock/leszekglasner ; **p. 61** : Shutterstock/pio3 ; **p. 62** : Shutterstock/testing ; **p. 64** : Shutterstock/Yuri-U, Shutterstock/defotoberg ; **p. 65** : Adobe Stock/slavun ; **p. 67** : Adobe Stock/milamon0 ; **p. 71** : Adobe Stock/Adrian Niederhäuser ; **p. 72** : Adobe Stock/Felix Pergande ; **p. 73** : Adobe Stock/vencav, Adobe Stock/helena_mozhjer ; **p. 74** : Adobe Stock/pictarena ; **p. 78** : Adobe Stock/Monet ; **p. 79** : Adobe Stock/mtaira ; **p. 80** : Adobe Stock/Philippe ; **p. 81** : Adobe Stock/sauletas ; **p. 83** : Adobe Stock/Cybrain, Adobe Stock/snowserge ; **p. 85** : Adobe Stock/Alexi Tauzin ; **p. 86** : Adobe Stock/pbombaert ; **p. 87** : Eric Gaillard/Reuters ; **p. 88** : Adobe Stock/Max Topchii, Adobe Stock/Richard Villalon ; **p. 89** : Adobe Stock/by-studio, Adobe Stock/Nmedia ; **p. 90** : Adobe Stock/Nomad_Soul ; **p. 91** : Adobe Stock/Pavelis, Mauro Bottaro © Union Européenne 2018 ; **p. 93** : REA/Marta NASCIMENTO ; **p. 94** : Adobe Stock/Jelena Kostrecka ; **p. 95** : Shutterstock/Grzegorz Czapski, Adobe Stock/paseven ; **p. 96** : Shutterstock/Erica Simone ; **p. 97** : Shutterstock/Kiev.Victor ; **p. 98** : Shutterstock/Creative Lab ; **p. 101** : AFP/Eric Piermont ; **p. 102** : BASSIGNAC Gilles/Divergence ; **p. 103** : Adobe Stock/Dmitry Vereshchagin ; **p. 104** : Adobe Stock/Arsel ; **p. 106** : GETTY IMAGES France/JUSTIN SULLIVAN ; **p. 109** : Shutterstock/lou armor ; **p. 110** : Shutterstock/Ovidiu Hrubaru, Shutterstock/FashionStock.com ; **p. 111** : Shutterstock/Angel DiBilio ; **p. 112** : Adobe Stock/Elenathewise ; **p. 113** : Shutterstock/aureliefrance ; **p. 114** : Droits Réservés ; **p. 127** : Adobe Stock/vector_factory ; **p. 128** : Adobe Stock/miccolino ; **p. 129** : Cliché Jérôme Mongreville 1991/Région Bourgogne Franche-Comté, Inventaire et Patrimoine, ADAGP 1991 ; **p. 130** : REA/ZUMA/Robin Rayne Nelson ; **p. 131** : Adobe Stock/Olivier Le Moal ; **p. 132** : Shutterstock/Roman Tiraspolsky ; **p. 134** : Adobe Stock/Marek, Adobe Stock/bit24 ; **p. 135** : Adobe Stock/joserpizarro ; **p. 137** : Adobe Stock/milanmarkovic78, Adobe Stock/Jean-Paul Comparin ; **p. 138** : Adobe Stock/AYAimages, Shutterstock/SiljeAO ; **p. 139** : Adobe Stock/auremar ; **p. 140** : Adobe Stock/Scisetti Alfio, Adobe Stock/FotolEdhar ; **p. 141** : Adobe Stock/paris pao ; **p. 142** : Adobe Stock/auremar ; **p. 143** : Adobe Stock/Bubble Identity ; **p. 144** : Adobe Stock/SFIO CRACHO ; **p. 146** : Adobe Stock/Scriblr ; **p. 147** : Adobe Stock/Samuel MAISSONNIER ; **p. 149** : Adobe Stock/Irina Schmidt ; **p. 150** : Adobe Stock/nobeastsofierce ; **p. 151** : Adobe Stock/Erica Guilane-Nachez ; **p. 152** : Adobe Stock/datsko ; **p. 153** : Michael Dalder ; **p. 154** : Adobe Stock/snowing12 ; **p. 155** : Adobe Stock/Daniel Etzold, Adobe Stock/Daniel Etzold ; **p. 157, 159** : AFP/Eric Piermont ; **p. 158** : Adobe Stock/Reuters/Charles Platiau ; **p. 161** : photothèque Airbus Group ; **p. 162** : AFP/Eric Piermont ; **p. 163** : Shutterstock/KELENY ; **p. 164** : Adobe Stock/Panama ; **p. 165** : Adobe Stock/digitalstock ; **p. 167** : AFP/Emmanuel Pain ; **p. 169** : MAXPPP/Ouest France/Marc Ollivier ; **p. 170** : ANDIA/Bigot ; **p. 171, 173** : MAXPPP/Le Telegramme/Jean-Michel Malgorn ; **p. 174** : AFP/Bertrand Guay ; **p. 176** : AFP/Fred Tanneau ; **p. 179** : REA/Gilles Rolle ; **p. 181** : Shutterstock/Joerg Huettenhoelscher ; **p. 182** : REA/Gilles Rolle ; **p. 184** : Adobe Stock/promolink ; **p. 185** : Adobe Stock/juan_aunion ; **p. 189** : Shutterstock/Fabio Bernardi ; **p. 190** : Shutterstock/Hadrian ; **p. 191** : Adobe Stock/Ecology ; **p. 192** : Adobe Stock/pixarno ; **p. 193** : Shutterstock/norazaminayob ; **p. 194** : Adobe Stock/mrcats ; **p. 195** : Shutterstock/rvlsoft ; **p. 196** : Shutterstock/NYCStock ; **p. 202** : www.google.com/maps

FSC MIXTE Papier issu de sources responsables FSC® C022030

N° de projet : 10259676
Dépôt légal : octobre 2019 - AD NANAME
Imprimé en France par Clerc
à Saint-Amand-Montrond